改革开放40年：中国经济发展系列丛书

中国特色社会主义
政治经济学理论体系研究

ZHONGGUO TESE SHEHUI ZHUYI
ZHENGZHI JINGJIXUE LILUN TIXI YANJIU

国家发展改革委宏观经济研究院◎著

人民出版社

责任编辑：高晓璐

图书在版编目（CIP）数据

中国特色社会主义政治经济学理论体系研究/国家发展改革委宏观经济
　研究院 著. —北京：人民出版社，2018.12
（改革开放 40 年：中国经济发展系列丛书）
ISBN 978－7－01－020132－0

Ⅰ.①中…　Ⅱ.①国…　Ⅲ.①中国特色社会主义-社会主义政治经济学-
　理论研究　Ⅳ.①F120.2

中国版本图书馆 CIP 数据核字（2018）第 274847 号

中国特色社会主义政治经济学理论体系研究
ZHONGGUO TESE SHEHUI ZHUYI ZHENGZHI JINGJIXUE LILUN TIXI YANJIU

国家发展改革委宏观经济研究院　著

人民出版社 出版发行
（100706　北京市东城区隆福寺街 99 号）

山东鸿君杰文化发展有限公司印刷　新华书店经销

2018 年 12 月第 1 版　2018 年 12 月北京第 1 次印刷
开本：710 毫米×1000 毫米 1/16　印张：25.25
字数：388 千字

ISBN 978－7－01－020132－0　定价：79.00 元

邮购地址 100706　北京市东城区隆福寺街 99 号
人民东方图书销售中心　电话（010）65250042　65289539

总　序

2018 年正值我国改革开放 40 周年。改革开放是决定当代中国命运的关键抉择，开启了人类历史上最为波澜壮阔的工业化和现代化进程。40 年来，中国经济社会发生了翻天覆地的变化，取得了举世瞩目的成就。党的十八大以来，以习近平同志为核心的党中央带领全国人民迎难而上、开拓进取，取得了改革开放和社会主义现代化建设的历史性变革和决定性进展。

统计显示，从 1978 年到 2017 年，我国国内生产总值按不变价计算增长了 33.5 倍，年均增长 9.5%。人均国内生产总值由 385 元增长到 59660 元，扣除价格因素，增长了 22.8 倍，年均增长 8.5%，实现了由低收入国家向中高收入国家的跨越；农业综合生产能力大幅提高，工业发展突飞猛进，服务业快速增长，建立了全球最完整的产业体系，220 多种工业产品产量位居世界第一，成为世界第一制造大国，产业结构由 27.7∶47.7∶24.6 调整为 7.9∶40.5∶51.6，就业结构由 70.5∶17.3∶12.2 调整为 27.0∶28.1∶44.9，我国用 40 年时间走过了发达国家近 100 年的工业化历程；城镇化率从 17.9% 提高到 58.5%，城镇常住人口从 1.7 亿人增加到 8.1 亿人，城市数量从 193 个增加到 657 个。40 年来，我国新增的城镇人口相当于美国总人口的 2 倍、日本的 5 倍、英国的 10 倍；对外贸易额从不到 100 亿美元增加到 4.11 万亿美元，跃居世界第一贸易大国，累计吸引外国直接投资 1.9 万亿美元。

我国已全方位融合全球经济体系，成为推动世界经济增长的重要引擎；农村贫困人口减少 7.4 亿，占全球减贫人口总数的 70% 以上，农村贫困发生率下降 94.4 个百分点。城乡居民恩格尔系数分别从 57.5% 和 67.7% 下降到 29.3% 和 32.2%。人均预期寿命从 1981 年的 67.8 岁提高到 76.7 岁。人民生活从短缺走向充裕、从贫困走向小康和全面小康。更为可贵的是，改革开放 40 年来，中国共产党在领导推进经济发展过程中，不断深化规律性认识，形成了许多重要的经验和启示。

中国宏观经济研究院（国家发展和改革委员会宏观经济研究院，以下简称宏观院）作为改革开放的亲历者和见证者，多年来始终把为中央宏观决策和国家发展改革委中心工作服务作为立院之本和第一要务，参与了许多改革开放重大课题研究和文件的起草工作。值此改革开放 40 周年之际，宏观院集全院之力，组织撰写了《改革开放 40 年：中国经济发展系列丛书》（以下简称《丛书》）。内容涵盖宏观经济、投资、外经、产业、区域、社会、市场、能源、运输、体制改革等经济社会发展的各个领域，既是对过去 40 年经验成就的回顾和总结，也包含了对新时代中国特色社会主义发展的展望与思考。

在《丛书》写作过程中，王家诚、俞建国、石康、齐援军等同志对书稿进行了审阅把关，人民出版社对《丛书》出版给予了大力支持，在此一并表示感谢！

由于时间和水平所限，《丛书》内容难免有不足之处，敬请读者批评指正。

中国宏观经济研究院

《丛书》编委会

2018 年 10 月

前　言

党的十八大以来，习近平总书记高度重视中国特色社会主义政治经济学理论体系建设工作，提出要以马克思主义政治经济学为指导，总结和提炼我国改革开放和社会主义现代化建设的伟大实践经验，加强对规律性认识的研究探索，不断完善中国特色社会主义政治经济学理论体系，推进充分体现中国特色、中国风格、中国气派的经济学科建设。在此背景下，国家发展改革委以年度重大课题的形式，布置中国宏观经济研究院就该理论问题进行研究。

接到任务后，我院成立了由常务副院长牵头、十多位所领导和三十多位科研骨干参加的课题组，在已有相关研究成果的基础上，进一步开展系统深入研究。其间，国家发展改革委党组成员、副主任兼国家统计局局长宁吉喆同志对该课题非常重视，专门组织召开了由课题组主要成员参加的专题讨论会，现场对研究的框架设计、逻辑理念、总体思路等提出许多宝贵的意见和建议，对该项研究的完成起到至关重要的作用。

中国特色社会主义政治经济学是马列主义经典理论、西方经济学理论等在中国特色社会主义实践中加以检验、改造和提升后形成的，从根本上说，中国特色社会主义政治经济学理论来源于中国的实践，是对中国实践经验的总结和提升，特别是对改革开放 40 年成

功经验的总结和提升。中国特色社会主义政治经济学理论体系的研究对象是中国特色社会主义初级阶段的生产关系，包括对中国特色社会主义初级阶段的本质特征和根本目的等的认识和研究，以及关于中国特色社会主义初级阶段市场经济的基本经济制度、运行和发展规律、体制改革和动力保障等方面的探索，逻辑起点是社会主义基本制度的建立，逻辑主线是生产力与生产关系、经济基础与上层建筑的相互关系，核心内容是研究如何通过社会主义制度的自我改造、自我完善，不断解放和发展生产力，改善人民物质文化生活，最终实现共同富裕。

中国特色社会主义政治经济学理论包括四大理论支柱：一是社会主义本质理论，二是社会主义初级阶段理论，三是社会主义市场经济理论，四是中国特色社会主义现代化理论。围绕"四大理论支柱"，中国特色社会主义政治经济学理论体系可分为三大板块：一是对坚持和完善什么样的中国特色社会主义的认识和研究，即本体认识篇，主要包括动力保障理论、共同富裕理论等。二是对中国特色社会主义基本经济制度的认识和研究，即制度体系篇，主要包括中国特色社会主义市场经济体系理论、基本经济制度理论、改革理论、开放理论等。三是对中国特色社会主义初级阶段经济运行和发展规律的认识和研究，即运行发展篇，主要包括中国特色社会主义宏观调控体系理论、现代化理论、四化同步理论、绿色发展理论、区域协调发展理论等。本书的篇章结构就是根据这一理论体系来谋篇布局的。

中国特色社会主义政治经济学理论体系研究是一个庞大的学科建设工程，需要各方专家学者的共同努力来完成。本书提出了中国特色社会主义政治经济学的理论来源、研究对象、逻辑起点、逻辑主线、理论支柱等，是对该理论体系建设的一次开拓性研究和探索，也是构建中国特色社会主义政治经济学理论体系的一次学术尝试。在中国改革开放 40 周年之际，特将研究成果付梓出版，以便更好地与国内外经济学界共同研究探讨。

　　由于我们的研究水平和时间有限，本书还存在一些不足和疏漏之处，敬请各位专家学者批评指正。

　　　　中国宏观经济研究院　　王昌林

　　　　2018 年 12 月

目　录

导　论

新中国成立以来特别是改革开放以来，党的几代领导集体带领全国人民，运用马克思主义基本原理和方法，充分借鉴西方经济学的有益成分，紧密结合中国的发展实践要求，对中国共产党执政规律、社会主义经济建设规律等方面进行了艰辛的理论探索，取得一系列重大理论创新成果，初步构建了中国特色社会主义政治经济学理论体系，为丰富和发展人类经济思想宝库贡献了中国理论和中国方案。

第一节　中国特色社会主义政治经济学的理论思想来源与逐步形成过程

中国特色社会主义政治经济学是马列主义经典理论、西方经济学理论等在中国特色社会主义实践中加以检验、改造和提升后形成的，但从根本上说，中国特色社会主义政治经济学理论来源于中国的实践，是对中国实践经验的总结和提升，特别是对改革开放40年成功经验的总结和提升。

一、中国特色社会主义政治经济学的理论思想来源

一是继承了马列主义的经典理论。这是最重要的理论思想来源，包括马克思的辩证唯物主义和历史唯物主义世界观，生产力决定生产关系、经济基础决定上层建筑的基本原理，以人为本的立场和价值观，对社会生产、商品生产和市场经济运行一般规律的分析等，是我们构建中国特色社会主义政治经济学的理论基础。

二是借鉴了苏联社会主义政治经济理论。尽管苏联政治经济学教科书所阐释的传统社会主义理论有很大的局限性和缺陷，但仍包含一些现在仍值得肯定的思想，即使是那些片面的、错误的甚至失败的教训也为我们的理论创新提供了反面的借鉴和思考。

三是吸收了西方主流经济学理论中的科学成分。西方经济学是对资本主义经济发展经验和规律的总结，具有二重性，既有为西方资本主义制度合理性辩护的理论，也有其一定的科学性和相对的真理性，特别是西方主流经济学理论中所揭示的市场经济的一般规律具有重要的借鉴意义，为我们构建中国特色社会主义政治经济学理论体系提供了一定的思想和素材。

四是传承了中华优秀传统文化。中华民族有着深厚的文化传统，形成了富有特色的思想体系，是中国特色社会主义政治经济学理论体系的重要源泉，诸如"重民""安民""富民"的治国智慧，关于大同与小康的思想，"以和为贵""协和万邦"的和合理念，"革故鼎新""因势而变"的创新精神，"天人合一"的生态伦理思想等，都体现在中国特色社会主义政治经济学理论体系之中。

二、中国特色社会主义政治经济学的形成与发展

中国特色社会主义政治经济学理论体系是在我国经济发展不断的实践和探索中形成的，集中体现了我国历届领导集体治国理政的大智慧。

毛泽东思想为中国特色社会主义政治经济学理论体系的形成提供了重要理论思想来源和实践基础。新中国成立后，以毛泽东同志为核心的第一代中央领导集体对发展社会主义经济提出了一系列独创性理论观点，诸如：以农业为基础，以工业为主导，农业、轻工业、重工业协调发展；统筹兼顾、适当安排，注意综合平衡；全面实现农业、工业、国防和科学技术现代化等。同时，毛泽东同志领导的由新民主主义向社会主义平稳过渡的创新性实践为我国构建中国特色社会主义政治经济学提供了初步的实践基础。

邓小平理论标志着中国特色社会主义政治经济学的创立。改革开放初期，我国政治经济学的重点在于拨乱反正，清理极左思想的影响。随着改革开放不断深入，传统社会主义政治经济学的条条框框开始被打破。邓小平明确指出，我国尚处于社会主义初级阶段，社会主义的本质是解放生产力，发展生产力，消灭剥削，消除两极分化，最终达到共同富裕；要建立社会主义市场经济，使市场在社会主义国家宏观调控下对资源配置起基础性作用；建立以公有制为主体、多种所有制经济共同发展的经济制度，实行以按劳分配为主、多种分配方式并存的分配制度；坚持对外开放，充分利用国际国内两个市场、两种资源。邓小平有关社会主义政治经济建设的理论与传统社会主义政治经济学已有显著区别，标志着中国特色社会主义政治经济学的创立。

江泽民在实践中坚定不移地坚持改革开放，不断完善社会主义市场经济体制，并在国内外形势发生重大转折的背景下，提出了"三个代表"重要思想，即中国共产党要始终代表中国先进社会生产力的发展要求，代表中国先进文化的前进方向，代表中国最广大人民的根本利益。

胡锦涛面对我国发展过程中出现的贫富差距扩大、发展方式粗放、不平衡不全面不可持续等问题，与时俱进地提出了科学发展观。科学发展观的第一要义是发展，核心是以人为本，基本要求是全面协调可持续，根本方法是统筹兼顾。

习近平新时代中国特色社会主义思想推动中国特色社会主义政治经济学发展进入新阶段。党的十八大以来，习近平围绕如何在新的时代条件下坚持和发展中国特色社会主义，提出了一系列新思想，包括将全面建成小康社会、全面深化改革、全面依法治国、全面从严治党"四个全面"战略布局作为我国经济社会发展的科学指导和行动指南。对推进中国特色社会主义事业作出经济建设、政治建设、文化建设、社会建设、生态文明建设"五位一体"总体布局。同时，提出创新、协调、绿色、开放、共享五大发展理念；提出"一带一路"、长江经济带、京津冀协同发展三大国家发展战略。习近平指出，要把握引领经济发展新常态，要把摸着石头过河和加强顶层设计相统一，更加注重各项改革的相互促进，良性互动，整体推进，重点突破，形成推进改革开放的强大合力；推动供给侧结构性改革，增强供给结构对需求变化的适应性和灵活性；要坚持社会主义市场经济改革，使市场在资源配置中起决定性作用和更好发挥政府作用，"看不见的手"和"看得见的手"都要用好，努力形成有效市场、有为政府相结合的格局；实施精准扶贫战略，推动居民收入增长和经济增长同步、劳动报酬提高和劳动生产率提高同步；发展更高层次的开放型经济，弘扬共商共建共享的全球治理理念，构建人类命运共同体；加强党风廉政建设和反腐败斗争，坚持有腐必反、有贪必肃。这些重大理论创新观点极大丰富了中国特色社会主义政治经济学的内涵，开创了中国特色社会主义政治经济学发展的新时代。

第二节　中国特色社会主义政治经济学理论体系的研究对象和基本要求

中国特色社会主义政治经济学理论属于社会主义政治经济学中的中国特色社会主义部分，既要与马克思主义政治经济学一脉相承，又要立足我国国情和发展实践，具有明确的学科定位和研究对象，要坚持马克思主义基本原理与实际相结合、历史与逻辑相统一、学理性与实践性相统一的基本要求。

一、研究对象

政治经济学是研究生产关系及其发展规律的科学，包括生产、分配、交换和消费的关系。但是，由于生产关系是由生产力决定的，同时上层建筑对生产关系有较大影响，因此，政治经济学必须联系生产力和上层建筑研究生产关系。

按照社会制度的不同，经济学理论界一般将马克思主义政治经济学区分为资本主义部分和社会主义部分。在资本主义条件下，马克思主义政治经济学的任务是揭示资本主义制度的本质及其内在矛盾，阐明资本主义制度产生、发展和灭亡的历史趋势，证明社会主

义代替资本主义的历史必然性。而在社会主义条件下，马克思主义政治经济学的任务是揭示社会主义经济的运动规律，为社会主义经济发展提供科学指导。

中国特色社会主义政治经济学研究对象是中国社会主义生产关系。同时，由于中国社会主义发展处在初级阶段，中国特色社会主义政治经济学的研究必须重视生产关系的经济基础和上层建筑的互动关系，更加突出生产力的重要性，要结合中国国情和发展阶段，从发展生产力的角度研究生产关系，因此，中国特色社会主义政治经济学理论体系的研究对象应该是中国特色社会主义初级阶段的生产关系，包括对中国特色社会主义初级阶段的本质特征和根本目的等的认识和研究，以及关于中国特色社会主义初级阶段市场经济的基本经济制度、运行和发展规律、体制改革和动力保障等的探索，涉及生产关系、生产力（或经济基础）与上层建筑范畴，在生产力与生产关系、经济基础与上层建筑的互动关系中把握经济发展的规律，为社会主义经济发展服务。

二、基本要求

构建中国特色社会主义政治经济学理论体系，必须以马克思主义、毛泽东思想、邓小平理论、"三个代表"重要思想、科学发展观、习近平新时代中国特色社会主义思想为指导，立足我国国情和我国发展实践，提炼和总结我国经济发展实践的规律性成果，把实践经验上升为系统化的经济学说，不断开拓当代中国马克思主义政治经济学新境界。应把握以下原则：

一是要坚持马克思主义政治经济学的基本原理同当代中国和当代世界的实际相结合。马克思主义由马克思主义哲学、马克思主义政治经济学和科学社会主义三部分组成，是我们构建中国特色社会主义政治经济学理论体系的基础。必须牢牢巩固马克思主义政治经济学在我国主流意识形态和经济研究中的指导地位，按照马克思主义政治经济学的基本原理和方法论，研究中国社会主义建设规律，构建中国特色社会主义政治经济学理论体系。同时，也不能把马克思主义政治经济学教条化，要立足国情世情，深入研究中国特色社会主义经济活动中的重大理论和现实问题，全面研判世界经济和世界资本主义发展出现的新动向、新情况，不断推进马克思主义政治经济学的中国化、时代化。正如习近平总书记所指出的："越是民族的，越是世界的。"解决好民族性问题，就有更强的能力为解决世界性问题提供思路和办法。这是由特殊性到普遍性的发展规律。

二是要坚持历史和逻辑的统一。政治经济学本质上是研究人类社会经济发展历史规律的科学，要随着历史的发展而不断发展，其逻辑结构不是纯粹抽象思辨的产物，而是在梳理总结历史规律的基础上形成的，马克思资本论的重要特点就是历史和逻辑的统一。中国特色社会主义政治经济学是马克思主义基本原理在中国的具体应用，是在中国波澜壮阔的伟大实践中逐步形成和发展起来的，其发展还处于从特殊上升到一般的抽象化阶段。因此，构建中国特色社会主义政治经济学理论体系，必须坚持从历史的角度来研究，要从"中国特色"中研究具有普遍意义的规律。

三是要坚持学理性和实践性的统一。作为理论体系，必须经过系统化、学理化的发展，体现为一整套相互联系的概念、范畴、原理和逻辑结构，并能够经受逻辑和实践的检验。实践性即是认识世界和改造世界的统一。中国特色社会主义政治经济学理论体系形成

的重要特点，是重大理论创新和改革发展的总体方案、总体战略的顶层设计相统一，具有鲜明的实践性特征。因此，中国特色社会主义政治经济学理论体系必须进行科学的理论抽象并有内在联系的范畴，有清晰的分析框架和逻辑结构，同时也要紧密结合中国的实践，把普遍性和特殊性结合起来。

第三节　中国特色社会主义政治经济学理论体系的逻辑框架与主要内容

中国走社会主义道路是历史的选择，但社会主义制度还要经历一个不断的自我改造和自我完善逐步走向成熟和定型的过程。这是构建中国特色社会主义政治经济学理论体系的根本政治前提和制度基础。

一、逻辑框架

逻辑起点是社会主义基本制度的建立。马克思主义政治经济学以研究资本主义为主，其理论体系的逻辑起点是商品和货币。列宁的帝国主义论作为马克思主义政治经济学的一个学科，其研究的逻辑起点是生产的集中和垄断。关于社会主义政治经济学理论的逻辑起点问题，有的主张从社会主义所有制开始，有的主张从商品开始，还有的主张从劳动或企业等开始。我们认为，中国特色的社会主义经济是在中国新民主主义革命胜利后，在中国共产党的领导下，利用政权的力量，明确提出向社会主义转变，以此构建社会主义基本经济政治制度。因此，从逻辑和历史的统一来看，中国特色社会主义政治经济学应该将中国社会主义基本制度的确立作为逻辑起点。

逻辑主线是生产力与生产关系、经济基础与上层建筑的相互关系，核心内容是研究如何通过社会主义制度的自我改造、自我完善，不断解放和发展生产力，改善人民物质文化生活，最终实现共同富裕。在相当长的时期内，社会主义社会的基本矛盾主要是生产力和生产关系、经济基础与上层建筑之间的矛盾，必须要通过不断地自我调整、自我完善来使得社会主义制度更加成熟，有利于解放和发展生产力。而且，中国的改革开放实际上也是一种革命，但其本质不是要否定社会主义制度，而是社会主义制度的自我改造和自我完善，这是社会主义初级阶段一个非常重要的任务，也是中国特色社会主义一个鲜明的特征。因此，把社会主义制度的自我改造、自我完善，不断解放和发展生产力，实现共同富裕，作为中国特色社会主义政治经济学理论体系的主线，不仅符合马克思主义政治经济学的一般原理，而且紧密贴合中国的改革开放实际。

四大理论支柱：一是社会主义本质理论。主要理论观点包括"社会主义的根本任务是发展生产力""贫穷不是社会主义""发展才是硬道理""三个有利于"等，这是中国特色社会主义政治经济学理论体系的基石，其他所有理论都是建立在该理论基础上的。二是社会主义初级阶段理论。这是中国特色社会主义政治经济学理论体系的又一重要基石，正是基于这一重大判断，我们党提出了社会主义市场经济理论、社会主义基本经济制度理论等。三是社会主义市场经济理论。改革开放以来，无论是对内改革还是对外开放，其核心是建立社会主义市场经济制度，主要内容包括坚持基本经济制度，构建社会主义市场体系，完善宏观调控和市场监管，健全收入分配制度和法制体系等方面，其他许多理论如社会主义宏观调控理论、对

外开放理论、改革理论等都是以此为核心展开的。四是中国特色社会主义现代化理论。实现社会主义现代化是新中国成立以来中国共产党领导全国各族人民坚持不懈的努力方向，是党和国家在整个社会主义初级阶段的奋斗目标，是中国特色社会主义事业的总任务，因此社会主义现代化理论是中国特色社会主义政治经济学理论体系的重要支柱，主要内容包括实现中华民族伟大复兴的中国梦、"两个一百年"奋斗目标、"五位一体"总体布局和"四个全面"战略布局、新发展理念、供给侧结构性改革、"四化同步"、实施创新驱动发展战略等，它系统地回答了在新的历史起点上和新形势下全面推进中国特色社会主义现代化事业的历史主题、奋斗目标、总体布局、战略部署、发展理念、发展动力、领导核心、依靠力量、精神支柱、制度保障、安全保障、外部条件等一系列重大理论和实践问题。这四大理论支柱是递进的层次关系。

二、主要内容

中国特色社会主义政治经济学理论体系内容涵盖中国特色社会主义经济的生产、分配、交换、消费等主要环节以及基本经济制度、发展运行等方方面面，主要包括关于社会主义本质的理论，关于社会主义初级阶段基本经济制度的理论，关于树立和落实创新、协调、绿色、开放和共享的发展理念的理论，关于发展社会主义市场经济、使市场在资源配置中起决定性作用和更好发挥政府作用的理论，关于我国经济发展进入新常态的理论，关于推动新型工业化、信息化、城镇化、农业现代化相互协调的理论，关于用好国际国内两个市场、两种资源的理论，关于促进社会公平正义、逐步实现全体人民共同富裕的理论等。

按照上述逻辑框架，围绕"四大理论支柱"，中国特色社会主义政治经济学理论体系可分为三大板块：一是对坚持和完善什么样的中国特色社会主义的认识和研究，即本体认识篇，包括动力保障理论、共同富裕理论等；二是对中国特色社会主义基本经济制度的认识和研究，即制度体系篇，主要包括中国特色社会主义市场经济体系理论、基本经济制度理论、改革理论、开放理论等；三是对中国特色社会主义初级阶段经济运行和发展规律的认识和研究，即运行发展篇，主要包括中国特色社会主义宏观调控体系理论、现代化理论、"四化同步"理论、绿色发展理论、区域协调发展理论等。

第四节　中国特色社会主义政治经济学理论体系的重大创新

中国特色社会主义政治经济学理论体系把马克思主义政治经济学基本原理与中国的实际相结合，博采众长，兼收并蓄，与时俱进，取得了许多重大的理论创新和实践创新成果。

一、在政治制度方面，坚持中国共产党领导的多党合作和政治协商制度

与西方资产阶级实行"三权分立"的民主制度不同，中国坚持中国共产党的领导，实行共产党领导的多党合作和政治协商制度，主要特点是：共产党领导、多党派合作，共产党执政、多党派参政，各民主党派不是在野党和反对党，而是同共产党亲密合作的友党和参政党等。这是人类历史上重大的政治制度创新，是中国特色社会

主义的最本质特征。

正如资本主义政治制度的建立为生产力发展扫清了障碍一样，中国特色社会主义基本政治制度的建立极大地促进了生产力的发展，是中国经济"巨变"的根本原因，其优越性主要表现在：既保证有广泛民主参与，又有高效决策，有利于激发发展活力并保持政策的稳定性和连续性，与西方国家存在的人走政息、决策短视、党派相互攻击拆台等现象有明显反差。特别是近年来，在应对金融危机中，这一制度优势显现出其强大的生命力，许多学者都对西方民主制度进行了反思，认为"西方民主制度产生不了一个有效政府"，"中国的政治模式比西方民主制度更有效率且更不容易出现僵局。由于党对干部的选拔是基于他们完成目标的能力，因此新鲜的人才供给源源不断……"。"与那些不存在有效执政支柱的发展中国家不同，中国的强大在于中共这一执政支柱的存在"[1]。而且，中国共产党善于学习，是一个学习很快的组织，能够不断从其他国家和自己的历史中汲取经验。比如，中国共产党也把西方民主的一些要素整合进自己的政治体制，如采用党内投票、分权和政治协商等不同的民主要素，但主要是选择性学习，并将它们与自己的传统相结合[2]。实践充分证明：中国共产党的领导是实现解放和发展生产力这一社会主义本质的最重要的核心力量，离开了党的领导，社会生产力就不会得到充分的解放和发展。习近平总书记明确指出："坚持党的领导，发挥党总揽全局、协调各方的领导核心作用，是我国社会主义市场经济体制的一个重要特征。"

---

① 《民主出了什么问题》，《经济学人》2014 年 3 月。
② 参见郑永年：《中国模式：经验与挑战》，中信出版社 2016 年版。

二、在经济制度方面，坚持中国特色社会主义市场经济制度，把"两只手"（有为政府和有效市场）的作用紧密结合起来

改革开放以来，我们党坚持解放思想，实事求是，将实践作为检验真理的唯一标准，不断推进理论创新、思想创新和体制创新，创造性地提出了社会主义市场经济理论，首次将市场经济与社会主义制度相结合，明确提出经济体制改革的目标是建立社会主义市场经济体制。强调计划和市场都是经济手段，而不是划分社会主义与资本主义的标志，社会主义也可以搞好市场经济，社会主义市场经济是国家宏观调控下的社会资源配置方式，并把政府与市场的作用相结合，不断深化对市场作用定位的认识，使市场在资源配置中起决定性作用等重大理论观点。

这是相较于西方经济学最大的制度创新，也是对马克思主义政治经济学的重大创新。这一制度的根本特征是在中国共产党领导下推进社会主义市场经济体制建设，在让市场发挥资源配置决定性作用的同时，不放弃有为政府对市场的积极干预。在这方面，虽然资本主义经济也运用"两只手"，但他们只是让市场"一只手"充分发挥作用，而尽量减少政府的干预。同资本主义市场经济相比，中国是"两只手"都要用好，更加注重两者之间的相互促进、辩证统一，共同推动社会主义市场经济大繁荣大发展。这既充分利用了市场经济的好处和优势，同时也避免了"市场失灵"和市场经济存在的自发性、盲目性、滞后性问题，有力地推动了中国经济长期持续平稳健康发展。

三、在生产资料所有制方面，坚持公有制为主体，多种所有制经济共同发展的基本经济制度

这是中国特色社会主义市场经济的最典型特征，也是重大的制度创新。它既继承了马克思主义的公有制理论，又冲破了传统社会主义政治经济学中的"所有制教条"，走出了公有制和私有制水火不相容的思想藩篱，从我国处于并将长期处于社会主义初级阶段这一基本国情出发，把调整和完善所有制结构作为深化经济体制改革的重大任务，把非公有制经济升华为社会主义基本经济制度的有机组成部分，完成了从"对立论"到"有益补充论"再到"共同发展论"的飞跃。

从改革开放以来的实践看，这一制度具有很多优越性。比如，这种制度保证了中国能够比较有效地发挥政府的作用，贯彻国家战略意志，同时又充分发挥和调动了民营经济、外资经济富有活力和效率的优势。特别是在应对危机中，这一制度的优越性更为明显。在资本主义体系中，经济完全由生产资料私有制主导，没有任何大型国有银行为私营企业提供宽松的融资环境，阻止经济陷入衰退。相比之下，中国的国有部门可以在危机发生时保障投资，而强大的国有银行也可以为私营企业提供借贷[1]。与此同时，中国坚持土地、能源等生产资料公有制，可以有效建设国家的基础设施、公共工程、平衡市场等，为中国大规模推动城镇化、工业化、交通基础设施建设提供了必要条件。总而言之，基本经济制度的确立，公有制经济

---

[1] 参见［英］罗思义：《西方深陷"新平庸"，中国持续"大发展"》，《环球时报》2017年10月19日。

和非公有制经济共同发展，"看得见的手"和"看不见的手"并用，与西方经济单一的"看不见的手"相比，这一机制更为强大。

四、在分配制度方面，坚持按劳分配为主体、多种分配方式并存的基本分配制度

改革开放以来，我们党总结正反两方面的经验教训，坚决打破了传统计划经济体制"一大二公"、以"大锅饭"为主要特征的平均主义分配方式，确立了以按劳分配为主体、多种分配方式并存的基本分配制度，明确提出了"让一部分个人、一部分地区通过诚实劳动和合法经营先富起来、先富帮助和带动后富，最终走向共同富裕"等重大理论观点，既继承发展了马克思主义关于按劳分配的经典思想，又与西方资产阶级经济学家和庸俗社会主义学者三位一体的要素分配理论存在本质区别。

实践证明，这种分配制度与我国经济发展阶段是适应的，它充分发挥了市场机制的激励功能，有效调动了各方面的积极性，促进了经济效率的提高，极大地推动了生产力发展。同时，我国没有像西方一些资本主义国家那样搞"福利社会"，始终根据我国经济发展阶段来不断提高人们的收入水平，使国家可以集中较多的财力用于建设，避免了"福利社会"出现的这样那样的问题，保持了全社会经济活力。

五、在经济运行与发展方面，逐步探索形成了一系列的中国模式和中国经验

宏观调控理论方面。不同于西方经济学主要强调熨平波动的宏观调控理论，我国宏观调控坚持稳中求进的工作总基调，既着眼当

前又兼顾长远，强调政府与市场作用并重，追求合理速度又注重提升经济质量效益。既重视需求调控，又重视供给调控，明确提出要在坚持适度扩大内需的同时，深入推进供给侧结构性改革，改善市场供求关系，促进供需动态平衡，加快新旧动能接续转换，提高经济潜在增长水平。在具体调控手段上，创新性地提出实行区间调控，加强定向调控，不断增强宏观调控的针对性、有效性、预见性。

对外开放理论方面。既主张积极融入世界经济体系、减少要素流动障碍，又主张用好政府"看得见的手"，坚持开放的渐进性和主动性，与传统马克思主义观点和西方国际经济理论都有显著区别。在长期的探索和实践中，形成了一系列具有独创性的理论观点，如提出构建以合作共赢为核心的新型国际关系理论，将开放作为五大发展理念之一，构建互利共赢、多元平衡、安全高效的开放型经济体系等。

"四化同步"理论方面。在总结国内外工业化、城镇化、信息化和农业现代化的实践和理论的基础上，我们党创新性地提出现代化路径的中国方案，即推动工业化与信息化深度融合、工业化和城镇化良性互动、城镇化和农业现代化相互协调，促进工业化、信息化、城镇化、农业现代化同步发展。"四化同步"既突破了传统农业与现代工业、先进城市与落后农村的对立和分割，也摆脱了西方在完成工业化的基础上推行信息化的"串联式"发展路径，还创新性地将信息化放到重要位置，使人类科技发展的最新成果转化成为支撑经济社会跨越发展的新引擎。"四化同步"从现阶段的发展实际出发勾画出中国经济发展的新路径，使我们得以在实践发展中更好地对经济社会发展中的矛盾和问题进行求解，更加妥善地处理城市乡村、经济产业、科技创新、资源环境等重大关系，经济社会可持续发展的动力因而更加强劲和长久。"四化同步"不仅有力推进了中国特色社会主义现代化建设进程，对广大后发工业化国家也具有重要的借鉴意义，正在被越来越多的发展中国家认可和施行。

区域协调发展理论方面。在充分借鉴国际先进理论和经验的基础上，结合中国实际进行了重大理论创新，在区域发展的制度设计、区域开发模式、区域空间管控以及反贫困等方面形成了鲜明特色，逐步形成了具有中国特色的区域协调发展理论。比如，实施"一带一路"建设、京津冀协同发展、长江经济带建设三大战略，将中央和地方推动区域发展的积极性聚合在一起，既推动了国家战略部署的顺利实施，也促进了区域经济的健康稳定发展，形成了具有鲜明中国特色的区域治理制度体系。创新性将可持续发展理论引入区域空间管控，提出了"绿水青山就是金山银山"的重要论断，根据不同区域的资源环境承载力、现有开发强度和发展潜力，统筹谋划人口分布、经济布局、国土利用和城镇化格局，确定不同区域的主体功能，并将主体功能区上升为国家战略，并据此明确开发方向，完善开发政策，控制开发强度，规范开发秩序，逐步形成人口、经济、资源环境相协调的国土开发格局。创造性地形成中国特色的反贫困理论，充分发挥政府、市场和社会多方协同作用，调动贫困地区干部群众内生动力，实施一批脱贫攻坚工程，不断增强贫困地区和贫困人口自我发展能力的扶贫脱贫的思想体系，为确保贫困人口与全国同步进入全面小康社会提供了坚实的基础，为世界反贫困工作提供了中国模式。

生态文明理论方面。党的十八大以来，我国在全世界首次提出生态文明建设治国方略，纳入中国特色社会主义事业"五位一体"总体布局，从根本上建立绿色发展观、绿色政绩观、绿色生产方式、绿色生活模式等，彻底改变以 GDP 增长率论英雄的传统发展观，这

是对传统工业化、城市化和现代化发展模式的重大创新。把生态文明顶层设计作为全面深化改革优先任务，通过健全国土空间开发、资源节约利用、生态环境保护的体制机制，推动形成人与自然和谐发展现代化建设新格局。在把资源消耗、环境损害、生态效益纳入经济社会发展评价标准，构建生产发展、生活富裕、生态良好的国土功能开放格局，树立资源环境生态底线思维和红线意识等方面，创新了大量卓有成效的制度机制。

创新理论方面。明确提出了"科学技术是第一生产力""创新是引领发展的第一动力"等论断，强调要推进以科技创新为核心的全面创新，促进科技创新与理论创新、制度创新、文化创新、商业模式创新等全面融合。这是对人类社会科技发展、创新发展规律的科学总结，丰富和发展了传统的科技创新理论。在实践创新方面，坚持把发挥社会主义制度集中力量办大事的优越性与充分发挥市场机制的决定性作用结合起来，把引进消化吸收创新和原始创新结合起来，把利用国际先进技术与中国的比较优势结合起来，具有鲜明的"中国式创新"特点，为后发国家推进创新发展提供了中国经验和中国模式。

此外，在改革理论、和谐社会和共享发展理论等方面也有许多重大创新。总的看，在多年的发展中，我国形成了一些独特的发展模式和经验，尽管这些经验具有一定的特殊性，但实践证明是管用的，对推动中国经济发展发挥了重要作用。但也要看到，中国特色社会主义政治经济学理论体系仍处在形成和完善之中，需要结合中国经济发展的实践进行不断丰富、完善和创新。

（执笔人：王昌林等）

第一章　中国特色社会主义政治经济学的形成与发展

中国特色社会主义政治经济学是马克思主义政治经济学的中国化和时代化的一项伟大成果，是对马克思主义政治经济学的传承和创新。

第一节　中国特色社会主义政治经济学形成的背景

21世纪以来，以市场化和私有化为主旨的新自由主义经济学以及与其相配套的经济改革方案（"华盛顿共识"）在国际上遭到越来越多的质疑。我国40年改革开放取得的发展成就引起世界对中国式发展道路的普遍关注。我们需要能够很好解释并指导中国发展实践的理论，将中国特色社会主义事业推向新的高度。

一、21世纪以来以新自由主义经济学为指导的"华盛顿共识"濒临破产

20世纪70年代末，撒切尔夫人和里根先后分别在两国开启了新自由主义式的改革，两国经济社会发展取得了积极的成效，新自由主义开始在全球范围内迅速传播。20世纪80年代，拉美经济危

机爆发，纷纷向国际货币基金组织和世界银行申请援助。为了获得援助，危机国家必须按照国际货币基金组织、世界银行和美国政府开出的一揽子改革方案实施经济改革。这套标准化的改革方案深受新自由主义经济哲学的影响，美国国际经济研究所高级研究员约翰·威廉姆森将其称为"华盛顿共识"。

"华盛顿共识"无视各国发展差异，给所有国家开出了相同药方，导致接受该药方的国家再次陷入危机。1994年，墨西哥爆发金融危机；2001年，阿根廷经济遭遇该国有史以来最严重的经济危机，并发生债务违约；以"华盛顿共识"为指导的"休克疗法"使得俄罗斯和东欧等前社会主义国家在经济转轨过程中陷入严重的经济社会危机；东南亚各国在新自由主义理论指导下的改革也引发了严重的经济动荡。1980年至1995年间，以"华盛顿共识"为指导的改革方案已经被应用于世界上大约80%的人口中，但是很多国家的经济表现越来越糟糕。到2000年，接受不同支持计划的54个发展中国家变得比1990年还要贫穷[1]。21世纪以来，"华盛顿共识"在国际上遭到越来越多的质疑，广大发展中国家迫切需要探索出一套与自身国情相符的经济改革方案，实现经济可持续增长。

二、全球金融危机后对现代资本主义的反思日渐增多

2007年，美国次级抵押贷款危机爆发，迅速蔓延至整个金融体系，并波及实体经济。众多历史悠久的金融机构要么破产，要么被收购，要么被国有化。经济负增长，失业率大幅攀升。金融过度创

---

① Randall Peerenboom, China Modernizes: Threat to the West or Model for the Rest, New York: Oxford University Press, 2007.

新和监管是金融危机爆发的直接原因，而居民收入分配差距不断扩大才是金融危机的始作俑者。

全球金融危机爆发，西方主流经济学无论在事前预测还是在事后应对方面都拿不出一套系统有效的理论。在这种困境下，一些学者开始对现代资本主义进行反思，把研究的视野向历史和全球扩展，在更广的领域内探究经济发展规律。学者们的研究发现，不加约束的市场经济会导致财富占有的两极分化，制度对经济发展至关重要，包容性的制度是一国或地区经济长期可持续增长的根本保证。

三、改革开放伟大实践为中国特色社会主义政治经济学奠定了坚实基础

改革开放以来，中国坚持走中国特色社会主义发展道路，年均经济增速在 9% 以上，经济规模不断增大，相继超过英国、德国和日本，成为全球第二大经济体，人均收入稳步攀升，成功穿越低收入和中低收入阶段，跨入中高收入阶段，向高收入阶段迈进，在经济上取得了举世瞩目的成就。中国发展对世界经济增长和减贫作出了 70% 的贡献，使得今天的世界更加公平。

随着中国在世界范围内的影响力逐渐增强，中国特色社会主义发展道路受到了世界各国的普遍关注和热议。美国高盛公司顾问乔舒亚·库珀·雷默将其总结概括为"北京共识"[①]，也有人将其称为"中国式道路"。"中国式道路"与"华盛顿共识"不同，其核心内涵是创新、发展、包容和独立自主。它作为一种经济发展方式并非一

---

① 雷默将"北京共识"的主要精神内涵包括：艰苦努力、自主发展、主动创新和大胆试验、坚决捍卫国家主权和利益、循序渐进、积累能量、追求可持续发展等。

成不变，而是与时俱进。"中国式道路"包括以下主要原则：一是妥善处理好改革、发展与稳定三者的关系；二是妥善处理公平与效率的关系；三是坚持以公有制为主体，多种所有制经济共同发展，坚持按劳分配为主，多种分配方式并存的收入分配制度；四是让市场在资源配置中发挥基础性作用，加以适当的国家宏观调控；五是建立产权清晰、权责分明、政企分开、管理科学且适应市场经济要求的现代企业制度；六是建立比较完善的多层次的社会保障制度；七是坚持改革开放；八是实施可持续发展战略。

中国式发展道路突破了传统现代化的路径，体现了推动人类发展的中国智慧、中国方案。中国对西方的发展超越，其本质是中国国家治理体系与治理能力对西方的超越。中国经验不但是中国的，更是世界的，也适于谋求经济增长和改善人民生活的发展中国家；相比西方提供的发展模式，中国方案更具有普适性和认同性。中国的崛起和对西方的超越使得西方的概念和学说越来越难以对中国问题提供准确解释，对西方概念和学说形成了挑战。中国经济发展进程波澜壮阔，发展成就令人瞩目，为经济学理论的发展与繁荣提供了丰富的实践素材，为马克思主义政治经济学的创新发展提供了坚实的实践基础。

四、中华民族伟大复兴需要新经济学理论的指引

党的十八大明确提出了"两个一百年"奋斗目标。实现中华民族伟大复兴是中华民族近代以来最伟大的梦想，但正如习近平总书记所指出："要把蓝图变为现实，还有很长的路要走，需要我们付出长期艰苦的努力。"[①] 当前，我国经济和社会发展仍然面临一系列的

----

① 《习近平谈治国理政》（第一卷），外文出版社 2018 年版，第 36 页。

突出矛盾和挑战：发展中不平衡、不协调和不可持续的问题依然突出，科技创新能力不强，产业结构不合理，发展方式依然粗放，城乡区域发展差距和居民收入分配差距依然较大，社会矛盾明显增多，等等。[①] 要解决发展中出现的问题，回应人民的期盼，实现中华民族伟大复兴，需要我们在实践中砥砺前行，更需要我们从理论高度认识问题的根源，找到解决问题的办法。

改革发展站到了新的历史起点上，中国特色社会主义进入了新的发展阶段，解决新矛盾新问题迫切需要理论指导。要总结提炼出一套能够指导我们不断向前的经济理论，就要求我们将马克思主义的基本原理与我国改革开放的伟大实践结合起来，从根本性和全局性角度，对"中国道路""中国经验"进行全方位多维度思考，探索建立中国特色社会主义政治经济学理论体系，并用这一理论体系指导发展实践。正是民族复兴的艰巨任务和伟大工程对中国特色社会主义政治经济学的创新发展提出了理论诉求。

第二节　中国特色社会主义政治经济学的理论来源

一、传统社会主义政治经济学的奠基和演进

（一）马克思和恩格斯有关社会主义政治经济学的论述

马克思主义是中国特色社会主义政治经济学的理论渊源。在马克思和恩格斯经典文献中，马克思和恩格斯并没有区分社会主义和

---

① 参见《习近平谈治国理政》（第一卷），外文出版社 2018 年版，第 71—72 页。

共产主义，而是将两者作为同义语加以使用。但是，马克思在《哥达纲领批判》中，明确地将共产主义区分为高级和低级两个发展阶段，低级阶段实行按劳分配，高级阶段实行按需分配。马克思和恩格斯也指出，无产阶级在推翻资产阶级统治以后，还必须经过一个比较漫长的过渡时期才能进入共产主义社会。在过渡时期，无产阶级的最初任务不是消灭阶级、国家和商品生产，而是逐步改造旧的生产关系，大力发展生产力和国有经济，为共产主义制度的建立创造物质条件。在过渡时期，在公有制之外还存在着多种所有制形式，公有制企业是相对独立的商品生产者，存在商品货币关系，市场机制还发挥着重要的作用。马克思关于共产主义社会两阶段的理论，科学地揭示了社会主义区别于共产主义的特征，使社会主义运动有了更加切实可行的行动目标。

马克思和恩格斯通过对资本主义生产方式及其发展趋势的历史考察，提出共产主义代替资本主义的必然性，并揭示了未来共产主义社会的基本经济特征，包括个人自由全面发展；以生产资料公有制代替私有制；发展生产力，实现共同富裕；消灭商品生产，对全部生产资料实行有计划的调节；实行按劳分配和按需分配[1]；消除城乡和工农差别，实现城乡融合[2]；阶级和国家的消亡，对人的统治将由对物的管理和对生产过程的领导所代替[3]。这些基本特征构成马克思和恩格斯关于未来共产主义和社会主义理论的基本经济内容，是

---

[1] 参见《马克思恩格斯选集》第 3 卷，人民出版社 2012 年版，第 126、581、647、724 页。

[2] 参见《马克思恩格斯全集》第 3 卷，人民出版社 1960 年版，第 57 页；《马克思恩格斯全集》第 4 卷，人民出版社 1958 年版，第 371 页。

[3] 参见《马克思恩格斯文集》第 3 卷，第 562 页，人民出版社 2009 年版，第 562 页。

我国建设中国特色社会主义政治经济学最直接的理论来源。

（二）列宁关于社会主义政治经济学的重要观点

1917 年，世界上第一个由马克思主义政党领导的第一个社会主义国家——俄罗斯苏维埃联邦社会主义共和国成立。列宁继承了马克思主义，并将其与俄国革命相结合形成列宁主义。早在十月革命前夕，列宁就开始构思革命胜利后如何组织管理苏俄国家经济问题，在《四月提纲》中制定了向社会主义过渡时期组织管理国家经济的经济纲领①。十月革命胜利后，在1918年春的和平喘息时期，列宁对苏俄国家经济建设与管理问题进行深入、务实思考。在《当前的主要任务》一文中，列宁首次提出了把苏俄建设成为"真正又强大又富饶的国家"的目标。在《苏维埃政权的当前任务》中，列宁首次提出把党和国家的工作重心，从夺取政权、镇压剥削者的反抗转移到管理国家、发展经济上来，就如何组织管理与发展苏俄国家经济提出了具体的行动计划。在《论"左派"幼稚病和小资产阶级性》中，列宁提出在向社会主义过渡时期，必须立足于俄国多层次的社会经济结构，充分利用国家资本主义这一中介组织管理社会主义经济，利用资产阶级专家组织管理国家生产等。

1918 年 6 月，最高国民经济委员会通过了实施"战时共产主义"的政策。内战结束后，苏俄并未及时终止"战时共产主义"政策，经济陷入全面崩溃，爆发了大面积的饥荒。列宁发现，在一个小农经济主导的落后农业国直接向共产主义理想社会过渡，严重脱离俄国客观条件。列宁开始重新思考利用国家资本主义进行间接过

---

① 参见《列宁全集》第 29 卷，人民出版社 1985 年版，第 108—110 页。

渡，并提出对外国资本开放森林、土地、矿山等经营的租让制政策。1921 年 3 月，苏俄由"战时共产主义"转向"新经济政策"，苏俄经济逐渐走向恢复。列宁以"新经济政策"实践为基础，对社会主义经济建设进行了深入的再探索和再思考。在《论合作社》一文中，列宁提出通过合作制引导亿万小农走上社会主义经济建设道路。在《宁肯少些，但要好些》一文中，列宁提出在一个小农经济占优势的落后国家，必须通过精简国家机关、厉行节约发展国家大机器工业。

列宁领导的俄国特色社会主义实践为在政治经济相对落后的国家如何进行社会主义建设，将马克思主义与本国的实际相结合，根据生产力所处的阶段和本国的国情寻找适合的发展道路，提供了指导。

（三）斯大林关于社会主义政治经济学的观点

1927—1928 年，苏联发生粮食收购危机，斯大林在 1928 年废除新经济政策，苏联社会主义建设步入以政治经济管理体制高度集权为特征的斯大林模式。斯大林有关社会主义建设的主要观点包括：第一，社会主义是无阶级的社会。斯大林在第一个五年计划的总结中谈到其任务之一是"要在把苏联变为工业国家的同时彻底排挤资本主义分子，扩大社会主义经济形式的战线，建立起在苏联消灭阶级和建成社会主义社会的经济基础。"[1] 第二，社会主义是单一的社会主义生产资料所有制，社会主义经济基础是社会主义工业与社会主义农业的结合，社会主义工业化和农业集体化是苏联取得社会主义胜利的条件。斯大林指出："要巩固苏维埃制度并使我国社会主义

---

①《斯大林全集》第 13 卷，人民出版社 1956 年版，第 158 页。

建设获得胜利，单是工业社会主义化是完全不够的。为此还必须从工业社会主义化前进到整个农业社会主义化。"[①] 第三，在未来的社会主义社会中，"随着剥削的消灭，商品生产和买卖也会消灭，因此那里不会有劳动力的购买者和出卖者、雇佣者和被雇佣者存在的余地。"[②] 他认为社会主义实行的是排斥市场经济的计划经济体制，商品经济和商品交换只限于全民所有制和集体所有制之间。

斯大林没有突破社会主义与商品经济对立的观念，认为计划仍然是社会生产的唯一调节手段。从一般意义上讲，斯大林对社会主义的观念并没有错误，问题在于斯大林这些观念脱离苏联生产力发展水平的实际，是教条主义的、僵化的社会主义观念。

二、社会主义国家的改革实践

以"苏联模式"为代表的传统社会主义政治经济学，忽视社会主义国家的实际与发展需要，没有根据新的历史条件创新发展马克思主义，没有吸收现代资本主义生产方式发展的有益成果，存在着与现实脱节、落后于时代的历史局限性。

斯大林逝世后，对"苏联模式"下经济实际的不满在其他社会主义国家公开化，一些学者开始反思这种模式，并试图对它运行的机制进行重新设计，以解决经济核算和资源配置的扭曲问题。这种反思的核心是如何在计划经济中引入市场因素，以此完善计划实施。南斯拉夫和匈牙利是社会主义改革最早的一批实践者。

20世纪50年代初期，南斯拉夫共产党在既无"命令体制"社

---

① 《斯大林全集》第11卷，人民出版社1955年版，第7页。
② 《斯大林全集》第1卷，人民出版社1953年版，第305—306页。

会主义模式可沿用，又无革命时抛弃的资本主义道路可选择的情况下，走上了独立探索社会主义模式的道路。经过十几年的摸索，逐步确立了工人自治的市场社会主义经济制度模式。在该模式下，工人参与企业管理，计划与市场结合，政府权力下放。这是社会主义国家第一次将市场作为资源配置方式的大胆尝试。1956年，匈牙利力图摆脱"苏联模式"，实施振兴社会主义的改革，遭到苏联镇压，造成了匈牙利悲剧。20世纪60年代，匈牙利又采用新的经济体制，在计划经济起主导作用的条件下将计划和市场结合起来，取得了一定成效。但在经历了对"命令体制"不满释放的活力之后，由于所有制形式超越社会发展阶段，这些模式逐渐从促进经济发展演变为将经济带入泥潭的根源，最终也不得不以失败而告终。

三、对现代西方经济学研究优秀成果的借鉴

中国特色社会主义政治经济学在将马克思主义与中国社会主义改革发展实践相结合的同时，还注意吸收借鉴西方经济学研究的优秀成果。具体表现在：

一是创新发展提出的理论创新、技术创新、制度创新、文化创新等构成的有机创新体系，吸收借鉴了熊彼特的产品创新、技术创新、市场创新、资源配置创新和组织创新思想，以及西方经济增长理论的技术创新和制度经济学的制度创新等科学成分，同时超越了熊彼特主要局限于微观领域的企业家创新，忽略宏观层面的理论创新、文化创新等理论缺陷，强调自然科学和人文社会科学的重大理论创新对技术创新、制度创新以及经济增长的重要作用。

二是绿色发展提出的构建资源节约型和环境友好型社会，吸收借鉴了西方经济学提出的可持续发展理论的科学成分，同时又在战

略高度上提出了"绿水青山就是金山银山","保护生态环境就是保护生产力"的论断,从而把社会主义初级阶段的根本任务从解放生产力、发展生产力进一步扩展到保护生产力。

三是开放发展提出的双向开放新体系,吸收借鉴了西方经济学中国际经济理论的科学成分,同时又结合中国的发展阶段和发展特点强调不仅要对发达国家开放,还要对发展中国家开放;不仅要"引进来",还要"走出去"。

第三节　中国特色社会主义政治经济学的发展脉络

中国特色社会主义政治经济学更加注重对社会主义初级阶段经济发展规律的研究,根据社会主义初级阶段的基本矛盾和根本任务,把研究对象扩展到生产力领域,更加注重探讨如何解放、发展和保护生产力。中国特色社会主义政治经济学理论体系是一个不断完善的过程,集中体现了我国历届领导集体治国理政的大智慧。

一、中国特色社会主义政治经济学的萌芽

新中国成立初期,我国沿用苏联政治经济学教科书所阐述的传统社会主义经济理论,在实践上照搬苏联的做法。毛泽东对此深表忧虑,提出要以苏联的经验教训为戒,推动马列主义同中国实际"进行第二次结合",创造出新的理论,指导中国实践。毛泽东在《论十大关系》《工作方法六十条(草案)》等重要文献中,提出了发展社会主义经济的一系列独创性论断,如以农业为基础,以工业为主导,

农业、轻工业、重工业协调发展；统筹兼顾、适当安排，注意综合平衡；实行中央与地方并举，充分发挥两个积极性；处理好国家、集体和个人的关系；建设独立的比较完整的工业体系和国民经济体系，全面实现农业、工业、国防和科学技术的现代化；坚持以自力更生为主，争取外援为辅；等等。

毛泽东在研读《苏联社会主义经济问题》和《政治经济学教科书》时，结合中国实际，对社会主义政治经济学的一系列重大问题发表了自己的见解，主要包括：坚持政治工作是一切经济工作的生命线；矛盾仍然是社会主义社会发展的动力，强调生产力和生产关系之间、生产关系和上层建筑之间的矛盾和不平等是绝对的，平衡是相对的；走群众路线，实行"两参一改三结合"；要兼顾国家、集体和个人利益，各方面利益要统筹兼顾、各得其所；重视科学技术在社会主义建设中的重要作用；消除两极分化，实现共同富裕；坚持价值法则是建设社会主义的有用工具，商品生产没有意识形态之分，"同资本主义制度相联系就是资本主义的商品生产，同社会主义制度相联系就是社会主义的商品生产"[1]；农业、轻工业和重工业协调发展，大型、中型和小型企业同时并举，洋法生产和土法生产同时并举，"两条腿走路"；坚持以自力更生为主，争取外援为辅。

毛泽东对社会主义政治经济学的看法体现了中国社会主义经济建设在理论和实践方面的新探索，是中国特色社会主义政治经济学的萌芽。但是从总体上看，毛泽东的社会主义经济思想还属于传统社会主义经济思想的范畴，有其历史局限性。其中的一些思想，诸如限制资产阶级法权，依靠群众的政治思想觉悟推动经济发展等，

---

[1]《毛泽东文集》第七卷，人民出版社 1999 年版，第 135、341、435、439 页。

明显超越了历史发展阶段，夸大了人的主观能动性，为以后"大跃进"、"文化大革命"等灾难性局面埋下了伏笔。

二、中国特色社会主义政治经济学的创立

改革开放初期，我国政治经济学的重点在于拨乱反正，清理极左思想的影响。随着改革开放不断深入，传统社会主义政治经济学的条条框框开始被打破。1984 年 10 月，十二届三中全会通过《中共中央关于经济体制改革的决定》，提出要突破把计划经济同商品经济对立起来的传统观念、社会主义计划经济是在公有制基础上的有计划的商品经济、计划经济不等于以指令性计划为主、所有权与经营权是可以适当分开等一系列新观点。

1992 年，邓小平南方谈话确立要在中国建立中国特色市场经济。邓小平明确指出，我国尚处于社会主义初级阶段，必须坚持以经济建设为中心不动摇，发展是执政兴国的第一要务，必须大力发展生产力；社会主义的本质是解放生产力，发展生产力，消灭剥削，消除两极分化，最终达到共同富裕；改革是社会主义的自我完善和发展，是经济和社会发展的强大动力，要在各方面都形成与社会主义初级阶段基本国情相适应的比较成熟、比较定型的制度；社会主义市场经济体制是同社会主义基本制度相结合的市场经济，要使市场在社会主义国家宏观调控下对资源配置起基础性作用；公有制为主体、多种所有制经济共同发展，国有经济是国民经济的主导力量；按劳分配为主、多种分配方式并存；坚持对外开放，积极参与经济全球化进程，充分利用国际国内两个市场、两种资源，坚持独立自主、自力更生；大力实施科教兴国战略，坚持可持续发展，努力实现速度和结构、质量、效益相统一，走既有较高速度又有较好效益

的经济发展路子；走新型工业化道路；全面建设小康社会等。上述论述与苏联传统社会主义政治经济学已有显著区别，标志着中国特色社会主义政治经济学的创立。

三、中国特色社会主义政治经济学的发展

在实践中，中国共产党继承并发展了邓小平有关社会主义经济建设的理论。坚定不移地坚持改革开放，不断完善社会主义市场经济体制。党的十四大提出我国经济体制改革的目标是建立社会主义市场经济体制。党的十四届三中全会《中共中央关于建立社会主义市场经济体制若干问题的决定》提出建立社会主义市场经济体制的框架和要求。党的十五大确立了以公有制为主体、多种所有制经济共同发展的经济制度。党的十六大提出要全面建设小康社会、走新型工业化道路以及坚持和完善基本经济制度的战略思想。党的十六届三中全会通过《中共中央关于完善社会主义市场经济体制若干问题的决定》指出，我国经济体制改革在理论和实践上取得重大进展。我国的社会主义市场经济体制初步建立，公有制为主体、多种所有制经济共同发展的基本经济制度已经确立，全方位、宽领域、多层次的对外开放格局基本形成。

江泽民同志在国内外形势发生重大转折的背景下，提出了"三个代表"重要思想：中国共产党要始终代表中国先进社会生产力的发展要求，代表中国先进文化的前进方向，代表中国最广大人民的根本利益。胡锦涛同志面对发展过程中出现的贫富差距扩大、发展方式粗放、不平衡不全面不可持续等问题，提出了以科学发展观为指导的一系列新的理论观点，指出科学发展观的第一要义是发展，核心是以人为本，基本要求是全面协调可持续，根本方法是统筹兼顾。

四、中国特色社会主义政治经济学发展的新时代

党的十八大以来，习近平同志就发展当代中国马克思政治经济学和中国特色社会主义政治经济学发表了一系列重要讲话，提出中国特色社会主义政治经济学这一重要范畴，指出马克思主义政治经济学是指导我国经济建设的唯一科学的理论[①]。习近平指出："坚持和发展中国特色社会主义政治经济学，要以马克思主义政治经济学为指导，总结和提炼我国改革开放和社会主义现代化建设的伟大实践经验，同时借鉴西方经济学的有益成分。中国特色社会主义政治经济学只能在实践中丰富和发展，又要经受实践的检验，进而指导实践。要加强研究和探索，加强对规律性认识的总结，不断完善中国特色社会主义政治经济学理论体系，推进充分体现中国特色、中国风格、中国气派的经济学科建设。"[②]

党的十八大以来，习近平围绕如何在新的形势下发展中国特色社会主义政治经济学，提出了一系列新理念新思想新战略，形成了习近平新时代中国特色社会主义思想。习近平新时代中国特色社会主义思想系统地回答了新时代要坚持和发展什么样的中国特色社会主义、怎样坚持和发展中国特色社会主义。习近平新时代中国特色社会主义思想，明确坚持和发展中国特色社会主义，总任务是实现社会主义现代化和中华民族伟大复兴，在全面建成小康社会的基础

---

① 参见习近平：《立足我国国情和我国发展实践　发展当代中国马克思主义政治经济学》，《人民日报》2015 年 11 月 25 日。

② 习近平：《在主持召开经济形势专家座谈会上的讲话》，《人民日报》2016 年 7 月 9 日。

上，分两步走在本世纪中叶建成富强民主文明和谐美丽的社会主义现代化强国；明确新时代我国社会主要矛盾是人民日益增长的美好生活需要和不平衡不充分的发展之间的矛盾，必须坚持以人民为中心的发展思想，不断促进人的全面发展、全体人民共同富裕；要将坚持全面建成小康社会、全面深化改革、全面依法治国、全面从严治党"四个全面"战略布局作为我国经济社会发展的科学指导和行动指南；对推进中国特色社会主义事业作出经济建设、政治建设、文化建设、社会建设、生态文明建设"五位一体"总体布局；坚持创新、协调、绿色、开放、共享五大发展理念。

继续深化改革，改革只有进行时没有完成时。要把摸着石头过河和加强顶层设计相统一，更加注重各项改革的相互促进，良性互动，整体推进，重点突破，形成推进改革开放的强大合力。推动供给侧结构性改革，增强供给结构对需求变化的适应性和灵活性。

要使市场在资源配置中起决定性作用，同时更好发挥政府作用。市场配置资源是市场经济的一般规律，健全社会主义市场经济体制必须遵循这条规律，着力解决市场体系不完善、政府干预过多和监管不到位的问题。同时，坚持发挥我国社会主义制度的优越性，发挥党和政府的积极作用。科学的宏观调控、有效的政府治理，是发挥社会主义市场经济体制优势的内在要求。"看不见的手"和"看得见的手"都要用好，努力形成有效市场、有为政府相结合的格局。

毫不动摇地巩固和发展公有制经济，毫不动摇地鼓励、支持和引导非公有制经济发展。坚持公有制主体地位，发挥国有经济主导作用，不断增强国有经济活力、控制力、影响力。积极发展国有资本、集体资本、非公有资本等交叉持股、相互融合的混合所有制经济，有利于国有资本放大功能、保持增值、提高竞争力。多措并举，激发非公有制经济活力和创造力。公有制和非公有制经济都是社会主义市场经济的重要组成部分，都是我国经济社会发展的重要基础。公有制和非公有制经济财产权同样不可侵犯。

坚持以人民为中心的发展思想，把增进人民福祉、促进人的全面发展、朝着共同富裕方向稳步前进作为经济发展的出发点和落脚点。调整国民收入分配格局，持续增加城乡居民收入，不断缩小收入差距，绝不能出现"富者累巨万，而贫者食糟糠"的现象。实施精准扶贫、精准脱贫，到 2020 年我国现行标准下农村贫困人口实现脱贫，贫困县全部摘帽，解决区域性整体贫困。

坚持对外开放基本国策，善于统筹国内国际两个大局，利用好国际和国内两个市场、两种资源，发展更高层次的开放型经济。积极参与全球经济治理，构建广泛的利益共同体；弘扬共商共建共享的全球治理理念，构建人类命运共同体，共同建设"丝绸之路经济带"和"21 世纪海上丝绸之路"。

把权力关进制度的笼子里。党风廉政建设和反腐败斗争是一项长期的、复杂的、艰巨的任务。反腐倡廉必须常抓不懈，拒腐防变必须警钟长鸣，要经常抓、长期抓。有腐必反、有贪必肃，不断铲除腐败现象滋生蔓延的土壤，以实际成效取信于民。

习近平新时代中国特色社会主义思想丰富和发展了马克思主义政治经济学，实现了马克思主义政治经济学基本原理同中国实际相结合的历史性飞跃，开创了中国特色社会主义政治经济学发展的新时代。

第四节　中国特色社会主义政治经济学的鲜明特征与历史贡献

一、中国特色社会主义政治经济学的鲜明特征

（一）继承性

"当代中国哲学社会科学是以马克思主义进入我国为起点的，是在马克思主义指导下逐步发展起来的。"[①] 中国特色社会主义政治经济学也是这样。中国特色社会主义政治经济学的继承性体现在对马克思列宁主义和毛泽东思想的吸收和承继，既坚持了马克思列宁主义、毛泽东思想的基本原理，坚持了辩证唯物主义和历史唯物主义的科学世界观和方法论，又不拘泥于条条框框，实现了理论上的发展和突破，开拓了马克思主义中国化的新境界。中国特色社会主义政治经济学的继承性也体现在对中华优秀传统文化的汲取和传承，把当代中国的马克思主义理论与中华民族的文化特质、思维模式、价值取向等结合起来，赋予新的时代内涵。如中华传统文化中"重民""安民""富民"的治国智慧，"以和为贵""协和万邦"的和合理念，"革故鼎新""因势而变"的创新精神，"天人合一"的生态伦理思想等，经过批判继承，彰显出中国特色社会主义理论深厚的传统文化底蕴。

---

① 习近平：《在哲学社会科学工作座谈会上的讲话》，人民出版社2016年版。

（二）实践性

早在社会主义尚未成为一种实践中的社会形态之前，恩格斯就指出："所谓'社会主义'不是一种一成不变的东西，而应当和任何其他社会制度一样，把它看成是经常变化和改革的社会。"[①] 十月革命以后，列宁多次强调，一定要以实践而不是以书本作为认识社会主义的标准。中国特色社会主义政治经济学不是来自人的观念，而是来自鲜活的实践。作为来自实践反过来指导实践的经济学，中国特色社会主义政治经济学始终坚持一切从实际出发，根据实践探索和时代变化加以丰富和发展。改革开放 40 年来，几代中国共产党人紧紧围绕什么是社会主义、怎样建设社会主义，建设什么样的党、怎样建设党，实现什么样的发展、怎样发展等重大理论和实际问题，筚路蓝缕，艰辛探索，不断形成了具有中国特色社会主义政治经济学的一系列重要理论观点。

（三）开创性

中国特色社会主义政治经济学不是一个封闭的理论体系，它在形成和发展中坚持在继承前人基础上实现理论上的新突破。例如社会主义本质论，就突破了传统社会主义只讲社会主义特征的框框，提出了社会主义本质的新概念。又如，社会主义市场经济论，创新、协调、绿色、开放、共享发展理念，市场在资源配置中起决定性作用和更好发挥政府作用的理论，新型工业化、信息化、城镇化、农业现代化相互协调理论，用好国际国内两个市场、两种资源理论，促进社会公平正义、逐步实现全体人民共同富裕等理论成果，都是

---

① 《马克思恩格斯全集》第 37 卷，人民出版社 1971 年版，第 443 页。

坚持从中国的实际出发，注重总结改革开放各个阶段的实践经验，注重探索和回答实践中遇到的新矛盾新问题，在理论创新和理论发展上都做出了独特贡献。实践没有止境，理论创新也永远没有止境，与时俱进、不断创新是中国特色社会主义政治经济学永恒生命力的来源。

（四）民族性

所谓民族性，就是与世界性相对应的中国特色社会主义政治经济学所具有的中国特色、中华民族特色，也就是与一般性、普遍性相对应的特殊性。中国特色社会主义政治经济学的民族性是指，与实行非社会主义制度的国家相比，在基本立场、基本观点、基本方法和表现形式上呈现的民族性；与马克思恩格斯设想的未来社会和现实中实行社会主义制度的其他国家相比，在基本理论观点和表现形式上呈现的民族性。习近平指出，强调民族性并不是要排斥其他国家的学术研究成果，而是要在比较、对照、批判、吸收、升华的基础上，使民族性更加符合当代中国和当今世界的发展要求，把中国实践总结好，就有更强能力为解决世界性问题提供思路和办法，这是由特殊性到普遍性的发展规律。[①]

（五）世界性

所谓世界性，就是与民族性相对应的国际性和世界意义，也就是与特殊性相对应的一般性、普遍性。中国特色社会主义政治经济

---

① 参见习近平：《在哲学社会科学工作座谈会上的讲话》，《人民日报》2016年5月19日。

学的世界性是指在中国特色社会主义政治经济学的民族性内容中，包含着人类共同的价值追求。中国特色社会主义政治经济学除了基本经济制度、分配制度等内容外，涉及资源配置、社会化大生产、市场经济运行、经济发展等内容，包含了经济学的一般性和普遍性。强调并自觉加强中国特色社会主义政治经济学所包含的世界性和普遍性，表明中国特色社会主义政治经济学不仅属于中国，也属于世界。

二、中国特色社会主义政治经济学的历史贡献

（一）丰富和发展了对社会主义制度的认识

中国特色社会主义政治经济学将社会主义基本制度与市场经济有机统一起来，创新了社会主义经济制度的新形态或新模式。在所有制结构上，实行以公有制为主体、多种所有制经济共同发展；在分配制度上，实行以按劳分配为主、多种分配方式并存；在经济运行上，把市场的决定性作用与有效的政府调控相结合；在对外开放上，把积极参与经济全球化同独立自主相结合；在经济发展上，形成了以五大发展理念为核心的系统的发展思想；在制度实现形式上，建立了适应市场经济的新型公有制和按劳分配的体制机制。这些创新体现了时代和实践的要求，赋予了社会主义经济制度新的内涵，使社会主义焕发出了新的活力和勃勃生机。

（二）丰富和发展了对市场经济的认识

在很长的历史时期中，无论是在社会主义国家，还是在资本主义国家，人们认为市场经济必然导致经济危机、贫富分化等弊病，仅仅适合资本主义。社会主义市场经济同社会主义基本制度结合在

一起，具有不同于传统市场经济的新特点和新优势：一方面发挥了市场机制信息灵敏、效率较高、激励有效、调节灵活等优点，增强了经济发展的活力；另一方面发挥了社会主义制度中生产资料公有制、按劳分配、计划调节、统筹兼顾、独立自主、共同富裕等优势，特别是发挥了中国共产党总揽全局、协调各方的核心作用。因此，社会主义市场经济既体现了市场经济的一般原则，又体现了社会主义制度的内在要求，有利于实现效率和公平、计划和市场、自主和开放、活力与协调的有机统一，创造了市场经济新的形态，为市场经济的发展开辟了新的更加广阔的前景。在社会主义制度下发展市场经济，是中国共产党人的伟大创造，是中国特色社会主义政治经济学对人类文明发展的重大贡献。

（三）丰富和发展了对改革方法的认识

中国经济改革成功探索出了一条有中国特色的经济改革和转型道路，其主要特点是：坚持尊重人民首创精神，坚持在党的领导下推进，把摸着石头过河与加强顶层设计结合起来；正确处理改革发展稳定的关系，把改革的力度、发展的速度和社会可承受的程度相统一；双轨过渡，增量先行，整体协调，重点突破，把社会主义制度的自我完善与经济体制的深刻革命结合起来；注重提高改革决策的科学性，增强改革措施的协调性，使改革兼顾到各方面，照顾到各方面关切，真正得到广大人民群众的拥护和支持。中国渐进式改革的经验向人们提供了一个重要的方法论，即以完善基本制度而不是推倒重来为目标的改革或转型，其方法必然是渐进式的。在这里，新旧体制不是泾渭分明，截然对立，而是有着明显的连续性和继承性，它们之间的转换要经历许多具体阶段、中间环节和过渡形态。

中国的经济改革遵循了这一方法论，避免了苏联及东欧国家实行激进式改革所导致的制度断裂、秩序混乱和经济破坏，保持了经济稳定发展，最终取得了改革成功。

（四）丰富和发展了对经济发展的认识

中国经济发展的成功实践积累和蕴含了极其丰富的发展思想：在经济发展战略上，坚持"三步走"战略、科技兴国战略、创新驱动发展战略、人才强国战略、可持续发展战略、区域发展总体战略等。在经济发展道路上，坚持走中国特色新型工业化道路、中国特色农业现代化道路、中国特色自主创新道路、中国特色城镇化道路，坚持走生产发展、生活富裕、生态良好的文明发展道路等。在经济发展方式上，经济速度的调整、经济结构的优化、经济动力的转换、经济质量效益的提高等。在经济发展理念上，坚持创新、协调、绿色、开放、共享的新发展理念。在新的历史条件下，要认识和处理好什么是发展、为什么发展、怎样发展，发展为了谁、发展依靠谁、发展成果由谁享有等重大问题。这些富有创造性的思想，不仅是对中国经济发展实践的总结，也是对社会经济发展规律认识的深化。

（五）丰富和发展了对政府和市场关系的认识

社会主义市场经济中的政府作用与资本主义市场经济中的政府作用存在着本质区别，这些区别主要表现在：一是政府作用的主体不仅局限于市场规则的制定者和宏观经济的调节者，而且是全民所有的生产资料所有权和社会公共利益的总代表，能够集中更大资源调控经济运行。二是政府作用的目标不仅局限于维护市场秩序，还

包括促进宏观经济稳定运行，提供公共服务，保障公平竞争，加强市场监管，维护市场秩序，弥补市场失灵，推动可持续发展，实现共同富裕等。三是政府作用的方式不仅局限于短期的需求调节，还包括总量调节和定向施策并举、短期和中长期结合、供给管理与需求管理并重、国内和国际统筹、改革和发展协调。四是政府作用的工具不仅局限于财政政策、货币政策，还包括计划规划、产业政策、价格政策以及统筹协调、市场监管、国有资产管理等。这些都大大超越了西方市场经济的理论框架和实践经验，深化和创新了对政府和市场关系的认识。

（六）丰富和发展了对经济全球化的认识

如何把经济全球化与全世界人民的共同利益结合起来，推动各国共同发展，是摆在世人面前的重大课题。对此，中国特色社会主义政治经济学作了深入探索，形成了系统的认识：一是坚持"引进来"和"走出去"相结合，统筹国际国内两个大局，充分利用国际国内两个市场，优化资源配置。二是强调经济全球化作为一个客观进程，既能促进世界资源的合理配置，造福各国人民，也可能会加剧世界经济发展的不平衡，我们应选择并推进前一种趋势，警惕并控制后一种趋势。三是实施合作共赢的开放战略，促进国际经济秩序朝着平等公正、合作共赢的方向发展，打造人类命运共同体。四是在坚持对外开放的同时，把立足点放在依靠自身力量的基础上，把坚持独立自主同积极参与经济全球化结合起来。

总之，中国特色社会主义政治经济学既体现了马克思主义政治经济学的基本理论和科学社会主义的基本原则，又体现了当代中国国情和时代特点，同时汲取了社会经济发展的一般规律。它既有特殊性，也有普遍意义，既是民族的，也是世界的，为马克思主义政治经济学的创新发展和丰富人类经济思想宝库贡献了中国智慧。在新的历史条件下，我们必须继续在理论和实践上坚持中国特色社会主义政治经济学的重大原则，不断推进中国特色社会主义政治经济学的发展，夺取中国特色社会主义经济建设的新胜利。

（执笔人：邹晓梅）

第二章 中国特色社会主义政治经济学的立论

中国特色社会主义政治经济学是马克思主义和中国社会主义实践相结合并吸收人类社会一切优秀成果的科学理论体系，社会主义发展阶段的纲领、历史唯物主义的生产方式、社会主义的本质、社会发展形态和阶段等方面的立论，构成中国特色社会主义政治经济学的坚实基础和支撑。

第一节 关于社会主义发展阶段的纲领论

一、马克思恩格斯关于社会主义和共产主义社会发展的总纲领

马克思恩格斯关于社会主义和共产主义[1] 发展的思想主要体现在 1948 年发表的《共产党宣言》和 1880 年恩格斯写作的《社会主

---

[1] 马克思恩格斯为把自己的理论与当时欧洲其他的社会主义思想相区别，将自己的理论称为共产主义理论；为与空想社会主义相区别，马克思恩格斯将自己的理论称作科学社会主义理论。

义从空想到科学的发展》两部重要著作中。按照马克思和恩格斯的设想，无产阶级用暴力手段推翻资产阶级统治，建立无产阶级专政后，再经过一个对经济、社会和人的思想观念进行改造的"革命的转变时期"后，即进入了一个新的社会形态——共产主义社会。

1875 年，马克思在《哥达纲领批判》中第一次明确将新社会划分为共产主义第一阶段和高级阶段，并从分配政策上对两个阶段进行了纲领性的设计。在"经过长久阵痛刚刚从资本主义社会产生出来的"共产主义第一阶段，"它在各方面，在经济、道德和精神方面都还带着它脱胎出来的那个旧社会的痕迹"，在这一阶段，实行按劳分配，"每一个生产者，在作了各项扣除之后，从社会领回的正好是他给予社会的。他给予社会的，就是他个人的劳动量"，"在这里平等的权利按照原则仍然是资产阶级权力"。在共产主义高级阶段，"在迫使个人奴隶般服从分工的情形已经消失，从而脑力劳动和体力劳动的对立也随之消失之后；在劳动不仅仅是谋生的手段，而且成为生活的第一需要之后；在随着个人的全面发展，他们的生产力也增长起来，而集体财富的一切源泉都充分涌流之后——只有在那个时候，才能完全超出资产阶级权力的狭隘眼界，社会才能够在自己的旗帜上写上：各尽所能，按需分配"[1]。

二、列宁关于社会主义阶段的纲领

列宁继承了马克思恩格斯关于将未来共产主义新社会划分为两阶段的思想，提出把共产主义第一阶段称为"社会主义社会"，共产主义高级阶段称为"共产主义社会"。1919 年 6 月，列宁在《伟大

---

[1]《马克思恩格斯文集》第 3 卷，人民出版社 2009 年版，第 432—436 页。

的创举》一文中指出："社会主义和共产主义之间的科学区别，只在于前者是从资本主义中生长起来的新社会的第一阶段，后者是这个新社会的更高的阶段。"[1]

列宁的新经济政策比较集中地反映了在落后国家建设社会主义的行动纲领。从十月革命胜利到1921年，列宁把马克思恩格斯关于社会主义的设想直接运用到俄国的社会实践中，试图推动俄国社会由资本主义向社会主义"直接过渡"，在全国实行"战时共产主义"政策，在农村实行余粮收集制，对全部工业实施国有化，实施集中管理；取消商品货币关系，商业由国家垄断经营，实行普遍义务劳动制等，但在实践中遭受重大挫折。从1921年以后直至逝世，列宁总结了前期政策失当的教训，开始尝试实施新经济政策。用粮食税代替余粮收集制；允许多种经济成分存在，将部分国有化的中小企业归还企业主，鼓励农民、手工业者和商品生产者发展私营经济；发展商品生产，恢复与商品经济相适应的财政、金融机构和制度，通过商品交换、货币流通和自由贸易来活跃经济；培植国家资本主义，利用国外资本和技术来恢复发展经济，利用国家资本主义来建设社会主义等。这些新经济政策集中地反映了革命在一个经济并不发达的国家取得成功后，如何发展社会主义的行动纲领。

三、斯大林关于社会主义发展阶段的纲领

斯大林将马克思恩格斯关于未来新社会基本特征具体化、系统化并教条化，形成了"斯大林社会主义模式"，这一模式的核心内容集中地代表了斯大林式社会主义的行动纲领。这些核心内容一是生

---

① 《列宁全集》第2卷，人民出版社1965年版，第10页。

产资料公有制是社会主义生产关系的经济基础，必须把生产资料公有制划分为全民所有制和集体所有制两种基本形式，国家所有制就是全民所有制。二是社会主义经济是计划经济。资本主义国家虽然也有计划，不过那"是一种臆测的计划，想当然的计划，这种计划谁也不必执行，根据这种计划是不能领导全国经济的"，而社会主义的计划"各领导机关必须执行，这种计划能决定我国经济在全国范围内将来发展的方向"①。三是按劳分配是社会主义个人消费品的分配原则，"各尽所能，按劳分配"是"马克思主义的社会主义公式""共产主义的第一阶段即共产主义社会的第一阶段的公式"。四是共产党是社会主义国家的唯一领导力量，是无产阶级专政的工具。五是无产阶级专政是社会主义国家的职能形式。六是马克思列宁主义是进行社会主义建设的指南，"工作人员的政治水平和马克思列宁主义觉悟程度愈高，工作本身的效率也愈高，工作也就愈有成效"②。

这一模式形成的部分依据是斯大林认为社会主义经济发展中存在社会主义基本经济规律和国民经济有计划按比例发展规律。社会主义基本经济规律是社会生产的目的和实现这一目的的手段两方面的统一，即"用在高度技术基础上使社会主义生产不断增长和不断完善的办法，来保证最大限度地满足整个社会经常增长的物质和文化需要"③。他认为社会主义公有制消灭了资本主义基本矛盾，把国民经济各部门和企业联结成有机整体，使国民经济有计划按比例发展是客观必然。国民经济有计划按比例发展规律与社会主义基本经济规律相互依托、相互支撑，社会主义基本经济规律决定国民经济

①《斯大林全集》第 10 卷，人民出版社 1954 年版，第 280 页。

②《斯大林文选》（上），人民出版社 1962 年版，第 246 页。

③《斯大林文选》（下），人民出版社 1962 年版，第 602 页。

有计划按比例发展规律，国民经济有计划按比例发展规律的作用只有在它以社会主义基本经济规律为依据时才能得到充分发挥。

斯大林晚年提出社会主义社会的商品生产和商品流通问题。斯大林在《苏联社会主义经济问题》中明确指出，社会主义社会仍然存在商品生产和商品流通，他认为社会主义两种公有制形式——全民所有制和集体所有制并存，是社会主义仍然需要商品生产和商品流通的直接原因和客观依据；并提出利用商品生产和它的"货币经济"一起共同为发展和巩固社会主义生产的事业服务。但斯大林同时也认为，商品生产和价值规律只在消费品的生产和流通范围内存在，生产资料不是商品，价值规律不能对社会生产发挥调节作用。

四、中国共产党关于社会主义发展阶段的纲领

党的一大按照马克思主义政党建党要求，确定党建设未来社会的纲领是：以无产阶级革命军队推翻资产阶级，由劳动阶级重建国家，直至消灭阶级差别。采用无产阶级专政，以达到阶级斗争的目的——消灭阶级。废除资本私有制，没收一切生产资料如机器、土地、厂房、半成品等，归社会所有。联合第三国际[①]。

党的二大根据当时世界革命形势和中国政治经济状况，制定了党的最高纲领和最低纲领。大会宣言指出，"中国共产党是中国无产阶级政党，它的目的是要组织无产阶级，用阶级斗争的手段，建立劳农专政的政治，铲除私有财产制度，渐次达到一个共产主义的社会"，这是党的最终奋斗目标，是党的最高纲领。为了实现党的最高

---

① 参见《中国共产党纲领（英文译稿）》，载《中国共产党历史文献》，中国国情－中国网，http://www.guoqing.china.com.cn。

纲领，大会提出在当时历史条件下的最低纲领：消除内乱，打倒军阀，建设国内和平；推翻国际帝国主义的压迫，达到中华民族完全独立，建立中华联邦共和国；工人和农民，无论男女，在各级议会市议会有无限制的选举权，言论、出版、集会、结社、罢工绝对自由；制定关于工人和农人以及妇女的法律等[①]。

党的三大、四大确定了我党参与国民革命的任务并取得领导权和建立工农联盟问题，党的三大对外发表的宣言明确提出："引导工人农民参加国民革命更是我们的中心工作"，"我们的使命是以国民革命来解放被压迫的中国民族，更进而谋世界革命，解放全世界的被压迫的民族和被压迫的阶级。"党的四大通过的《对于民族革命运动之议决案》明确指出："无产阶级的政党应该知道无产阶级参加民族运动，不是附属资产阶级而参加，乃以自己阶级独立的地位与目的参加。""无产阶级是最有革命性的阶级"。所以，民主革命"必须最革命的无产阶级有力的参加，并且取得领导的地位，才能够得到胜利"。关于工农联盟，《对于农民运动之议决案》阐明了农民是无产阶级同盟军的道理，强调了农民在中国民族革命中的重要地位，指出如果不发动农民起来斗争，无产阶级的领导地位和中国革命的成功是不可能取得的。

党的五大接受共产国际执委会第七次扩大会议关于中国问题的决议案，纠正陈独秀机会主义错误，决定武装工农、反抗国民党重大方针政策。

党的六大分析了中国革命的性质，重申了中国革命"两阶段"

[①] 参见《中国共产党第二次全国代表大会宣言》，载《中国共产党历史文献》，中国国情－中国网，http://www.guoqing.china.com.cn。

纲领，并提出："中国革命的第一阶段，资产阶级性的民权主义革命，对于世界社会主义革命是一个助力，亦是主要的组成部分之一，将来的第二阶段——中国无产阶级的社会主义革命更要成为世界社会主义革命的直接的组成部分。"[①]

党的七大确立了毛泽东思想作为全党的指导思想，提出了新民主主义理论。新民主主义理论从中国半殖民地半封建的国情出发，解决关于中国革命对象、任务、动力、性质、前途等问题，并提出"现阶段中国革命的性质，不是无产阶级社会主义革命，而是资产阶级民主主义革命"，"中国革命的历史进程必须分为两步，其第一步是民主主义革命，其第二步是社会主义革命"。新民主主义理论为我党领导全国人民推翻国民党统治，建立新中国，继而开展社会主义革命奠定了理论基础。

新中国成立后，开始由新民主主义向社会主义过渡。1953年8月，中共中央根据毛泽东同志提议正式提出过渡时期的总路线："要在一个相当长的时期内，基本上实现国家工业化和对农业、手工业、资本主义工商业的社会主义改造"，根据过渡时期总路线，我国开始了第一个五年计划和对农业、手工业和资本主义工商业的改造。

党的八大首次作出了将党和国家的工作重点转移到社会主义建设上来的重大战略决策。大会明确提出：在生产资料私有制的社会主义改造基本完成以后，国内的主要矛盾不再是工人阶级和资产阶级之间的矛盾，而是人民对于建立先进的工业国的要求同落后的农业国的现实之间的矛盾，是人民对于经济文化迅速发展的需要同当

[①]《政治决议案》，载《中国共产党历史文献》，中国国情－中国网，http://www.guoqing.china.com.cn。

前经济文化不能满足人民需要的状况之间的矛盾。这一矛盾的实质，在中国社会主义制度已经建立的情况下，也就是先进的社会主义制度同落后的社会生产之间的矛盾。解决这个矛盾的办法是发展社会生产力，进行大规模的经济建设。

1958 年 3 月，毛泽东同志在中共中央召开的成都会议上首次提出了社会主义建设总路线："鼓足干劲、力争上游，多快好省地建设社会主义。"总路线的基本点是："调动一切积极因素，正确处理人民内部矛盾，改革和发展社会主义的全民所有制和集体所有制，巩固无产阶级专政和无产阶级国际团结；继续完成经济路线、政治路线和思想路线上的社会主义革命的同时，逐步实现技术革命和文化革命；在重工业化、分工协作的条件下，中央和地方工业同时并举，大型企业和中小型企业并举。通过这些，尽快把我国建设成为一个具有现代工业、现代农业和现代科学文化的伟大的社会主义国家。"[①]

20 世纪 60 年代中期至 80 年代初中期，中国共产党提出并实施"四个现代化"的发展战略。在 1964 年 12 月底至 1975 年 1 月初召开的第三届人大一次会议上，周恩来总理在所作的政府工作报告中首次向社会公开提出了推进"四个现代化"的发展战略及其实现步骤。1977 年 8 月召开的党的十一大再次重申把在 20 世纪末建成社会主义强国作为历史使命。1982 年 9 月继续重申，"中国共产党在新的历史时期的总任务是：团结全国各族人民，自力更生，艰苦奋斗，逐步实现工业、农业、国防和科学技术现代化，把我国建设成

[①] 刘少奇：《中国共产党中央委员会向第八届全国代表大会第二次会议的工作报告》，《人民日报》1958 年 5 月 27 日。

为高度文明、高度民主的社会主义国家"。

从 20 世纪 80 年代初以来，我党开始提出建设中国特色社会主义、社会主义初级阶段理论、邓小平理论、"三个代表"重要思想、科学发展观等新指导思想和实施"三步走"的发展战略、全面建设小康社会战略。在 1982 年召开的党的十二大上，邓小平首次提出了"建设有中国特色的社会主义"的崭新命题，明确指出"马克思主义的普遍真理同我国的具体实际结合起来，走自己的路，建设有中国特色的社会主义，这就是我们总结长期历史经验得出的基本结论"，会议还首次提出"翻两番"和人民的物质文化生活达到小康水平的总的奋斗目标。

1987 年召开的党的十三大提出了社会主义初级阶段理论，提出了党"领导和团结全国各族人民，以经济建设为中心，坚持四项基本原则，坚持改革开放，自力更生，艰苦创业，为把我国建设成为富强、民主、文明的社会主义现代化国家而奋斗"的初级阶段基本路线，并正式提出了实施"三步走"发展战略。

1992 年召开的党的十四大，确立了邓小平建设有中国特色社会主义理论在全党的指导地位，明确经济体制改革的目标是建立社会主义市场经济体制。1997 年 9 月召开的党的十五大，把邓小平理论同马列主义、毛泽东思想一起作为中国共产党的指导思想，提出初级阶段党的基本纲领：建设有中国特色社会主义的经济，建设有中国特色社会主义的政治，建设有中国特色社会主义的文化。

2002 年 11 月召开的党的十六大，把"三个代表"重要思想确立为全党的指导思想，提出了全面建设小康社会的发展目标，即"在优化结构和提高效益的基础上，国内生产总值到 2020 年力争比 2000 年翻两番，综合国力和国际竞争力明显增强"，"社会主义民主更加完善，社会主义法制更加完备，依法治国基本方略得到全面落实，人民的政治、经济和文化权益得到切实尊重和保障"，"全民族的思想道德素质、科学文化素质和健康素质明显提高，形成比较完善的现代国民教育体系、科技和文化创新体系、全民健身和医疗卫生体系"，"可持续发展能力不断增强，生态环境得到改善，资源利用效率显著提高，促进人与自然的和谐，推动整个社会走上生产发展、生活富裕、生态良好的文明发展道路"。

2007 年 10 月召开的党的十七大，提出了科学发展观并对党的十六大提出的全面建设小康社会目标提出了更高要求，"增强发展协调性，努力实现经济又好又快发展""扩大社会主义民主""加强文化建设，明显提高全民族文明素质""加快发展社会事业，全面改善人民生活""建设生态文明，基本形成节约能源资源和保护生态环境的产业结构、增长方式、消费模式"等具体发展目标。

2012 年召开的党的十八大，明确提出发展中国特色社会主义的纲领。党的十八大科学界定了中国特色社会主义道路、中国特色社会主义理论体系、中国特色社会主义制度"三位一体"的科学内涵，提出"建设中国特色社会主义，总依据是社会主义初级阶段，总布局是五位一体，总任务是实现社会主义现代化和中华民族伟大复兴"。发展中国特色社会主义的基本要求是：必须坚持人民主体地位，必须坚持解放和发展社会生产力，必须坚持推进改革开放，必须坚持维护社会公平正义，必须坚持走共同富裕道路，必须坚持促进社会和谐，必须坚持和平发展，必须坚持党的领导。并对党的十六大、十七大确定的全面建设小康社会目标提出了新要求，用"两个一百年"奋斗目标明确了今后的努力方向。

2017 年 10 月召开的党的十九大，明确提出了习近平新时代中

国特色社会主义思想这个马克思主义中国化的最新成果及其基本方略，明确指出：坚持和发展中国特色社会主义，总任务是实现社会主义现代化和中华民族伟大复兴，在全面建成小康社会的基础上，分两步走，在21世纪中叶建成富强民主文明和谐美丽的社会主义现代化强国；明确新时代我国社会主要矛盾是人民日益增长的美好生活需要和不平衡不充分的发展之间的矛盾，必须坚持以人民为中心的发展思想，不断促进人的全面发展、全体人民共同富裕；明确中国特色社会主义事业总体布局是"五位一体"、战略布局是"四个全面"，强调坚定道路自信、理论自信、制度自信、文化自信；明确全面深化改革总目标是完善和发展中国特色社会主义制度、推进国家治理体系和治理能力现代化；明确全面推进依法治国总目标是建设中国特色社会主义法治体系、建设社会主义法治国家；明确党在新时代的强军目标是建设一支听党指挥、能打胜仗、作风优良的人民军队，把人民军队建设成为世界一流军队；明确中国特色大国外交要推动构建新型国际关系，推动构建人类命运共同体；明确中国特色社会主义最本质的特征是中国共产党领导，中国特色社会主义制度的最大优势是中国共产党领导，党是最高政治领导力量，提出新时代党的建设总要求，突出政治建设在党的建设中的重要地位。基本方略是："坚持党对一切工作的领导"，"坚持以人民为中心"，"坚持全面深化改革"，"坚持新发展理念"，"坚持人民当家做主"，"坚持全面依法治国"，"坚持社会主义核心价值体系"，"坚持在发展中改善民生"，"坚持人与自然和谐共生"，"坚持总体国家安全观"，"坚持党对人民军队的绝对领导"，"坚持一国两制和推进祖国统一"，"坚持推动构建人类命运共同体"，"坚持全面从严治党"。

第二节　历史唯物主义的生产方式决定论

一、马克思关于生产方式决定论的经典论述

以物质生产为出发点，以生产方式发展为主线，揭示了人类社会演变发展规律，是马克思主义历史唯物论的核心。生产方式对人类社会发展进程的决定性作用和影响，马克思在《〈政治经济学批判〉序言》中作了完整系统的经典表述："人们在自己生活的社会生产中发生的一定的、必然的、不以他们的意志为转移的关系，即同他们的物质生产力的一定发展阶段相适合的生产关系。这些生产关系的综合构成社会的经济基础，即有法律的和政治的上层建筑竖立其上并有一定的社会意识形式与之相适应的现实基础。物质生活的生产方式制约着整个社会生活、政治生活和精神生活的过程。不是人们的意识决定人们的存在，相反，是人们的社会存在决定人们的意识。社会的物质生产力发展到一定阶段，便同它们一直在其中运动的现存生产关系或财产关系（这只是生产关系的法律用语）发生矛盾。于是这些关系便由生产力的发展形式变成了生产力的桎梏。那时社会革命的时代就要到来了。随着经济基础的变更，全部庞大的上层建筑也或慢或快地发生变革"[①]。

这段经典论述集中表现了如下几个观点：一是生产力是社会发展的根本动力。二是生产关系一定要适合生产力发展的要求。三是

[①]《马克思恩格斯选集》第2卷，人民出版社1995年版，第32—33页。

生产关系总和构成社会的经济基础，经济基础决定上层建筑和意识形态。四是人们的社会存在决定人们的意识。五是生产力和生产关系的矛盾达到一定程度，便会引起社会革命和上层建筑变革。六是生产关系和上层建筑具有相对的独立性，对生产力的发展具有反作用。

在生产关系适应生产力方面，马克思在《〈政治经济学批判〉序言》中还提出了著名的"两个决不会"论断："无论哪一种社会形态，在它所能容纳的全部生产力发挥出来之前，是决不会灭亡的；而更高生产关系，在它的物质存在条件在旧社会的细胞中成熟之前，是决不会出现的"①，这为我们正确认识当代世界各国社会发展进程和我国推进中国特色社会主义建设提供了总的思路和总体视角。

二、恩格斯、列宁、毛泽东等对生产方式决定论的继承和发展

恩格斯对生产方式决定论的重要贡献是提出了"两种生产理论"，恩格斯明确提出："根据唯物主义观点，历史中的决定因素，归根结底是直接生活的生产和生产。但是，生产本身又有两种。一方面是生活资料及食物、衣服、住房以及为此所必需的工具的生产；另一方面是人自身的生产，即种的蕃衍。一定历史时代和一定地区内的人们生活于其下的社会制度，受两种生产的制约：一方面受劳动的发展阶段的制约，另一方面受家庭的发展阶段的制约。劳动越不发展，劳动产品的数量、从而社会的财富越受限制，社会制度就越在

---

① 《马克思恩格斯选集》第2卷，人民出版社1995年版，第33页。

较大程度上受血族关系的支配"①。从社会发展总体进程看，两种生产都是历史中的决定性因素，社会制度同时受两种生产的制约，两种生产在社会不同发展阶段有着不同作用，生产力水平低下的社会，人口生产对社会发展的制约性较大；随着生产力的发展和社会关系的变化，人口的生产就越来越服从于物质资料的生产，家庭关系也越来越受所有制关系的制约。恩格斯的这些论述，深化了历史唯物主义关于人类社会存在和发展的物质基础及其发展规律的认识。

列宁对生产方式决定论的重要贡献是阐述了"经济社会形态"的概念和理论，列宁认为经济社会形态发展具有规律性，他指出，马克思"分析物质的社会关系（即不通过人们的意识而形成的社会关系：人们在交换产品时彼此发生的生产关系，甚至都没有意识到这里存在社会生产关系），立刻就有可能看出重复性和常规性，把各国制度概括为社会形态这个概念"②。列宁认为经济社会形态发展是由生产力决定的自然历史过程，他认为"只有把社会关系归结于生产关系，把生产关系归结于生产力的水平，才能有可靠的根据把社会形态的发展看作自然历史过程"③。生产力是每一代人既得的物质力量，它不以人们的意志为转移，以生产力为基础的经济社会形态的发展也就像自然现象一样，具有不以人们的意志为转移的客观规律性。

毛泽东运用矛盾论来解释社会主义生产力和生产关系、经济基

---

① 恩格斯：《家庭、私有制和国家的起源》，《马克思恩格斯选集》第4卷，人民出版社1995年版，第2页。

② 列宁：《什么是"人民之友"以及他们如何攻击社会民主党人》，《列宁选集》第1卷，人民出版社1995年版，第8页。

③ 列宁：《什么是"人民之友"以及他们如何攻击社会民主党人》，《列宁选集》第1卷，人民出版社1995年版，第8—9页。

础和上层建筑之间的关系。他认为："在社会主义社会，基本的矛盾仍然是生产关系和生产力之间的矛盾，上层建筑和经济基础之间的矛盾"①。社会主义生产关系与生产力既存在"相适应"的一面，又存在着"相矛盾"的一面，"相适应"是指社会主义生产关系比旧时代的生产关系更能够适合生产力的发展，能够容纳生产力以旧社会所没有的速度迅速发展，因而能使人们不断增长的需要能够逐步得到满足；人民民主的国家制度和以马列主义为指导的社会意识形态，对社会主义改造和社会主义劳动组织的建立起了积极的推动作用。"相矛盾"是指社会主义经济中还有积累和消费、生产和需要等矛盾存在，资产阶级意识形态还存在，国家机构中某些官僚主义作风还存在，国家制度中某些环节还存在缺陷等，这又与社会主义的经济基础相矛盾。"相适应"是主要的，但不能够忽视"相矛盾"的一面，不断改变这种"相矛盾"状况，是社会主义制度自我完善和发展的内在需求。毛泽东还根据我国社会主义建设实践，将我国社会主义建设中的矛盾归结为"十大关系"，并指出这十大关系都是矛盾，我们的任务是要处理这些矛盾②。

三、邓小平、江泽民、胡锦涛、习近平对生产方式决定论的新贡献

邓小平同志对生产方式决定论的贡献体现在他对经济社会发展诸多方面的论述中，主要包括：（1）社会主义的根本任务是解放和

---

① 毛泽东：《关于正确处理人民内部矛盾的问题》，《毛泽东文集》第七卷，人民出版社 1999 年版，第 214 页。
② 参见毛泽东：《论十大关系》，《毛泽东文集》第七卷，人民出版社 1999 年版，第 44 页。

发展生产力，消灭剥削，消除两极分化，最终达到共同富裕。（2）改革开放是解放和发展生产力的动力。"社会主义基本制度确立以后，还要从根本上改变束缚生产力发展的经济体制，建立起充满生机和活力的社会主义经济体制，促进生产力的发展，这是改革，所以改革也是解放生产力。过去，只讲在社会主义条件下发展生产力，没有讲还要通过改革解放生产力，不完全。应该把解放生产力和发展生产力两个讲全了"①。邓小平指出，"现在的世界是开放的世界。中国在西方国家产业革命以后变得落后了，一个重要原因就是闭关自守……三十几年的经验教训告诉我们，关起门来搞建设是不行的，发展不起来"②。（3）科学技术是第一生产力。邓小平说："马克思说过，科学技术是生产力，事实证明这话讲得很对。依我看，科学技术是第一生产力。"

江泽民和胡锦涛同志根据中国特色社会主义建设实践的经验、需要解决新矛盾和新问题，相继提出了"三个代表"重要思想和科学发展观。"三个代表"重要思想指出，我们党要始终代表中国先进生产力的发展要求，代表中国先进文化的前进方向，代表中国最广大人民的根本利益。科学发展观的第一要义是发展，核心是以人为本，基本要求是全面协调可持续，根本方法是统筹兼顾。这些论断揭示了一定的社会发展阶段中人与自然、人与人之间的相互关系，充分体现了生产力对生产关系的决定性作用。

习近平同志根据国际国内、党内党外发展新形势新问题，为生产方式决定论注入了新的内涵。党的十八届三中全会《决定》以

---

① 《邓小平文选》第三卷，人民出版社1993年版，第370页。
② 《邓小平文选》第三卷，人民出版社1993年版，第64页。

完善和发展中国特色社会主义制度、推进国家治理体系和治理能力现代化为总目标全面深化改革，就是调整与生产力发展不相适应的生产关系。党的十九大报告明确提出"中国特色社会主义进入新时代，我国社会主要矛盾已经转化为人民日益增长的美好生活需要和不平衡不充分的发展之间的矛盾""我国社会主要矛盾的变化是关系全局的历史性变化，对党和国家工作提出了许多新要求。我们要在继续推动发展的基础上，着力解决好发展不平衡不充分问题，大力提升发展质量和效益，更好满足人民在经济、政治、文化、社会、生态等方面日益增长的需要，更好推动人的全面发展、社会全面进步"。新时代我国社会主要矛盾的变化、"五位一体"总体布局和"四个全面"战略布局、新发展理念、经济发展新常态、供给侧结构性改革、建设现代化经济体系、"一带一路"建设、构建人类命运共同体等新理论新思维，体现了生产力与生产关系的矛盾统一，赋予了生产方式决定论新的内涵。

第三节 社会主义本质论

一、马克思、恩格斯、列宁、斯大林对社会主义本质的论述

实现人的自由全面发展，是共产主义和社会主义这个未来新社会的本质特征。早在1848年发表的《共产党宣言》中，马克思恩格斯明确指出："代替那存在阶级和阶级对立的资产阶级旧社会的，将是这样一个联合体，在那里，每个人的自由发展是一切自由发展的

条件"①。在《资本论》中，马克思则直接把未来社会称为"自由人联合体"，并指出它是比资本主义社会"更高级、以每一个人的全面而自由的发展为基本原则的社会形式"②。恩格斯在《对英国北方社会主义联盟纲领的修正》一文中指出："我们的目的是要建立社会主义制度，这种制度将给所有的人提供健康而有益的工作，给所有的人提供充裕的物质生活和闲暇时间，给所有的人提供真正的充分的自由"③。促进和实现人的自由全面发展，实现人类的彻底解放，这既是未来新社会的本质要求，也是未来社会发展的根本目标，它是马克思恩格斯关于消灭阶级剥削、阶级压迫，消除不公平、不平等，建立共产主义和社会主义思想的出发点和立脚点。

列宁对社会主义本质的论述具有鲜明的实践特色。列宁对什么是社会主义，怎样建设社会主义提出了很多新思想新观点。列宁曾用一个公式来概括社会主义，即苏维埃政权＋普鲁士的铁路秩序＋美国的技术和托拉斯组织＋美国的国民教育的总和＝社会主义。列宁认为消灭阶级划分、阶级压迫、剥削制度，实现自由和平等是根本要求。④1918 年 7 月，列宁在《全俄苏维埃第五次代表大会上关于人民委员会工作的报告》中有"大家都想过好日子"的提法，这应该是对社会主义本质最早最通俗易懂的表述。1919 年 5 月，列宁在《向匈牙利工人致敬》文中再次指出："无产阶级的目的是建成社会主义，消灭社会的阶级划分，使社会全体成员成为劳动者，消灭

①《马克思恩格斯全集》第 2 卷，人民出版社 2009 年版，第 53 页。
②《马克思恩格斯全集》第 2 卷，人民出版社 2009 年版，第 682 页。
③《马克思恩格斯全集》第 21 卷，人民出版社 1964 年版，第 570 页。
④ 参见《列宁全集》第 11 卷，人民出版社 1959 年版，第 284 页。

一切剥削制度的基础。"①

斯大林进一步深化了列宁对社会主义本质的论述。斯大林认为社会主义经济实质是推进国家工业化和全面地充分地满足有高度文化的劳动人民的一切需要。1926年12月，斯大林在《再论我们党内的社会民主主义倾向》一文中指出："社会主义的经济实质和经济基础是什么呢？是不是在人间创造天堂、使大家都心满意足呢？不，不是这样的，这是对社会主义经济实质的庸俗的、市侩的见解。建立社会主义的经济基础，就是把农业和社会主义工业结合为一个整体经济，使农业服从社会主义工业的领导，在农产品和工业品交换的基础上调整城乡关系，堵死和消灭阶级首先是资本藉以产生的一切孔道，最后造成直接消灭阶级的生产条件和分配条件。"② 在1934年1月召开的联共（布）党的第十七次代表大会上所作的《关于联共（布）中央工作的总结报告》中明确提出："社会主义，马克思主义的社会主义，不是要缩减个人需要，而是要竭力扩大和发展个人需要，不是要限制或拒绝满足这些需要，而是要全面地充分地满足有高度文化的劳动人民的一切需要。"③

二、中国共产党人对社会主义本质的论述

毛泽东同志从社会基本矛盾出发，对社会主义本质进行论述。1956年召开的党的八大明确提出："目前国内的主要矛盾，已经是人民对于先进的工业国的要求同落后的农业国的现实之间的矛盾"，"党和全国人民当前的主要任务，就是集中解决这个矛盾，把我国尽

---

① 《列宁全集》第29卷，人民出版社1985年版，第351页。
② 《斯大林全集》第9卷，人民出版社1959年版，第21—22页。
③ 《斯大林全集》第13卷，人民出版社1959年版，第318页。

快从落后的农业国变为先进的工业国"。1957 年 5 月 27 日，毛泽东同志在最高国务会议第十一次会议上发表《关于正确处理人民内部矛盾的问题》中指出："所谓社会主义生产关系比旧时代生产关系更能适合生产力发展的性质，就是指能够容许生产力以旧社会所没有的速度迅速发展，因而生产不断扩大，因而使人民不断增长的需要逐步得到满足的这样一种情况。"

邓小平同志在创立中国特色社会主义理论过程中，首次对社会主义本质进行了全面、系统、科学的阐述。邓小平指出："社会主义的本质，是解放生产力，发展生产力，消灭剥削，消除两极分化，最终达到共同富裕"①。其主要含义，一是社会主义的主要任务是解放和发展生产力。社会主义的基本矛盾依然是生产力同生产关系、经济基础与上层建筑之间的矛盾。社会主义生产关系和上层建筑中仍然存在着与生产力发展不相适应的情况，必须通过改革破除这些束缚，进一步解放和发展生产力。邓小平提出："讲社会主义，首先要使生产力发展，这是主要的。只有这样，才能表明社会主义的优越性。"② 二是社会主义的基本原则是要消灭剥削和消除两极分化。消灭剥削就是要消灭不劳而获，消除两极分化就是要消除人们在财富占有和使用上的严重不平等和相差悬殊。"发展经济要走共同富裕的道路，始终避免两极分化"，"如果搞两极分化，情况就不同了，民族矛盾、区域间矛盾、阶级矛盾都会发展，相应地中央和地方的矛盾也会发展，就可能出乱子"③。三是社会主义的根本目标是实现共同富裕。社会主义制度与其他历史上的社会制度不同，它既

①《邓小平文选》第三卷，人民出版社 1993 年版，第 373 页。
②《邓小平文选》第三卷，人民出版社 1993 年版，第 314 页
③《邓小平文选》第三卷，人民出版社 1993 年版，第 364 页

能促进生产力更快发展，同时又能够促使人们在经济关系上更加平等。"社会主义不是少数人富起来、大多数人穷，不是那个样子。社会主义最大的优越性就是共同富裕，这是体现社会主义本质的一个东西"①；"社会主义财富属于人民，社会主义的致富是全民共同富裕"②。全体人民能够共享经济繁荣成果，这是社会主义制度的重要特点、优越性的重要表现和特殊优势。

江泽民、胡锦涛同志深化了对社会主义本质的认识，提出促进人的全面发展和建设和谐社会是社会主义的本质要求。江泽民指出："我们建设有中国特色社会主义的各项事业，我们进行的一切工作，既要着眼于人民现实的物质文化生活需要，同时又要着眼于促进人民素质的提高，也就是要努力促进人的全面发展。这是马克思主义关于建设社会主义新社会的本质要求。"胡锦涛指出："社会和谐是中国特色社会主义的本质属性"，"构建社会主义和谐社会是贯穿中国特色社会主义事业全过程的长期历史任务"，"要通过发展增加社会财富，不断改善人民生活，又要通过发展保障社会公平正义，不断促进社会和谐"。

习近平同志继续深化了对社会主义本质的认识，提出人民生活幸福和实现中华民族伟大复兴是中国特色社会主义的本质内容。习近平在党的十八届一中全会后的中外记者见面会上明确提出："我们的人民热爱生活，期盼有更好的教育、更稳定的工作、更满意的收入、更可靠的社会保障、更高水平的医疗卫生服务、更舒适的居住条件、更优美的环境，期盼着孩子们能成长得更好、工作得更好、

①《邓小平文选》第三卷，人民出版社 1993 年版，第 364 页。
②《邓小平文选》第三卷，人民出版社 1993 年版，第 172 页。

生活得更好。人民对美好生活的向往，就是我们的奋斗目标"，"我们的责任，就是要团结带领全党全国各族人民，继续解放思想，坚持改革开放，不断解放和发展社会生产力，努力解决群众的生产生活困难，坚定不移走共同富裕的道路"，"我们的责任，就是要团结带领全党全国各族人民，接过历史的接力棒，继续为实现中华民族伟大复兴而努力奋斗，使中华民族更加坚强有力地自立于世界民族之林，为人类作出新的更大的贡献"。在党的十九大报告中，习近平进一步明确提出：新时代坚持和发展中国特色社会主义，"总任务是实现社会主义现代化和中华民族伟大复兴，在全面建成小康社会的基础上，分两步走在本世纪中叶建成富强民主文明和谐美丽的社会主义现代化强国"；"新时代我国社会主要矛盾是人民日益增长的美好生活需要和不平衡不充分的发展之间的矛盾，必须坚持以人民为中心的发展思想，不断促进人的全面发展、全体人民共同富裕"。党的十八大以来，党领导全国人民按照社会主义本质要求，积极推进"五位一体"总体布局和"四个全面"战略布局，将中国特色社会主义建设、改革、发展大业提升到新的高度和新的发展阶段。

第四节　社会形态论和阶段论

一、社会形态论

社会形态即社会结构，它决定着整个社会的面貌，制约着社会经济生活、政治生活、精神文化生活，是区分人类历史不同发展阶

段的重要标志。社会发展形态的划分主要有两种，一种是以生产关系的性质为标准划分，也就是经济社会形态；另一种是以生产力和技术发展水平以及与之相适应的产业结构为标准划分，也就是技术社会形态。

按照生产关系性质划分社会形态，是马克思历史唯物主义的重要观点。马克思在《1857—1858年经济学手稿》中，根据社会主体人的状况提出了三种社会形态划分法，马克思把人类历史划分为人的依赖性社会、物的依赖性社会、个人全面发展的社会三种依次更替的社会形态。马克思指出："人的依赖关系（起初完全是自然发生的），是最初的社会形式，在这种形式下，人的生产能力只是在狭小的范围内和孤立的地点上发展着。以物的依赖性为基础的人的独立性，是第二大形式，在这种形式下，才形成普遍的社会物质交换、全面的关系、多方面的需要以及全面的能力的体系。建立在个人全面发展和他们共同的、社会的生产能力成为从属于他们的社会财富这一基础上的自由个性，是第三个阶段。第二个阶段为第三个阶段创造条件"。马克思恩格斯也对人类社会按照原始社会、奴隶社会、封建社会、资本主义社会和共产主义社会这五种社会形态进行划分，马克思在《〈政治经济学批判〉序言》（1859年1月）中提出，"大体说来，亚细亚的、古希腊罗马的、封建的和现代资产阶级的生产方式可以看作是经济的社会形态演进的几个时代"[1]，加上马克思一再强调资本主义必然为共产主义所代替，这就形成了依次更替的五种社会形态。马克思关于五种社会形态划分理论被列宁斯大林所继承，斯大林1938年在《论辩证唯物主义和历史唯物主义》中正式提

---

[1]《中共中央党校教材：马列著作选编》，中共中央党校出版社2018年版，第98页。

出了原始社会、奴隶社会、封建社会、资本主义社会和共产主义社会五个人类社会发展形态。

按照生产力和技术水平来划分技术社会形态，人类社会从古至今大体依次经历了石器时代、铜器时代、铁器时代、蒸汽时代、电气时代、电子时代等。在石器时代，人们靠捕鱼狩猎为生，主要的产业是渔业和狩猎业，因而又可以把石器时代称为渔猎社会；在铜器时代和铁器时代，农业占主导地位，因而可以称之为农业社会；在蒸汽时代和电气时代，机器大工业有了很大发展，工业占主导地位，因而可以称之为工业社会；在电子时代，信息技术和信息产业在技术体系和产业结构中占主导地位，因而可以称之为信息社会。这样，人类历史从古至今就有了一个技术社会形态的序列，即渔猎社会——农业社会——工业社会——信息社会等。20 世纪 50—60年代以来，伴随着生产力、科学技术和经济的快速发展，按照生产力和技术发展水平及产业结构来划分的技术社会形态的内容更加丰富，例如后工业社会、后经济社会、后文明社会、后资产阶级社会、超工业社会、技术电子社会、程序化社会、富裕社会、新工业社会、统一工业社会、互联网社会等社会形态类型。这些以生产力水平、科技水平、主要产业等为划分标准对社会形态的划分方法，虽然没有抓住社会形态发展的主要矛盾，但为中国特色社会主义的社会形态论丰富了某个方面某个领域的素材。

二、西方经济学家关于经济发展的阶段论

西方经济学家关于经济发展阶段论的论述，是中国特色社会主义经济学考察经济发展特征、制定和实施经济政策的重要参考。古希腊罗马时代将人类经济生活的发展划分为狩猎、游牧和农耕经济

三个阶段，英国古典政治经济学的代表人物亚当·斯密在《国民财富的性质和原因的研究》一书中沿用这种划分来说明市民社会以前的人类经济发展过程。

19 世纪中叶，历史学派先驱李斯特将人类经济生活划分为狩猎状态、游牧状态、农耕状态、农工状态、农工商状态五个发展阶段。其后，旧历史学派的希尔德布兰德（1812—1878 年）以财货的流通形态为标志，将经济发展阶段划分为实物经济、货币经济、信用经济三个发展阶段。19 世纪后半叶，新历史学派经济学家施穆勒（1838—1917 年）在《重商主义及其历史意义》（1884 年）一书中提出了种族及马尔克经济、村落经济、城市经济、领域经济、国民经济五个经济发展阶段。比歇尔（1847—1930 年）根据欧洲各民族的发展和财货的生产与消费的关系，以及财货由生产者到达消费者所经由路程的长度，将发展阶段划分封锁的家庭经济、城市经济、国民经济三大阶段。1999 年，历史学派经济发展阶段论的最后代表桑巴特（1863—1941 年）按照分工发达程度（"社会化"的原理），提出社会化以前的经济（孤立的经济）、过渡的经济、社会经济三大发展阶段。

美国经济学家罗斯托（1916—2003 年）在 1960 年出版了《经济成长的阶段》，提出世界各国经济发展经历的五大阶段，分别是传统社会，在这个阶段主要依靠手工劳动，农业居于首位；为起飞创造前提的阶段，即从传统社会向起飞阶段过渡的时期，近代科学知识开始在工农业中发生作用；起飞阶段，即工业化开始阶段，新的技术在工农业中得到推广和应用，工业中主导部门迅速增长；向成熟发展的阶段，现代科学技术得到普遍推广和应用，经济持续增长，国际贸易迅速增加；高额群众消费阶段，主导部门转到耐用消费品生产方面。其后，罗斯托在《政治与增长阶段》（1971年）一书中，又提出了新的第六个阶段——追求生活质量阶段，这一阶段的主导部门是服务业与环境改造事业。他认为"起飞"和"追求生活质量"是两个关键性阶段，他把美国看成处在最先进的理想阶段，第三世界国家处于起飞阶段。罗斯托的经济发展阶段论尤其是经济起飞理论，对很多发展中国家包括改革开放后的我国经济发展和经济研究都产生过重要影响。

世界银行按照各国人均国民收入水平将全世界190多个国家划分为低收入、中等收入和高收入三类国家，在低收入、中等收入、高收入发展阶段划分基础上提出了"中等收入陷阱"现象，警示发展中国家在发展过程中要重视科技进步、完善体制机制，增强治理能力。

三、改革开放后我党提出的中国社会主义发展阶段论

改革开放后，中国共产党对我国社会主义发展阶段进行了新的思考，最有代表性的论断是社会主义初级阶段理论和经济发展新常态理论、高质量发展阶段理论等。

社会主义初级阶段理论是党的十三大对当时及今后一个时期我国社会主义建设发展阶段作出的重要判断，是中国特色社会主义建设发展的总依据，是邓小平理论的核心内容之一。社会主义初级阶段的基本含义："第一，我国社会已经是社会主义社会。我们必须坚持而不能离开社会主义。第二，我国的社会主义社会还处在初级阶段。我们必须从这个实际出发，而不能超越这个阶段。"对此，党的十三大报告明确指出：我国社会主义的初级阶段，"它不是泛指任何国家进入社会主义都会经历的起始阶段，而是特指我国在生产力落后、商

品经济不发达条件下建设社会主义必然要经历的特定阶段。"①

经济发展新常态理论，是以习近平同志为核心的党中央根据我国经济发展新形势和新趋势而对我国当前经济发展阶段性特征作出的重大战略判断。2014年底召开的中央经济工作会议对新常态理论作了最完整的表述，"我国经济正在向形态更高级、分工更复杂、结构更合理的阶段演化，经济发展进入新常态，正从高速增长转向中高速增长，经济发展方式正从规模速度型粗放增长转向质量效率型集约增长，经济结构正从增量扩能为主转向调整存量、做优增量并存的深度调整，经济发展动力正从传统增长点转向新的增长点"。提出认识适应引领新常态，要增强加快转变经济发展方式的自觉性和主动性；要坚持发展，主动作为；要更加注重满足人民群众需要，更加注重加强教育和提升人力资本素质，更加注重建设生态文明，更加注重科技进步和全面创新等。

我国经济已经由高速增长阶段转向高质量发展阶段，是党的十九大报告对我国当前经济发展阶段的最新理论判断。这一发展阶段的基本特征是我国"正处在转变发展方式、优化经济结构、转换增长动力的攻关期，建设现代化经济体系是跨越关口的迫切要求和我国发展的战略目标"。为此，"必须坚持质量第一、效益优先，以供给侧结构性改革为主线，推动经济发展质量变革、效率变革、动力变革，提高全要素生产率，着力加快建设实体经济、科技创新、现代金融、人力资源协同发展的产业体系，着力构建市场机制有效、微观主体有活力、宏观调控有度的经济体制，不断增强我国经济创

---

① 赵紫阳在中国共产党第十三次全国代表大会上的报告：《沿着有中国特色的社会主义道路前进》，1987年10月25日。

新力和竞争力"。

第五节 "五位一体"总体布局和"四个全面"战略布局

一、"五位一体"总体布局的形成与基本内涵

党的十六届三中全会提出"五个统筹"战略。党的十八大面对我国经济社会发展的新阶段、新形势、新任务、新特点,提出"五位一体"总体布局,为破解发展难题指明了方向。

(一)"五个统筹"提出的背景

针对当时我国城乡二元结构矛盾突出、区域间经济社会发展差距不断扩大、人与自然的矛盾日渐尖锐、经济整体竞争力不强等问题,党的十六届三中全会《决定》提出了统筹城乡发展、统筹区域发展、统筹经济社会发展、统筹人与自然和谐发展、统筹国内发展和对外开放的要求。"五个统筹"的提出,体现了经济、社会和人的全面、协调发展的有机统一,既是对改革开放二十多年经验教训的深刻总结,又为如何完善社会主义市场经济体制指明了方向。

(二)"五位一体"总体布局战略的形成

针对我国资源环境状况与可持续发展的矛盾越来越突出,已经难以为继的状况,要求我们把生态文明建设放在更加重要的地位,党的十八大明确将生态文明建设纳入建设中国特色社会主义总体布

局，确立了"全面落实经济建设、政治建设、文化建设、社会建设、生态文明建设'五位一体'总体布局"。从改革开放初期的建设"两个文明"，到党的十五大提出"三位一体"，再到党的十七大提出"四位一体"、党的十八大提出"五位一体"的发展过程，体现了中国特色社会主义全面发展的要求，体现了中国共产党人与时俱进的鲜明特征。

（三）"五位一体"总体布局的基本内涵

党的十八大报告对"五位一体"总体布局的具体内涵作出了全面具体清晰的诠释：经济建设要加快完善社会主义市场经济体制，加快转变经济发展方式，把经济发展活力和竞争力提高到新的水平；政治建设要坚持走中国特色社会主义政治发展道路，推进政治体制改革，使我国社会主义民主政治展现出更加旺盛的生命力；文化建设要加强社会主义核心价值体系建设，全面提高公民道德素质，丰富人民精神文化生活，增强文化整体实力和竞争力，向社会主义文化强国目标前进；社会建设要努力办好人民满意的教育，推动实现更高质量的就业，千方百计增加居民收入，统筹推进城乡社会保障体系建设，提高人民健康水平，加强和创新社会管理，开创社会和谐人人有责、和谐社会人人共享的生动局面；生态文明建设要优化国土空间开发格局，全面促进资源节约，加大自然生态系统和环境保护力度，加强生态文明制度建设，努力走向社会主义生态文明新时代。

"五位一体"总体布局是辩证的思想体系，五个方面相互影响、相互作用、相互依存、相得益彰，只有坚持"五位一体"建设，全面推进，协调发展，才能形成经济富裕、政治民主、文化繁荣、社会公平、生态良好的发展格局，把我国建设成为富强民主文明和谐美丽的社会主义现代化强国。

二、"四个全面"战略布局的形成与基本内涵

党的十八大以来，习近平同志在治国理政新的实践中，提出并形成了"四个全面"战略布局，确立了新形势下党和国家各项工作的战略目标和战略举措。

（一）"四个全面"战略布局的形成背景

面对世情国情党情的新变化，党的十八大以来，我们党总结治国理政经验，扩展理论视野和实践领域，创造性地提出"全面建成小康社会、全面深化改革、全面依法治国、全面从严治党"战略布局。"四个全面"战略布局，以全面建成小康社会为奋斗目标，以深化改革为发展动力，以依法治国为法律保障，以从严治党为政治保证，四者有机联系、科学统筹，明确了新形势下治国理政的总方略、总框架、总抓手。"四个全面"战略布局是我们党推进中国特色社会主义理论创新和实践创新的重大成果，反映了我们党对共产党执政规律、对社会主义建设规律、对人类社会发展规律的科学把握进入到一个新境界，也向国际社会宣示了中国的发展方向、发展道路、发展方略，为解决当今世界性难题、推动世界和平与发展贡献了独特的中国经验、中国智慧。

（二）"四个全面"战略布局的基本内涵

全面建成小康社会，就是要确保到 2020 年在转变经济发展方式上取得重大进展，在发展平衡性、协调性、可持续性明显增强的基

础上，实现国内生产总值和城乡居民人均收入比 2010 年翻一番，实现全面建成小康社会宏伟目标。就是要经济持续健康发展，人民民主不断扩大，文化软实力显著增强，人民生活水平全面提高，资源节约型、环境友好型社会建设取得重大进展。

全面深化改革，就是以经济体制改革为重点，以处理好政府和市场关系为核心，全面推进经济体制改革、政治体制改革、文化体制改革、社会体制改革、生态文明体制改革、国防和军队体制改革、党的建设制度改革，完善和发展中国特色社会主义制度，推进国家治理体系和治理能力现代化。

全面推进依法治国，就是在党的领导下，坚持中国特色社会主义制度，贯彻中国特色社会主义法治理论，形成完备的法律规范体系、高效的法治实施体系、严密的法治监督体系、有力的法治保障体系，形成完善的党内法规体系，坚持依法治国、依法执政、依法行政共同推进，坚持法治国家、法治政府、法治社会一体建设，实现科学立法、严格执法、公正施法、全民守法。

全面从严治党，就是要落实从严治党责任，坚持思想建党和制度治党紧密结合，严肃党内政治生活，从严管理干部，持续深入改进作风，严明党的纪律，发挥人民监督作用，深入把握从严治党规律，实现党的自我净化、自我完善、自我革新、自我提高，保持和发展党的先进性和纯洁性。

总之，"四个全面"战略布局既提出了全面建成小康社会这一实现中华民族伟大复兴中国梦的阶段性战略目标，又构建了实现这一战略目标的动力支撑、法治保障和政治保证，是一个既有战略目标又有战略举措的科学完整的理论体系，是马克思主义中国化的新成果，是当代中国的马克思主义理论的崭新形态。

三、"稳中求进"的工作总基调

党的十八大以来的历年中央经济工作会议都要求把稳中求进作为经济工作的总基调。2016 年底召开的中央经济工作会议进一步强调，稳中求进工作总基调是治国理政的重要原则，也是做好经济工作的方法论。

当前，我国经济发展面临的国内外形势复杂严峻，要保持经济发展持续向好的局面，在经济社会领域重大关系的处理中必须坚持稳中求进工作总基调。稳中求进，就是要保持战略定力，坚持问题导向、底线思维，发扬钉钉子精神，一步一个脚印向前迈进[①]。"稳"，就是要保持宏观经济政策基本稳定，保持经济平稳较快发展，保持物价总水平基本稳定，保持社会大局、宏观环境、市场预期稳定。同时更好发挥产业、区域、投资、消费、土地、环保等政策的组合效应和协同作用，提高各项政策的精准性和有效性。"进"，就是要牢固树立和贯彻落实新发展理念，适应把握引领经济发展新常态，坚持以提高发展质量和效益为中心，坚持以供给侧结构性改革为主线，争取在转变经济发展方式上取得新进展，在主要领域"四梁八柱"性改革取得新突破，在改善民生上取得新成效。同时更加积极主动地防范风险，坚决守住金融风险、生态环境等底线。

（执笔人：汪文祥）

---

① 2017 年中央经济工作会议报告。

第三章　中国特色社会主义经济建设和社会主义市场经济理论

第一节　以经济建设为中心：对我国社会发展阶段性特征的深刻理解

坚持以经济建设为中心，不断解放和发展生产力，是我党在社会主义初级阶段的基本路线的重要内容之一，是多年来各种实践探索的经验教训总结，是解决我国所有矛盾和问题的关键，更是贯穿于中国特色社会主义政治经济学的一条主线。它充分体现中国特色社会主义制度的优越性，有助于有效解决社会主义初级阶段主要矛盾，为实现中华民族伟大复兴的中国梦奠定坚实的物质基础。

一、"以经济建设为中心"是在扭转"以阶级斗争为纲"错误思　想背景下提出的

以经济建设为中心的提出，是对"以阶级斗争为纲"错误路线的批判和否定，是我们党在深刻总结历史经验基础上作出的战略决策，也是我党在重大历史转折关头作出的伟大选择。

新中国成立之初，我党一直在探索符合中国国情的社会主义建设道路，曾提出过加强经济建设的路线方针。如 1956 年召开的党的

八大，提出"我国的无产阶级同资产阶级之间的矛盾已经基本上解决""我们国内的主要矛盾……是先进的社会主义制度同落后的社会生产力之间的矛盾。党和全国人民当前的主要任务，就是要集中力量来解决这个矛盾"。1957 年 2 月，毛泽东在《关于正确处理人民内部矛盾的问题》中指出，"我们的根本任务已经由解放生产力变为在新的生产关系下保护和发展生产力"。但在党的八大后，当时的路线方针就逐渐出现偏差，逐步形成"以阶级斗争为纲"的指导思想。

以党的十一届三中全会为标志，我们党和国家的工作重心从"以阶级斗争为纲"转移到"以经济建设为中心"上来。1980 年，邓小平同志在中共中央召集的党、政、军干部会议上，作了《目前的形势和任务》的报告，首次正式提出"要把经济建设当作中心……其他一切任务都要服从这个中心，围绕这个中心，决不能干扰它，冲击它"。党的十三大报告进一步将党在社会主义初级阶段的基本路线概括为"一个中心，两个基本点"。可以说，党的十一届三中全会以来，以经济建设为中心成为历次党的代表大会所肯定和重申的最根本的发展战略，不得有任何动摇。

二、"以经济建设为中心"的核心要义

"以经济建设为中心"的核心要义，就在于要在党和国家各项政策制定和工作实践中，始终坚定不移地把"以经济建设为中心"作为党的基本路线，始终将其作为党执政兴国的第一要务，始终将其作为保证党和国家长治久安、解决我国所有问题的关键所在，坚持一百年不动摇。具体表现在两个方面。

一方面，表现为以经济建设为中心在现代化建设总体布局中的核心地位。在社会主义现代化建设的总体布局中，不管是最初经济

建设、政治建设、文化建设的"三位一体",还是后来增加社会建设的"四位一体",或是党的十八大提出的包括生态文明建设在内的"五位一体",经济建设在这些现代化建设布局中始终处于中心地位,始终处于最重要的、最根本的地位。

另一方面,表现为以经济建设为中心在党的基本路线中的核心地位。党的十三大报告中明确提出,"我们党的建设有中国特色的社会主义的基本路线是:领导和团结全国各族人民,以经济建设为中心,坚持四项基本原则,坚持改革开放"。即在经济建设、四项基本原则和改革开放三项中,经济建设是中心。党的十四大进一步明确指出,"无论是坚持四项基本原则,还是坚持改革开放,以及开展其他各项工作,都要围绕经济建设这个中心来进行,都要自觉服从和服务于这个中心"。

三、"以经济建设为中心"的基本要求

一是要求党和国家的各项工作都必须服从和服务于这个中心。以经济建设为中心与我国社会主义初级阶段的基本国情紧密相连,不管是政治建设、文化建设、社会建设、生态文明建设和党的建设,必须坚持以经济建设为中心,服从国家经济建设的大局,任何时候都不能动摇、不能放松。

二是要求在实践中处理好改革发展稳定三者之间的关系。以经济建设为中心是解决经济社会中的深层矛盾、实现长期稳定发展的基础,是稳定最可靠的保证。同时,经济发展要求不断改善人民生活水平,形成稳定的政治环境和社会环境。经济发展还要求以改革为动力,切实解决经济社会中的深层矛盾,加强改革的系统性、整体性、协同性,有效解放和发展生产力,推动经济社会发展取得新

的更大成绩。

三是要求不能片面化、机械化地理解。以经济建设为中心不是唯GDP论，不是以大量资源消耗和生态环境破坏为代价的粗放发展，不是城乡差距、收入差距不断扩大的盲目发展，也不是以牺牲居民教育、医疗、社保等公共服务水平的畸形发展，而是要坚持以人民为中心，始终贯穿创新、协调、绿色、开放、共享的发展理念，实现全面协调可持续的发展。

四、"以经济建设为中心"的重大理论贡献

以经济建设为中心，是马克思主义关于社会主义本质要求的客观反映。马克思主义认为，生产力的发展是人类社会发展的最终决定力量，社会主义的本质，是解放和发展生产力，以经济建设为中心自然是其题中应有之义。同时，处在并将长期处在社会主义初级阶段是我国的基本国情和最大实际，人口多、底子薄、发展不平衡等现实国情，决定了我们必须以经济建设为中心，努力摆脱这种不发达不富裕不均衡的状态。

以经济建设为中心，突出了解决社会主义初级阶段主要矛盾的关键所在。党的十九大提出，我国社会主要矛盾已经转化为人民日益增长的美好生活需要和不平衡不充分的发展之间的矛盾，但我们处于社会主义初级阶段的国情没变，作为世界上最大发展中国家的国际地位没变。要完成社会主义初级阶段的历史任务，要实现中华民族的伟大复兴，要解决人民对生活质量提升和不平衡不充分发展等问题，根本和关键还是要靠经济建设，特别是更有质量、更加高效的经济发展，从而更好地满足人民在各方面日益增长的需要，充分体现出中国特色社会主义的优越所在。

以经济建设为中心，明确了实现社会主义现代化的客观要求。实现社会主义现代化是新中国成立以来中国共产党领导全国各族人民坚持不懈的努力方向，是党和国家在整个社会主义初级阶段的奋斗目标，是中国特色社会主义事业的总任务之一。特别是党的十九大提出，要建设富强民主文明和谐美丽的社会主义现代化强国，以及基本实现现代化的两步走战略，都与优质高效的经济建设密切相关。在当今全球化竞争日益加剧的形势下，作为全世界最大的发展中国家，更是要把发展经济放到突出的位置，不断增强在国际上掌握主动权话语权的物质基础。

五、"以经济建设为中心"的时代创新

党的十八大以来，我们党围绕"以经济建设为中心"的基本路线，进一步创新和发展了相关思想。

坚持以经济建设为中心的基本路线不动摇。习近平总书记在2013年十二届全国人民代表大会上明确提出，"我们要坚持发展是硬道理的战略思想，坚持以经济建设为中心"。随后又指出，"这是坚持党的基本路线一百年不动摇的根本要求，也是解决当代中国一切问题的根本要求"。在庆祝中国共产党成立95周年大会上的讲话中再次指出，"我们要坚持把以经济建设为中心作为兴国之要……不能有丝毫动摇"。党的十九大再次强调，实现"两个一百年"奋斗目标，必须坚定不移把发展作为党执政兴国的第一要务，坚持解放和发展社会生产力。

提出实现中华民族伟大复兴中国梦的奋斗目标。党的十九大报告提出，新时代中国特色社会主义思想的总任务是实现社会主义现代化和中华民族伟大复兴，同时，实现伟大复兴的时代，也是我国日益走近世界舞台中央、不断为人类作出更大贡献的时代。并且，进一步提出在全面建成小康社会的基础上，分两步走在本世纪中叶建成社会主义现代化强国的路径。

提出经济建设的新理念、新思想、新战略、新举措。党的十九大提出了新时代中国特色社会主义思想，指明其是马克思主义中国化的最新成果，是党和人民实践经验和集体智慧的结果，是中国特色社会主义理论体系的重要组成部分。党的十八大以来，以习近平同志为核心的党中央，在经济建设过程中，贯彻以人民为中心的发展思想，提出创新、协调、绿色、开放、共享的发展理念，强调协调推进"四个全面"战略布局，实现"五位一体"总体布局，并进一步提出了"四化同步"、供给侧结构性改革、"一带一路"建设等实施路径和重大举措，从理论和实践上均极大地丰富和发展了"以经济建设为中心"的内涵和深度。

第二节　发展社会主义市场经济：确立我国经济体制改革的目标模式

社会主义市场经济把马克思主义关于社会主义生产关系的学说和列宁主义关于新经济政策的思想运用于中国实践，继承和发展了毛泽东经济建设思想，是中国特色社会主义政治经济学的重大理论创新。

一、"发展社会主义市场经济"是在"世界社会主义运动"进入低潮时期提出的

20世纪80年代末到90年代初，随着"苏东剧变"以及我国发

生严重经济波动,世界社会主义运动出现低潮。面对国内外对社会主义的质疑,我们党提出了"发展社会主义市场经济"的伟大创见。

"苏东剧变"影响深远,市场社会主义思潮再度涌现,怀疑社会主义国家存在和发展可能性的声音不断涌现。从20世纪50年代末60年代初开始实行计划经济的苏联和东欧各国的经济增长日益缓慢,计划经济中运行动力不足、经济结构僵化、经济效率低下的弊病日益明显。在这种情况下,这些实行计划经济的社会主义国家都不同程度地进行了市场化改革,对经济发展起到了积极作用。但是,随着"苏东剧变"的发生,国内外关于引入市场经济是苏东国家解体的重要原因的言论盛极一时,并由此出现了对于我国改革开放的怀疑。与此同时,市场社会主义的思潮又开始在西方弥漫,包括米勒的"合作制的市场社会主义"理论,罗默的"证券的市场社会主义"理论以及斯韦卡特的"经济民主的市场社会主义"理论等等,导致国内外一些人坚信社会主义只能在成熟资本主义国家实现,并基于此对于我国能够推进社会主义事业顺利发展提出质疑。

经过十几年的社会主义建设,我国经济体制发生了巨大变化,但是意识形态层面仍然存在"姓社姓资"的争论。党的十一届三中全会之后,在建设有中国特色社会主义理论的指导下,遵循"以经济建设为中心"的基本路线,我们党和人民锐意改革、努力奋斗,整个国家焕发出了勃勃生机,综合国力上了一个大台阶,中国发生了历史性的伟大变化;经济建设上了一个大台阶,社会生产力获得新的解放;人民生活上了一个大台阶,十一亿人民的温饱问题基本解决。但是,由于"东欧剧变"影响,国内有些人认为这是由于"改革引起"的,所以他们对改革开放的措施都要"问一问是姓社还是姓资"。有"理论家"公然在报上提出,中国正在进行的改革,是社会主义的改革，还是资本主义的改革，"和平演变"的危言耸听不绝于耳，关于"姓社姓资"的争论此起彼伏。

以邓小平同志南方谈话和党的十四大、十四届三中全会为标志，中国社会主义市场经济体制的改革方向得到确立。1992年1月，在社会上关于"姓资还是姓社"的讨论还在继续的背景下，邓小平同志在南方谈话中明确提出，"不要纠缠于姓资还是姓社"，"改革开放的判断标准主要看是否有利于发展社会主义社会的生产力，是否有利于增强社会主义国家的综合国力，是否有利于提高人民的生活水平"。中国共产党第十四次全国代表大会明确提出了建立社会主义市场经济体制，并在本世纪末初步建立起新的经济体制。党的十四届三中全会通过的《中共中央关于建立社会主义市场经济体制若干问题的决定》，进一步明确了建立社会主义市场经济体制的基本框架。至此，发展社会主义市场经济和构建社会主义市场经济体制的理论初步形成。

二、发展社会主义市场经济的核心要义

从党的十四大提出建立社会主义市场经济体制以来，中国社会主义市场经济理论不断完善，发展社会主义市场经济的核心要义也不断更新。这一要义凝聚了几代领导人以及全党同志的集体智慧，主要表现为以下几个方面。

第一，在所有制结构上，要坚持和完善公有制为主体、多种所有制经济共同发展的基本经济制度。我国基本经济制度的核心要义，就是一切符合"三个有利于"标准的所有制形式都可以而且应该用来为社会主义服务。具体来说，就是要坚持"两个毫不动摇"，即：毫不动摇巩固和发展公有制经济，坚持公有制主体地位，发挥国有

经济主导作用，不断增强国有经济活力、控制力、影响力；毫不动摇鼓励、支持、引导非公有制经济发展，激发非公有制经济活力和创造力。党的十八大以来，我国又提出积极发展混合所有制经济，强调国有资本、集体资本、非公有资本等交叉持股、相互融合的混合所有制经济，这是新形势下坚持公有制主体地位，增强国有经济活力、控制力、影响力的一个有效途径和必然选择。

第二，在分配制度上，以按劳分配为主体、多种分配方式并存。以按劳分配为主体、多种分配方式并存的核心在于体现效率优先、兼顾公平的原则，也就是劳动者的个人劳动报酬要引入竞争机制，打破平均主义，实行多劳多得，合理拉开差距；同时，要坚持鼓励一部分地区一部分人通过诚实劳动和合法经营先富起来的政策，提倡先富带动和帮助后富，逐步实现共同富裕。党的十八大以来，根据新的情况，我国又不断完善社会主义市场经济条件下的分配制度。习近平总书记多次指出，必须坚持把按劳分配和按生产要素分配结合起来，处理好政府、企业、居民三者分配关系；必须调整国民收入分配格局，加大再分配调节力度，着力解决收入分配差距较大问题，使发展成果更多更公平惠及全体人民，朝着共同富裕方向稳步前进，实现发展成果由人民共享；必须加强产权保护，健全现代产权制度，加强对国有资产所有权、经营权、企业法人财产权保护，加强对非公有制经济产权保护，加强知识产权保护，增强人民群众财产安全感。

第三，在宏观调控上，要使市场在资源配置中起决定性作用。市场有其自身的明显弱点和局限性，因此社会主义市场经济就是要发挥社会主义计划调节的优势，来弥补和抑制市场调节的这些不足和消极作用，把宏观经济的平衡搞好，以保证整个经济全面发展。

建立社会主义市场经济体制，就是要使市场在国家宏观调控下对资源配置起基础性作用，必须强调充分发挥市场在资源配置中的基础性作用，但同时也要看到市场存在自发性、盲目性、滞后性的消极一面，这种弱点和不足必须靠国家对市场活动的宏观指导和调控来加以弥补和克服。党的十八大以来，我国进一步完善社会主义市场经济宏观调控理念和框架，提出要使市场在资源配置中起决定性作用，更好发挥政府作用，不断健全社会主义市场经济宏观调控体系。

三、发展社会主义市场经济的基本要求

构建社会主义市场经济体制是我国经济体制改革的目标模式，发展社会主义市场经济是建设有中国特色社会主义理论的重要组成部分，对于我国现代化建设事业具有重大而深远的意义。发展社会主义市场经济必须立足于我国国情，处理好以下三大关系。

一是处理好社会主义与市场经济的关系。传统的观点认为社会主义与市场经济不能相融合。在社会主义市场经济体制下，社会主义与市场经济相结合既是社会主义理论和实践的迫切需要，也是社会主义理论和实践的重大发展。社会主义的实践表明市场经济作为一种资源配置方式，既可以存在于资本主义经济中也可以存在于社会主义经济中，其本身并不表明社会经济制度的性质。社会主义市场经济就是要把坚持社会主义制度同发展市场经济结合起来，处理好有为政府与有效市场的关系，把社会主义制度和市场机制的优势结合起来，互相补充与制衡，持续促进生产力的发展，避免资本主义市场失灵和政府失效交织出现所导致的经济危机，从根本上解决现代经济发展的矛盾。

二是处理好国际经验与中国实践的关系。市场经济的理念和工具发源于西方资本主义国家，社会主义实践源自苏联等社会主义国家。发展中国特色的社会主义市场经济，要在推动生产关系同生产力、上层建筑同经济基础相适应的基础上，解放思想，实事求是，处理好国外经验与国内实践的关系。要转变计划经济的传统观念，提倡积极探索，敢于试验，既继承优良传统，又勇于突破陈规，从中国国情出发，借鉴世界各国包括资本主义发达国家一切反映社会化生产和市场经济一般规律的经验。在这个过程中，要警惕右，主要是防止"左"。

三是处理好顶层设计与基层首创的关系。发展社会主义市场经济的核心是建设社会主义市场经济体制，也就是深化经济体制改革。在这个过程中，必须坚持顶层设计和基层首创有机结合。习近平总书记特别强调全面深化改革要遵循"顶层设计和摸着石头过河"相结合，指出"推进局部的阶段性改革开放要在加强顶层设计的前提下进行，加强顶层设计要在推进局部的阶段性改革开放的基础上来谋划。要加强宏观思考和顶层设计，更加注重改革的系统性、整体性、协同性，同时也要继续鼓励大胆试验、大胆突破，不断把改革开放引向深入"。

四、发展社会主义市场经济的理论创新

发展社会主义市场经济是中国特色社会主义政治经济学的核心内容之一，社会主义市场经济体制理论的建立，回答了关乎中国前途命运的一系列问题。

一是形成了马克思主义生产关系论的中国化重大理论成果。社会主义市场经济理论是中国共产党人坚持把马克思主义基本原理同中国具体实际相结合的产物，体现了马克思主义"一切从实际出发，实事求是，具体问题具体分析"的方法论，找到了在贫穷落后的社会主义大国如何发展市场经济、如何解放生产力和发展生产力、如何建设和发展社会主义的道路，对中国乃至全世界都作出了历史性的贡献。

二是回答了社会主义能不能搞市场经济的问题。邓小平同志曾经说过，"计划多一点还是市场多一点，不是社会主义与资本主义的本质区别。计划经济不等于社会主义，资本主义也有计划；市场经济不等于资本主义，社会主义也有市场。计划和市场都是经济手段。社会主义的本质，是解放生产力，发展生产力，消灭剥削，消除两极分化，最终达到共同富裕"。社会主义市场经济理论正是基于邓小平同志的这个思想与判断，通过对资本主义市场经济制度的扬弃，在社会主义国家构建了一套发挥无形的市场之手作用以及更好发挥政府有形之手功能的经济体制，在人类发展史上具有理论创新的高度。

三是设计了社会主义市场经济发展的基本路径。马克思主义理论在苏联和中东欧践行的失败，使得国际社会认为在 20 世纪末和 21 世纪初，社会主义很难在世界范围内取得发展和胜利。但是，中国找到了一条如何协调公有制经济与其他所有制经济、如何结合按劳分配和按要素分配以及如何融合政府管理与市场手段的发展路径，并且从 20 世纪 90 年代开始又实现了近 30 年的持续高速和中高速发展，这在人类历史上是值得称赞的成就，也为其他后发国家、转型国家或者社会主义国家推进市场经济发展，实现国家自主、民族强大和人民富裕，提供了一条行之有效的路径。

第三节　转变经济发展方式：推动和践行 科学发展观的必由之路

中国特色社会主义政治经济学是适应当代我国国情和时代特点的政治经济学。20世纪90年代初以来，我国加快发展社会主义经济，取得了举世瞩目的成绩。但是，随之而来的是诸多结构性矛盾开始凸显。在这种情况下，我国加快调整经济发展模式，形成了转变经济发展方式理论的基本脉络和实践路径，并成为中国特色政治经济学中的重要转型理论。

一、转变经济发展方式是在对我国经济社会发展长期矛盾深刻剖析理解下提出的

中国特色社会主义市场经济体制是一个探索中的社会制度，由于没有现成的理论和可供借鉴的成功道路，只能"摸着石头过河"。我国用几十年完成西方国家几百年走过的路，"压缩式"的工业化道路导致了一系列结构性矛盾不断出现。针对我国的国情和不同阶段的特征，从提高经济效益为中心到转变经济增长方式，再到转变经济发展方式，中国式转型理论逐步完善和成熟。

"六五"计划提出以提高经济效益为中心。"六五"计划是我国改革开放之后的第一个五年计划，面对"文革"留下来的一系列经济矛盾，中央要求继续贯彻执行"调整、改革、整顿、提高"的方针，进一步解决过去遗留下来的阻碍经济发展的各种问题，提出"把经济发展模式转变到以提高经济效益为中心的轨道上来"。应该说，这

是最早的与转变经济发展方式相关的政策导向。

"九五"计划建议提出转变经济增长方式。虽然"六五"计划提出以提高经济效益为中心，但是"七五"和"八五"期间，片面追求产值和速度的倾向一直存在，粗放型增长方式始终占主导地位，国民生产总值的增加主要依靠大规模的要素投入来支撑，经营管理比较粗放，经济素质不高，经济效益较差；农业基础薄弱，不适应人口增加、生活改善和经济发展的需要；国有企业生产经营困难较多，管理体制和经营机制不适应社会主义市场经济的要求；在经济快速增长和经济体制转换过程中，通货膨胀压力依然较大。针对这种情况，1995 年，"九五"计划建议提出要积极推进经济增长方式转变，把提高经济效益作为经济工作的中心，促进经济增长方式从粗放型向集约型转变。

"十二五"规划提出转变经济发展方式。进入 21 世纪之后，我国经济经历了一个高速增长期，从 2003 年开始连续五年出现两位数高增长。但是，我国发展中不平衡、不协调、不可持续问题依然突出，经济增长的资源环境约束强化，投资和消费关系失衡，收入分配差距较大，科技创新能力不强，产业结构不合理，农业基础仍然薄弱，城乡区域发展不协调，就业总量压力和结构性矛盾并存，物价上涨压力加大，社会矛盾明显增多，制约科学发展的体制机制障碍依然较多。在这种情况下，党的十七大报告首次提出要加快转变经济发展方式，"十二五"规划则提出确保转变经济发展方式取得实质性进展。至此，转变经济发展方式的基本概念及其实施体系基本确立。

二、转变经济发展方式的核心要义

党的十七大报告提出，要践行科学发展观，第一要义是发展，核心是以人为本，基本要求是全面协调可持续，根本方法是统筹兼顾。围绕这一主题，报告给出了转变经济发展方式的核心要义。

一是转变要素投入结构，就是要促进经济增长由主要依靠增加物质资源消耗向主要依靠科技进步、劳动者素质提高、管理创新转变。一要促进科技与经济结合，全面提高自主创新能力，推动国家创新体系建设，建立以企业为主体、市场为导向、产学研相结合的技术创新体系，实现科技成果向现实生产力转化。二要大力培育人力资本，加快提高教育现代化，促进知识创新与创新人才培养。三要按照建设资源节约型、环境友好型社会的要求，抓紧完善有利于节约能源资源和保护生态环境的法律和政策，加快形成可持续发展体制机制。

二是优化三次产业结构，就是要促进经济增长由主要依靠第二产业带动向依靠第一、第二、第三产业协同带动转变。一要发展现代产业体系，大力推进信息化与工业化融合，促进工业由大变强，振兴装备制造业，淘汰落后生产能力。二要提升高新技术产业，发展信息、生物、新材料、航空航天、海洋等产业。三要发展现代服务业，提高服务业比重和水平。四要加强基础产业基础设施建设，加快发展现代能源产业和综合运输体系。五要鼓励发展具有国际竞争力的大企业集团。

三是调整三大需求结构，就是要促进经济增长由主要依靠投资、出口拉动向依靠消费、投资、出口协调拉动转变。一要把扩大消费需求作为扩大内需的战略重点，通过积极稳妥推进城镇化、实施就业优先战略、深化收入分配制度改革、健全社会保障体系和营造良好的消费环境，增强居民消费能力，改善居民消费预期，促进消费结构升级，进一步释放城乡居民消费潜力。二要调整优化投资结构，保持投资合理增长，完善投资体制机制，明确界定政府投资范围，规范国有企业投资行为，鼓励扩大民间投资，有效遏制盲目扩张和重复建设，促进投资消费良性互动，把扩大投资和增加就业、改善民生有机结合起来，创造最终需求。三要提高对外开放水平，实行更加积极主动的开放战略，促进我国对外开放由出口和吸收外资为主转向进口和出口、吸收外资和对外投资并重的新形势。

三、转变经济发展方式的基本要求

针对党的十七大报告提出的转变经济发展方式需要实现的"三个转变"，"十二五"规划明确指出，"以加快转变经济发展方式为主线，是推动科学发展观的必由之路，是我国经济社会领域的一场深刻变革，是综合性、系统性、战略性的转变，必须贯穿经济社会发展全过程和各领域，在发展中促转变，在转变中谋发展"。为此，提出了今后一段时期加快转变经济方式的五个具体要求。

一是坚持把经济结构战略性调整作为加快转变经济发展方式的主攻方向。构建扩大内需长效机制，促进经济增长向依靠消费、投资、出口协调拉动转变。加强农业基础地位，提升制造业核心竞争力，发展战略性新兴产业，加快发展服务业，促进经济增长向依靠第一、第二、第三产业协同带动转变。统筹城乡发展，积极稳妥推进城镇化，加快推进社会主义新农村建设，促进区域良性互动、协调发展。

二是坚持把科技进步和创新作为加快转变经济发展方式的重要支撑。深入实施科教兴国战略和人才强国战略，充分发挥科技第一

生产力和人才第一资源作用，提高教育现代化水平，增强自主创新能力，壮大创新人才队伍，推动发展向主要依靠科技进步、劳动者素质提高、管理创新转变，加快建设创新型国家。

三是坚持把保障和改善民生作为加快转变经济发展方式的根本出发点和落脚点。完善保障和改善民生的制度安排，把促进就业放在经济社会发展优先位置，加快发展各项社会事业，推进基本公共服务均等化，加大收入分配调节力度，坚定不移走共同富裕道路，使发展成果惠及全体人民。

四是坚持把建设资源节约型、环境友好型社会作为加快转变经济发展方式的重要着力点。深入贯彻节约资源和保护环境基本国策，节约能源，降低温室气体排放强度，发展循环经济，推广低碳技术，积极应对全球气候变化，促进经济社会发展与人口资源环境相协调，走可持续发展之路。

五是坚持把改革开放作为加快转变经济发展方式的强大动力。坚定推进经济、政治、文化、社会等领域改革，加快构建有利于科学发展的体制机制。实施互利共赢的开放战略，与国际社会共同应对全球性挑战、共同分享发展机遇。

四、转变经济发展方式的理论创新

转变经济发展方式是我国在马克思主义发展观和人类现代发展观基础上，以科学发展观为指导，提出的经济转轨与转型的重大理论成果，具有重大的理论创新意义。

一是创新性地发展了马克思主义发展观的实践内容。科学发展观从理论品质、哲学内涵及具体层面上实现了对马克思主义的继承和发展，是马克思主义中国化的重大成果。转变经济发展方式是推动科学发展的必由之路，坚持和发展了马克思主义唯物辩证法的基本原理，继承和发展了马克思主义对于人民群众的历史作用的认识，践行和发展了马克思主义关于发展生产力的观点，是马克思主义发展观中国化的重大实践性理论创新。

二是为世界发展经济理论的完善提供了重要思想。世界发展经济理论经历了从增长到发展，再到可持续发展的演进路径。转变经济发展方式理论吸纳了现代发展经济学的精华思想，并回答了在我们这样一个经济大国和人口大国，在进入工业化中后期阶段，如何解决发展过程中带来的结构性矛盾与问题，如何实现持续发展并向高收入国家转化的重大问题。从这个意义上来说，为世界经济发展理论的演进提供了重要的思想与实践。

三是为后发国家和发展中国家转型提供理论支撑。我国长达30多年的高速增长，是迄今为止世界上持续时间最长的高速增长，因此中国模式和中国道路成为后发国家和发展中国家争相模仿和实践的对象。虽然我们积累了大量如何实现经济起飞的政策理论与实践经验，但是对于经济起飞后如何解决高速增长带来的矛盾，我们在理论总结和政策方法上仍然较为缺乏。转变经济发展方式理论的提出和不断实践，将为模仿中国模式的后发国家和发展中国家的转型升级提供理论支撑和实践样板。

第四节　适应把握引领经济发展新常态：贯穿发展全局和全过程的大逻辑

我国经济发展进入新常态，是以习近平同志为核心的党中央紧

扣时代脉搏，直面历史命题，把马克思主义基本原理同中国具体实际相结合，得出的重大判断，是我国经济发展阶段性特征的必然反映，是不以人的意志为转移的。经济发展新常态是马克思主义中国化的最新重大创新成果，是指导中国特色政治经济学深入发展与不断完善的重要思想视角。

一、经济发展新常态是从全球政治经济大背景和经济发展长周期出发提出来的

党的十八大以来，以习近平同志为核心的党中央综合分析世界经济长周期和我国发展阶段性特征及其相互作用，作出了我国经济发展进入新常态的重大判断。

经济发展新常态是在全球经济开始转入下行期的条件下提出的。2008年国际金融危机爆发以来，世界经济持续低迷，各类风险挑战明显增多。在这种情况下，已经充分融入全球经济的中国经济难以独善其身。与此同时，世界经济发展进入转型期，世界科技发展酝酿新突破的发展格局。为此，习近平总书记指出，当前和今后一个时期，世界经济环境仍然比较复杂，机遇和挑战相互交织，时和势总体于我有利，我国发展的重要战略机遇期仍然存在。在这种外部环境下，以习近平同志为核心的党中央提出了经济发展新常态的重大判断。

经济发展新常态是在中国经济进入发展新时代的背景下提出的。随着外部经济环境的持续收缩，加之经济体量逐步扩大以及内部结构性矛盾开始凸显，我国经济发展的难度日益增大，曾经以两位数高增长的我国经济增速放缓，降到8%以内。"速度焦虑""转型迷茫""悲观心理"纷纷涌现，国际上唱衰中国的声音也多了起来。我

国经济走到决定命运的关键节点上，社会主要矛盾也转变为人民日益增长的美好生活需要和不平衡不充分的发展之间的矛盾，对我国经济形势究竟应该怎么看，到底应该怎么干，需要有权威和客观的判断。在这种情况下，以习近平同志为核心的党中央经过充分研究，认为我国目前的问题主要不是周期性的，我们要做打持久战的准备，敢于经历痛苦的磨难，适当提高换挡降速容忍度，适应把握引领中经济发展的新常态。

二、经济发展新常态的核心要义

从习近平同志首次提出经济发展新常态开始，这一概念的核心要义就一直处于不断深化和完善的过程中。综合来看，经济发展的新常态要从三个阶段特征、三大运行特点和九个发展趋势来把握。

三个阶段特征。2013年底召开的中央经济工作会议提出，我国当前正处于"增长速度换挡期、结构调整阵痛期、前期刺激政策消化期"的"三期叠加阶段"，这是对新常态核心要义最早的完整描述。所谓增长速度换挡期，主要指随着国内外经济环境的变化，我国传统经济支撑因素的深刻变化，导致潜在增长率开始下移，经济增长由高速换挡到中高速。所谓结构调整阵痛期，主要指在化解过剩产能和优化产业结构的过程中，一些行业难免会受到较大冲击，从而对部分地区的就业、税收、经济增长等产生冲击，成为不得不经历的"阵痛"。所谓前期刺激政策消化期，是指应对全球金融危机冲击的"一揽子"经济刺激计划在保证中国走出危机阴影的同时，也产生了高债务、高杠杆、泡沫化、过剩产能等消极后果，这些消极影响仍在消化过程中，也限制了现任政府继续采取刺激政策的空间和可能性。

三大运行特点。我国经济已由高速增长阶段转向高质量发展阶段，习近平总书记在《关于〈中共中央关于制定国民经济和社会发展第十三个五年规划的建议〉的说明》中指出，新常态下，我国经济发展表现出速度变化、结构优化、动力转换三大特点，增长速度要从高速转向中高速，发展方式要从规模速度型转向质量效率型，经济结构调整要从增量扩能为主转向调整存量、做优增量并举，发展动力要从主要依靠资源和低成本劳动力等要素投入转向创新驱动。

九个发展趋势。在2014年中央经济工作会议上，习近平总书记首次从消费需求、投资需求、出口和国际收支等九大方面全面阐释"新常态"所呈现出的趋势特征。与此前"新常态"的含义相比，其内容更加丰富，体系更为完善，成为"新常态"核心要义的重要层面。一是从消费需求看，个性化、多样化消费渐成主流，保证产品质量安全、通过创新供给激活需求的重要性显著上升；二是从投资需求看，传统产业相对饱和，但基础设施互联互通和一些新技术、新产品、新业态、新商业模式的投资机会大量涌现；三是从出口和国际收支看，全球总需求不振，中国低成本比较优势也发生了转化，同时中国出口竞争优势依然存在，高水平引进来、大规模走出去正在同步发生；四是从生产能力和产业组织方式看，传统产业供给能力大幅超出需求，产业结构必须优化升级，企业兼并重组、生产相对集中不可避免，新兴产业、服务业、小微企业作用更加凸显，生产小型化、智能化、专业化将成为产业组织新特征；五是从生产要素相对优势看，人口老龄化日趋发展，农业富余劳动力减少，要素的规模驱动力减弱，经济增长将更多依靠人力资本质量和技术进步；六是从市场竞争特点看，正逐步转向质量型、差异化为主的竞争，统一全国市场、提高资源配置效率是经济发展的内生性要求；七是从资源环境约束看，环境承载能力已经达到或接近上限；八是从经济风险积累和化解看，伴随着经济增速下调，各类隐性风险逐步显性化，风险总体可控，但化解以高杠杆和泡沫化为主要特征的各类风险将持续一段时间；九是从资源配置模式和宏观调控方式看，全面刺激政策的边际效果明显递减，既要全面化解产能过剩，也要通过发挥市场机制作用探索未来产业发展方向。

三、经济发展新常态的工作要求

党的十八大以来，以习近平同志为核心的党中央，顺应认识、把握、引领新常态的客观要求，对我国经济工作的理念、思路、着力点等进行了重要调整，形成以新发展理念为指导、以供给侧结构性改革为主线的政策框架以及稳中求进的工作总基调。

一是坚持五大发展理念为指导。发展是解决我国一切问题的基础和关键，发展必须是科学发展。《中共中央关于制定国民经济和社会发展第十三个五年规划的建议》提出，坚持创新发展、协调发展、绿色发展、开放发展、共享发展，是关系我国发展全局的一场深刻变革。五大新发展理念是管全局、管根本、管方向、管长远的科学理念，是走科学发展之路的行动指南。其中，创新是引领发展的第一动力，协调是持续健康发展的内在要求，绿色是永续发展的必要条件和人民对美好生活追求的重要体现，开放是国家繁荣发展的必由之路，共享是中国特色社会主义的本质要求。

二是坚持供给侧结构性改革为主线。推进供给侧结构性改革，是新常态下经济发展的工作主线。我国经济运行面临的突出矛盾和问题，虽然有周期性、总量性因素，但根源是重大结构性失衡，导致经济循环不畅，必须从供给侧结构性改革上想办法，努力实现供

求关系新的动态均衡。供给侧结构性改革，最终目的是满足需求，主攻方向是提高供给质量，根本途径是深化改革。供给侧结构性改革的重点，是解放和发展社会生产力，用改革的办法推进结构调整，减少无效和低端供给，扩大有效和中高端供给，增强供给结构对需求变化的适应性和灵活性，提高全要素生产率。必须把发展经济的着力点放在实体经济上，把提高供给体系质量作为主攻方向，显著增强我国经济质量优势。

三是坚持稳中求进为工作总基调。2017年中央经济工作会议提出，稳中求进工作总基调是治国理政的重要原则，也是做好经济工作的方法论。党的十八大以来，稳中求进一直是我国经济工作的总基调，将之提升为治国理政重要原则，作为适应经济发展新常态的经济政策框架中的重要内容，是对实践经验的深刻总结，进一步丰富了党中央治国理政新理念新思想新战略。稳中求进，稳是主基调，稳是大局，在稳的前提下要在关键领域有所进取，在把握好度的前提下奋发有为。稳和进，既相互制约、相互影响，又相辅相成、相得益彰。只有政策稳、预期稳、社会稳，发展形势才能稳，在保持平稳中积聚更多进的能量；只有积极进、主动进、持续进，以改革创新破解发展中的问题，才能不断提高发展质量和效益，为稳增长、促发展奠定更加坚实的基础。运用好辩证思维、系统思维、底线思维，把中央关于稳中求进的各项决策部署落到实处，稳就有了依托，进就有了方向。

四、经济发展新常态的理论创新

经济发展新常态概念的提出，是以习近平同志为核心的党中央坚持马克思主义政治经济学的方法论，坚持问题导向，立足中国国情，对中国当下实践的科学总结，从理论上具有重大意义。

经济发展新常态是马克思主义中国化的最新理论成果。中国经济的新常态厘清了国际经济增长低迷、世界经济格局调整与中国自身经济发展阶段性特征的联系，也包含了中国与世界在过去、现在与未来发展的联系，是马克思主义"联系论"的中国实践。中国经济新常态呈现速度变化、结构优化、动力转换几个运行特点，是对过去一段时期以来，中国经济增长速度偏高、偏热、不可持续旧模式认识的一种"与时俱进"的调整，符合当下中国经济发展的时代特征，完美践行了马克思主义"发展论"的经典理论。习近平同志在阐述新常态时指出，"新常态也伴随着新矛盾新问题，一些潜在风险渐渐浮出水面"，这是马克思主义"矛盾论"在中国经济社会发展中的具体运用。

经济发展新常态为世界观察中国提供了重大理论视角。2008年国际金融危机以来，国际社会频繁使用"大萎靡""长期停滞""新平庸"和"新现实"来描述全球经济的复苏乏力。与之相应，他们也用这些概念和逻辑来分析与描述中国经济运行与发展。但是，这些概念并没有给出推动世界脱离"复苏泥潭"的良策。经济发展新常态概念及其背景下治国理政体系的形成，为世界观察中国经济提供了一个科学的理论视角，也为全球经济复苏提供了重要的政策镜鉴。

经济发展新常态是指导未来我国经济工作的理论标尺。全面认识和把握新常态，需要从时间和空间大角度审视我国发展。从时间上看，我国发展经历了由盛到衰再到盛的几个大时期，新常态就是这种大时期更替变化的结果。习近平总书记多次强调，把认识、把握、引领新常态作为当前和今后一个时期做好经济工作的大逻辑，

用新常态的大逻辑观谋发展，是做好当前和今后一个时期经济工作的基本遵循。因此，经济发展新常态是未来一段时期我国经济工作的重要理论标尺，对巩固经济长期向好的基本面，推动我国经济向形态更高级、分工更优化、结构更合理的阶段演进具有重要意义。

（执笔人：臧跃茹、曾铮、郭丽岩）

第四章　中国特色社会主义现代化理论

中国特色社会主义现代化是中国共产党领导全国各族人民坚持不懈的努力方向，是社会主义初级阶段的奋斗目标，是中国特色社会主义事业的总任务。党的十八大以来，以习近平同志为核心的党中央系统回答了新形势下全面推进中国特色社会主义现代化事业的重大理论和实践问题，形成新时代中国特色社会主义思想，既与马克思列宁主义、毛泽东思想、邓小平理论、"三个代表"重要思想、科学发展观一脉相承，又全方位、多领域地丰富和深化了中国特色社会主义内涵，不断形成了中国特色社会主义现代化理论体系。

第一节　中国特色社会主义现代化的理论基础

一、西方现代化理论的形成与发展

"现代化"一词最早由美国经济学家库兹涅茨于 1951 年提出，受到学术界广泛关注，但各界对于其内涵、动力、实质等分歧较大，尚无统一看法。总体而言，现代化是指人类社会从传统经济、社会、政治、文化向现代经济、社会、政治、文化演进的带有普遍性的历

史过程。现代化理论兴起于 20 世纪 50 年代，根据其演变历程，大体可以分为四个阶段的理论。

一是传统现代化理论。该理论主要对西方国家实现工业化的过程进行总结研究，认为发展中国家要实现现代化，就应从自身社会内部的文化传统、制度结构等入手加以改造，以完成工业化为目标来实现现代化。该理论把现代化等同于工业化，对现代化的过程和模式理解过于简单，排除了非西方国家不同发展模式选择的可能性，受到许多学者的批评。

二是依附理论和世界体系理论。20 世纪 70 年代初，随着国际经济贸易的快速发展、新兴民族国家现代化实践遭受严重挫折和西方社会自身问题的暴露等，传统现代化理论受到依附理论、世界体系理论等的挑战。依附理论认为，现实中的世界政治经济格局是不平等的，不发达国家的经济是依附于西方发达国家的，而西方国家依托跨国公司进行国际间的不平等交换，所以不发达国家难以实现现代化。世界体系理论进一步认为，世界政治经济格局不平等的原因主要在于不平等的世界分工，从而造成非西方国家处于边缘状态，难以实现现代化。依附理论和世界体系理论扩大了现代化研究的视野，更加强调外部因素对不发达国家的影响，较为深刻地揭露了发达国家对发展中国家的经济剥夺，但这些理论过于强调外部因素而忽视自身的决定性作用，为一些发展中国家的领导人为自己决策的失误开脱提供了借口，最为致命的是其理论取向总体上与全球化的趋势相悖。

三是后现代化理论。20 世纪七八十年代，一些学者研究发现，发达国家在完成工业化后，其工业增加值占 GDP 的比重开始下降，服务业增加值占比则持续上升，其经济发展从工业化转入非工业化轨道。因此，这些学者认为，工业社会并不是现代化的最终目标，完成工业化只是一个国家迈入新的现代化发展阶段的标志，即进入所谓的后现代化阶段。该理论进一步指出，发达国家的现代化正从工业化阶段向服务化、信息化阶段迈进，发展中国家应将工业化和信息化有机结合起来，同时作为实现现代化的目标，这将对发展中国家加速实现现代化具有重要意义。

四是生态现代化理论。20 世纪 80 年代中期以来，随着生态环境保护问题越来越突出，生态现代化理论在发达国家逐渐流行并成为学术热点。该理论认为，促进经济增长不能以破坏环境为代价，同时环境保护不应被视为对经济活动的一种负担，而应视为未来可持续增长的前提，通过建立人与自然、经济与社会的最优化关系，实现在促进经济繁荣的同时减少环境破坏的"共赢"目标，最终实现生态的现代化。进入 21 世纪，该理论的研究范围进一步扩大到全球消费模式的生态转型、社会公平公正的实现、全球化对生态现代化的影响等方面。

二、中国特色社会主义现代化与西方的区别

中国特色社会主义现代化是坚持走中国特色社会主义道路的现代化，既遵循人类社会现代化发展的一般规律，又立足本国的基本国情和文化传统而不盲目照搬别国模式，开辟了以社会主义制度形态实现现代化的崭新路径，与西方国家的现代化有着根本性区别。

一是中国特色社会主义现代化是坚持解放和发展社会生产力、以经济建设为中心的现代化。中国的现代化道路，必须把发展作为第一要务，坚持以经济建设为中心，坚持社会主义市场经济改革方向，不断解放和发展社会生产力。同时，还顺应当代世界先进生产

力和先进文化发展趋势，牢牢把握经济全球化和新一轮科技、产业革命兴起带来的历史机遇，以新发展理念为指导，努力实现经济社会可持续发展，走出一条新型现代化道路。

二是中国特色社会主义现代化是坚持社会主义制度前提和价值取向、以改革开放为基本国策的现代化。中国在坚持社会主义道路、坚持社会主义基本政治经济制度和社会主义基本价值取向的前提下，推进和实现中国特色现代化，已取得举世瞩目的伟大成就。实践证明，只有实行改革开放，充分发挥社会主义制度优越性，中国特色社会主义现代化才能实现。

三是中国特色社会主义现代化是经济建设、政治建设、文化建设、社会建设、生态文明建设五位一体、以新发展理念为指针、"四化同步"的新型现代化。中国所追求的现代化是一种超越西方现代化理论和模式的新型现代化，是要在经济建设不断发展的基础上，协调推进政治建设、文化建设、社会建设、生态文明建设以及其他各方面建设，使物质文明、精神文明、生态文明建设相互促进、相得益彰；自觉践行创新、协调、绿色、开放、共享的新发展理念；工业化、城镇化、信息化、农业现代化同步发展。这样一种新型现代化是全面、统筹的现代化，是更符合社会公平、正义的现代化，也是更具有可持续发展性的现代化。

四是中国特色社会主义现代化是坚持独立自主、和平发展、合作共赢的现代化。中国特色社会主义现代化坚定不移走独立自主、和平发展道路，既不依附任何外国，也决不称霸争霸；既不自我封闭，也不搞损人利己的对外扩张，把构建和平稳定、互利共赢的国际环境和周边环境作为社会主义现代化顺利推进、取得成功的必要外部条件，并以此作为中国在世界多极化、经济全球化时代积极参与全球治理，推动国际经济、政治秩序合理化、公平化的理性选择。

五是中国特色社会主义现代化是坚持一切为了人民、一切依靠人民，国家的梦、民族的梦和每个中国人的梦融为一体的现代化。中国特色社会主义现代化非常注重一切依靠人民，充分动员和发挥广大人民群众的积极性，以增进全体人民福祉为根本出发点和落脚点。这是与西方国家现代化的本质区别。

三、中国特色社会主义现代化的基本特征

中国特色社会主义现代化是在继承中丰富、发展和创新的现代化，体现出明显的全面、系统、创新、开放的特征。

一是全面性。中国特色社会主义现代化强调全面发展。"五位一体"总体布局的实质就是运用全面性思维方式在宏观上对社会主义现代化构成要素及其相互关系的认识和把握，反映了社会主义现代化发展的内在需要。"四个全面"战略布局坚持全面地而不是片面地观察事物，是"一种很全面的观点，不是单打一"。"新发展理念"也是一个整体，相互依存、相辅相成、相得益彰，一个都不能少，不能顾此失彼，也不能相互代替。

二是系统性。中国特色社会主义现代化是一个系统性工程。党的建设是根本，经济、社会、文化、生态文明建设是主体，国家治理体系和治理能力是保障。中国特色社会主义现代化建设需要运用"系统性"思维方法来观察、分析、认识事物，在矛盾双方对立统一的过程中把握事物发展的本质和规律，妥善处理各种重大关系，从而使各项重大举措在政策取向上相互配合、在实施过程中相互促进、在实际成效上相得益彰。

三是创新性。中国特色社会主义现代化是在结合时代特点和实践要求下不断进行创新的，对其内涵及规律的认识是在不断深化的。中国特色社会主义现代化的内涵由党的十八大提出的"新四化"，到党的十八届三中全会提出的国家治理体系和治理能力现代化；战略目标由全面建成小康社会，到实现中华民族伟大复兴的中国梦；战略布局由党的十八大的"两个全面"，到党的十八届四中全会的"四个全面"；"新发展理念"由习近平总书记在不同场合分别提出，到党的十八届五中全会集中提出。这些都是马克思主义关于现代化理论在中国的最新探索，是我们党全面推进社会主义现代化建设理论的新发展、新突破。

四是开放性。中国特色社会主义现代化始终坚持开放发展理念。党的十八大以来在社会主义现代化建设中，我国奉行互利共赢的开放战略，推进"一带一路"建设，打造命运共同体，实现共同发展、共同繁荣，在更大范围、更宽领域、更深层次上提高开放型经济水平。积极参与全球经济治理，促进国际经济秩序朝着平等公正的方向发展，以更加积极主动的姿态持续加快对外开放，不断开创开放式的社会主义现代化发展模式。

第二节　近代和新中国成立以来开展的救亡图存和社会主义建设，推动了中国特色社会主义现代化理论的探索和形成

近代以来，从洋务运动到辛亥革命，再到民国政府开展了一次次的救亡图存运动，但始终无法实现中华民族的独立和解放，更不

可能实现中国的现代化和中华民族的伟大复兴。近代和新中国成立后，中国共产党领导下的新民主主义革命和社会主义建设中开始了对于中国实现现代化道路的摸索，不断探索和初步形成了中国特色社会主义现代化理论，认识到只有坚持中国共产党的领导才能够从根本上解除民族压迫、实现民族独立，继而实现中华民族的伟大复兴，满足中国人民对于建设现代化的愿望。

一、新中国成立前新民主主义革命的道路选择

建立"新民主主义共和国"是毛泽东于 1941 年 1 月在《新民主主义论》中正式提出的。在毛泽东构建的新民主主义国家思想体系中，不仅阐明了国家的国体、政体，还具体设计了政治、经济、文化各方面的纲领。这一方案的提出，解决了半殖民地半封建社会国家同社会主义社会之间的过渡和衔接问题，是对列宁过渡时期理论的发展，体现了中国共产党在建国理论上的成熟。

毛泽东对于新民主主义国家构想的确立推进了中国现代化发展的进程。第一，新民主主义国家的建立开辟了中国主动进行现代化建设的新局面。新民主主义国家构想在中国的实现打破了现代化发展的障碍，取得了国家的独立，建立了现代化的权威政府。1949 年中华人民共和国成立，标志着中国从此彻底摆脱了帝国主义对中国主权的干涉，结束了中国长期四分五裂的局面，实现了国家的高度统一与社会稳定。

第二，毛泽东构建的新民主主义国家为中国现代化发展道路指明了方向。毛泽东指出，"中国的革命，首先是要建立以无产阶级为首领的中国各革命阶级联合专政的新民主主义的社会，以完结其第一阶段。然后，再使之发展到第二阶段，以建立中国社会主义的社

会",新民主主义共和国是"一定历史时期的形式,因而是过渡的形式,但是不可移易的必要形式"。这种现代化建设的思路是一条既立足于实际又有远大目标的有中国特色的现代化发展战略。

第三,毛泽东构建的新民主主义现代化发展的具体蓝图为中国现代化的发展提供了现实道路。一方面,落实了工业化发展的道路,而工业化是现代化的主要标志;另一方面,中国共产党民主政治建设的理论和实践推动了中国向政治现代化的转化,将政治现代化落实到建立现代民主政治的道路上。

由此可以看出,新民主主义国家的建国方案在众多建国方案中是最符合中国国情的,也是最符合中国现代化发展要求的建国方案,是现代化发展的必然选择。新民主主义国家在中国的确立极大地推进了中国现代化的进程,是对中国特色社会主义现代化理论的一次具有重要意义的探索,对今后形成中国特色社会主义现代化理论有着巨大贡献。

二、新中国成立初期到"文革"前社会主义建设的实践探索

新中国成立之后,中国共产党领导开启了在经济文化落后的东方大国进行社会主义建设和改革的实践探索。筚路蓝缕,不断总结经验、吸取教训,逐步探索出一条适合中国国情的、旨在实现社会主义现代化的中国特色社会主义现代化道路。

1956年社会主义改造的基本完成,标志着社会主义在中国的确立,中国共产党开始了对社会主义建设的初步探索,尝试将马克思主义同中国实际进行第二次结合,走出了一条中国自己的社会主义建设道路,为中国特色社会主义现代化理论的形成奠定了基础。同

时，在社会主义改造期间，中国共产党逐步提出了实现农业、工业、国防和科学技术"四个现代化"的目标。从此，"四个现代化"成为中国共产党人和人民努力以求的社会主义目标，这是从世界经济发展的历史趋势以及中国工农业和科技文化落后的国情出发确立的建设社会主义强国的目标。

1956—1966年期间，在中国共产党的领导下，中国人民开始艰苦探索适合中国自己的社会主义建设道路，总结了国内外的经验教训，力图摆脱照抄照搬苏联经验和模式，探索自己的社会主义建设道路，并取得了明显成就。

第一，作为社会主义经济基础的生产资料公有制有了进一步的发展。在这10年中，继续完成生产资料私有制的社会主义改造，克服前一阶段的偏差和错误，在整顿和巩固合作社、公私合营企业等方面做了许多努力，尤其在对原公私合营企业进行内部改造方面取得了较好效果，使之向着社会主义前进了一大步，建国后建立和发展的公有制经济成分得到了继续巩固和发展。

第二，社会主义物质基础得到了加强。这10年间，工业和农业的关系、工业内部的关系、积累和消费的关系逐步协调，工业支援农业的能力增强，企业管理水平和经济效益有所提高。在此基础上，工农业生产得到了恢复和发展，市场供应改善，财政收支平衡，全国物价稳定。

第三，农田水利建设和技术改造大规模展开，农业得到了加强。中国是个落后的农业大国，人口多，耕地少，党和政府根据国民经济的需要和可能，在建国伊始就把农田水利建设作为经济建设的重点之一，培修和加固了全国42000公里堤防的绝大部分，对一些水害比较严重的江河进行了治理。

三、"文革"期间社会主义建设的进展与教训

"文革"十年是"左"倾错误占统治地位时间最长、危害最大的时期，亦为经验教训极多的时期，严重阻碍了社会主义建设的进程。但是，在中国共产党的领导下，全国各族人民于动乱中同"左"倾错误进行艰难而曲折的斗争，使"文革"破坏受到一定程度的限制，逆境中尽力维持经济、政治、文化、军事、外交等建设正常进行，取得了可贵的社会主义建设成效。

第一，经济建设取得一定成就。1967—1976 年，工农业总产值、社会总产值、国民收入年平均增长率分别为 7.1%、6.8% 和 4.9%，除动乱最严重的 1967 年工农业总产值较上年下降 9.6%，1968 年比上年又降 4.2% 外，其余各年均为正增长。历经三个"五年计划"，投资 2050 亿元的"三线"建设取得丰硕成果。铁路事业亦有成效，成昆、湘黔、川黔等重要铁路干线顺利完工。

第二，科技、军事实力明显提升。10 年时间中，我国的科学技术取得重要成就，特别是科技和国防尖端技术有了空前突破。表现为核技术、人造卫星、计算机技术、运载火箭、籼型杂交水稻育成推广等各个方面。

第三，外交事业开拓新局面。1972 年 2 月 27 日，中美两国政府在上海签署了别具一格的《中美联合公报》，标志着中美关系正常化。随着中美关系解冻和继续改善，中国对外关系有了突破性发展。中国同西欧各国出现建交高潮。与此同时，中国同第三世界国家关系不论广度、深度抑或政治、经济领域均有长足发展，并且注重同周边国家和东南亚国家加强睦邻友好关系。

在回顾"文革"期间中国的社会主义建设时，除了肯定所取得的成就，更重要的是通过审视"文革"对社会主义建设带来的危害，总结其中的教训。一是社会主义建设必须以经济建设为中心，而不能以阶级斗争为纲。二是社会主义建设必须坚持民主集中制和集体领导原则，健全和发展社会主义民主法制。三是社会主义建设必须不断提高全党的马克思主义理论水平并与本国的具体实际相结合。

近代和新中国成立后开展的一系列救亡图存运动和社会主义建设，确立了中国共产党的领导地位，解除了民族压迫，实现了民族独立，为实现中国特色社会主义现代化和中华民族的伟大复兴创造了坚实基础。虽然期间经历了曲折的道路，但是中国共产党始终在摸索符合中国现实情况的现代化道路，不断探索和初步形成了中国特色社会主义现代化理论，为改革开放后的大发展提供了理论和实践基础。

第三节 改革开放以来的"三步走"战略部署，促进了中国特色社会主义现代化理论的丰富和发展

改革开放以来，在中国共产党的领导下，立足基本国情，我国将工作重点转向经济建设，坚持四项基本原则，坚持改革开放，解放和发展生产力，不断巩固和完善社会主义制度，逐步探索出一条适合中国国情的社会主义现代化建设道路，进一步明确了社会主义现代化建设的目标和"三步走"战略部署，不断丰富和发展中国特色社会主义现代化理论。

一、明确提出现代化建设的"三步走"战略部署

以党的十一届三中全会为转折点，在和平与发展成为时代主题的历史条件下，在总结中国社会主义胜利和挫折的历史经验基础上，在科学判断中国"现在正处于并将长期处于社会主义初级阶段"的基本国情下，中国特色社会主义现代化理论发展进入新时期。

在"解放思想，实事求是"的思想路线指导下，沿着"以经济建设为中心，坚持四项基本原则，坚持改革开放"的社会主义初级阶段基本路线，按照"发展才是硬道理"的理念，针对中国当时基本现实，采取果断措施，努力实现党和国家工作重心向经济建设的转移，集中精力恢复生产，发展国民经济，引领中国走上发展现代化的正确轨道。强调中国建设的是具有中国特色的"中国式现代化"，提出了小康的概念，为现代化建设指明了方向。指出"社会主义的本质，是解放生产力，发展生产力，消灭剥削，消除两极分化，最终达到共同富裕"。从实行农村家庭联产承包责任制入手，到以国有企业改革为核心的城市改革，逐步推行全面改革并努力探索社会主义市场经济。

党的十一届三中全会以来采取的一系列探索和举措，逐步形成了更为明确和具体的社会主义现代化建设目标。在"四个现代化"的基础上，进一步提出了建设富强、民主、文明的社会主义现代化国家的奋斗目标和现代化建设的"三步走"战略部署：第一步，到20世纪80年代末，实现国民生产总值比1980年翻一番，解决人民的温饱问题；第二步，到20世纪末，使国民生产总值再增长一倍，人民生活达到小康水平；第三步，到21世纪中叶，人均国民生产总值达到中等发达国家水平，人民生活比较富裕，基本实现现代化。

富强、民主、文明的社会主义现代化目标和"三步走"战略部署的形成，进一步明确了中国现代化建设的方向、目标、步骤和路径选择，逐步确立了一条适合中国国情的社会主义现代化建设道路，有力推动了中国现代化建设的前进步伐，开创了改革开放和社会主义现代化建设新征程。

二、具体细化"新三步走"的阶段性目标

改革开放以来，中国的经济和社会发展取得了历史性的伟大成就，到20世纪90年代中期，基本实现了现代化建设"三步走"战略部署中的第一步、第二步目标，人民生活总体上达到小康水平。此外，在世纪之交，中国所处的国际环境不断发生变化，国内改革和建设也出现了许多新情况和新特点，世情、国情、党情的新变化对现代化建设提出了新要求和新任务，中国特色社会主义现代化理论需要进一步丰富和发展。

在进一步完善社会主义初级阶段理论并分析总结其基本阶段特征的基础上，妥善处理涉及中国现代化建设的"十二大关系"，特别强调处理好改革、发展和稳定的关系，提出改革是动力、发展是目标、稳定是前提，保障了中国现代化事业健康发展。确立了"公有制为主体、多种所有制经济共同发展"的初级阶段基本经济制度。强调以社会主义现代化建设促进人的全面发展，进一步丰富现代化建设目标的内涵。提出了"三个代表"重要思想。通过加强和改善党的领导来推进现代化建设，使党的建设与社会主义现代化建设在实践中得到了统一。

这一阶段在科学认识总体小康的基础上，提出了全面建设小康社会的新目标，并把"三步走"战略部署的第三步进一步具体化，提出了"新三步走"的阶段性目标：本世纪第一个十年实现国民生

产总值比 2000 年翻一番，使人民的小康生活更加宽裕，形成比较完善的社会主义市场经济体制；再经过十年的努力，到建党一百年时，使国民经济更加发展，各项制度更加完善；到本世纪中叶建国一百年时，基本实现现代化，建成富强、民主、文明的社会主义国家。

全面建设小康社会的目标任务是新的历史条件下对小康理论的继承和发展。"新三步走"把第三步现代化战略部署具体化为切实可行的新目标和新任务，使中国现代化发展有了更清晰更明确的计划和步骤。"三个代表"重要思想实现了党的建设和现代化建设的统一，进一步丰富和发展了中国特色社会主义现代化理论。

三、建设富强民主文明和谐的社会主义现代化国家

跨入 21 世纪，中国进入全面建设小康社会、加快推进社会主义现代化建设的新阶段。经济全球化向纵深发展，国民经济在持续发展的同时，也积聚了发展实践中产生的各类问题，迫切需要转变发展观念、创新发展模式、提高发展质量，在解决新问题、总结新经验的过程中，中国特色社会主义现代化理论的内涵得到进一步充实。

科学发展观提出并用以指导中国的改革开放和社会主义现代化建设，其中发展是第一要义，以人为本是核心，全面协调可持续发展是基本要求，统筹兼顾是根本方法。明确了经济建设、政治建设、文化建设、社会建设的"四位一体"总体布局。更加注重发展速度和质量效益的统一，实现现代化理念和实践上的转变。建设社会主义新农村，走中国特色社会主义农业现代化道路。坚持加快推动以改善民生为重点的社会建设，使全体人民共享改革发展成果。坚持对外开放的基本国策，提高开放型经济水平。提出社会主义核心价值体系，为现代化建设提供有力的精神动力和智力支持。根据对社会主义

现代化建设发展规律的新认识，提出构建社会主义和谐社会。

在上述举措基础上，我党提出了更为全面的社会主义现代化建设目标，即建设社会主义市场经济、社会主义民主政治、社会主义先进文化、社会主义和谐社会，建设富强、民主、文明、和谐的社会主义现代化国家。同时，进一步提出社会和谐是中国特色社会主义本质属性的论断。"富强、民主、文明、和谐的社会主义现代化国家"这一现代化建设目标的拓展，标志着我们党对于共产党执政规律、社会主义建设规律、人类社会发展规律的认识不断深化。

党的十一届三中全会以来，邓小平理论、"三个代表"重要思想、科学发展观等一系列的理论创新和发展，以及围绕理论形成的现代化建设的各项思路和举措，既有历史的传承和延伸，又有时代的发展和突破，既坚持了马克思主义关于现代化的理论，又总结了国内外现代化的经验教训，特别是改革开放的实践经验。在坚持党的基本理论、基本路线、基本纲领、基本经验指导新的实践的同时，紧密结合新时期新阶段中国现代化建设所面对的国际国内形势的新变化，形成了"三步走"战略部署并不断细化完善，形成了更为全面和宏伟的现代化建设目标，丰富和发展了中国特色社会主义现代化理论的基本内涵。

第四节 党的十八大以来为实现中华民族伟大复兴中国梦的实践，强化了中国特色社会主义现代化理论的创新和提升

党的十八大以来，以习近平同志为核心的党中央在全面深刻总

结新中国成立以来尤其是改革开放以来，我国社会主义现代化建设伟大实践经验的基础上，吸纳中国历史文化传统的精髓和当代世界人类文明的先进思想文化成果，提出了一系列具有重大理论意义和实践意义的新判断新理念新思想新战略，形成了新时代中国特色社会主义思想，涵盖经济、政治、文化、社会、生态、安全、军事、外交、党建、统一战线、民族宗教等各个领域，构建了逻辑严密清晰、内涵博大精深、各方面各领域论述层次分明、有机联系紧密的中国特色社会主义现代化理论框架，续写了中国特色社会主义理论新篇章。

一、提出"两个一百年"的奋斗目标

党的十八大描绘了全面建成小康社会、加快推进社会主义现代化的宏伟蓝图，发出了向实现"两个一百年"奋斗目标进军的时代号召。"两个一百年"奋斗目标进一步揭示了中华民族的历史命运和当代中国的发展走向，指明了社会主义现代化建设的方向和目标，为坚持和发展中国特色社会主义注入了崭新内涵和使命。

全面建成小康社会是实现中华民族伟大复兴的重要基础、关键一步。"十三五"规划纲要根据新形势新情况，提出了全面建成小康社会新的目标要求。经济保持中高速增长，创新驱动成效显著，发展协调性明显增强，人民生活水平和质量普遍提高，国民素质和社会文明程度显著提高，生态环境质量总体改善，各方面制度更加成熟更加定型，这些新的目标要求进一步明确了全面建成小康社会的基本内涵。全面建成小康社会是实现社会主义现代化建设第三步战略目标必经的承上启下的发展阶段，只有第一个百年奋斗目标如期实现了，第二个百年奋斗目标才能顺利起步。

2020 年全面建成小康社会后，我国将进入实现第二个百年奋斗目标的新阶段，踏上建设社会主义现代化国家新征程。经过持续不懈的奋斗，党和国家事业将发生历史性变革，我国发展站到新的历史起点上，中国特色社会主义进入新的发展阶段。放眼第一个百年奋斗目标实现后更为宏伟的新征程，我们党将按照时代新要求，顺应人民新期待，提出新的思路、新的战略、新的举措，以理论创新成果指导新的实践，更好地激励和带领全党全国各族人民为实现第二个百年奋斗目标、建设社会主义现代化国家而努力，让中华民族以更加昂扬的姿态屹立于世界民族之林。

二、明确新时代实现社会主义现代化和中华民族伟大复兴的总任务

党的十九大报告提出，新时代中国特色社会主义思想，明确坚持和发展中国特色社会主义，总任务是实现社会主义现代化和中华民族伟大复兴。中国特色社会主义进入新时代，这个新时代是决胜全面建成小康社会、进而全面建设社会主义现代化强国的时代。从 2020 年到本世纪中叶分两步走进行战略安排：第一个阶段，从 2020 年到 2035 年，在全面建成小康社会的基础上，再奋斗十五年，基本实现社会主义现代化；第二个阶段，从 2035 年到本世纪中叶，在基本实现现代化的基础上，再奋斗十五年，把我国建成富强民主文明和谐美丽的社会主义现代化强国。

根据党的十八大精神，以习近平同志为核心的党中央明确提出要实现中华民族伟大复兴的中国梦。中国梦的追求目标是中华民族伟大复兴，基本内涵是实现国家富强、民族振兴、人民幸福。以中国梦为追求建设社会主义现代化，意味着中国经济实力和综合国力

不断提高、国际地位和国际影响力大大提升；意味着我们要以更加昂扬向上、文明开放的姿态屹立于世界民族之林；意味着让中国人民过上更加幸福安康的生活。中国梦凝结着无数仁人志士的不懈努力，承载着全体中华儿女的共同向往，昭示着中华民族发展的美好前景，给社会主义现代化建设指明了方向和目标。

三、实施事关全局和长远发展的重大战略举措

一是统筹推进经济建设、政治建设、文化建设、社会建设、生态文明建设"五位一体"总体布局。"五位一体"是一个有机整体，它们之间相互联系、相互促进、不可分割。任何一个方面发展滞后，都会影响社会主义现代化建设目标的实现。其中经济建设是根本，政治建设是保证，文化建设是灵魂，社会建设是条件，生态文明建设是基础。只有坚持"五位一体"总体布局，推动当代中国全面、协调、可持续发展，才能真正形成经济富裕、政治民主、文化繁荣、社会公平、生态良好的发展格局，才能如期建成富强民主文明和谐的社会主义现代化国家。

二是坚持全面建成小康社会、全面深化改革、全面依法治国、全面从严治党战略布局。"四个全面"战略布局为中国特色社会主义现代化建设提供整体支撑。每一个"全面"都蕴含着重大战略意义，相互之间密切联系、有机统一。全面建成小康社会，作为现代化建设的阶段任务，居于引领地位。全面深化改革，着眼解决我们面临的深层次矛盾和体制机制弊端，是增强中国特色社会主义生机活力、推动事业发展的强大动力。全面依法治国，着眼促进国家生活和社会生活的法治化制度化规范化，是实现党和国家长治久安的重要保障。全面从严治党，着眼保持党的先进性和纯洁性，锻造中国特色

社会主义事业坚强领导核心，是我们党提高执政能力、完成执政使命的迫切要求，为全面建成小康社会、全面深化改革、全面依法治国提供根本保证。"四个全面"战略布局，贯穿着辩证唯物主义、历史唯物主义的世界观和方法论，为新时期社会主义现代化建设提供强大的思路统领。

三是牢固树立创新、协调、绿色、开放、共享新发展理念。建设社会主义现代化，实现国家富强、民族振兴、人民幸福，必须依靠发展才能变为现实。发展实践需要发展理念来引领，发展理念是否对头，从根本上决定着发展成效乃至成败。党的十八届五中全会提出的创新、协调、绿色、开放、共享的发展理念，是在深刻总结国内外发展经验教训、分析国内外发展大势的基础上形成的，也是针对我国发展中的突出矛盾和问题提出来的。创新发展为建设社会主义现代化提供动力，协调发展是社会主义现代化的内在要求，绿色发展是实现社会主义现代化的必要支撑，开放发展是建设社会主义现代化的重要途径，共享发展是社会主义现代化的本质要求。新发展理念，不仅体现了对新的发展阶段基本特征的深刻洞悉，还体现了对社会主义本质要求和发展方向的科学把握，因此是立足当前、面向未来，推进我国社会主义现代化建设的战略指引。

四是协同推进新型工业化、城镇化、信息化、农业现代化和绿色化。新型工业化、城镇化、信息化、农业现代化和绿色化既是我国社会主义现代化建设的战略任务，也是加快形成新的经济发展方式、促进我国经济持续健康发展的重要动力。在新的历史起点上，要按照党的十八大的要求，促进新型工业化、城镇化、信息化、农业现代化和绿色化同步发展。第一，推动信息化与新型工业化深度融合。着力推进产业升级、增强竞争力，推进信息网络技术广泛运

用，以信息化带动工业化，以工业化促进信息化。第二，推动新型工业化与城镇化良性互动。构筑优势互补、合理分工的城镇产业发展格局，促进产业集群、城市群布局、人口分布相衔接，增强城镇综合承载能力和可持续发展能力，重点推进农业转移人口融入城镇生活，提高城市宜居水平。第三，推进新型城镇化与农业现代化相互协调。加大统筹城乡发展力度，着力推动工业反哺农业，促进城乡产业协调发展；扶持农民工创业带动就业，引导农业劳动力和农村人口合理有序向城镇流动，形成城乡一体化发展新格局。第四，把绿色化融入新型工业化、城镇化、信息化、农业现代化各方面和全过程，坚持把节约优先、保护优先、自然恢复作为基本方针，把绿色发展、循环发展、低碳发展作为基本途径。

五是实施供给侧结构性改革、创新驱动发展、"一带一路"等重大战略。推进供给侧结构性改革，是党中央综合研判世界经济形势和我国经济发展新常态作出的重大决策，这是在有效供给不能适应需求总量和结构变化的情况下，适应我国经济发展新常态的必然要求，也是中国经济迈向"双中高"的必由之路。实施创新驱动发展战略，就是让创新成为引领发展的第一动力，就是要走出一条从人才强、科技强到产业强、经济强、国家强的发展新路径，为我国未来十几年乃至更长时间创造一个新的增长周期。推进"一带一路"建设，是党中央根据全球形势深刻变化，统筹国内国际两个大局作出的重大战略决策，这是促进共同发展、实现共同繁荣的合作共赢之路，是增进理解信任、加强全方位交流的和平友谊之路，对于打造我国陆海内外联动、东西双向开放的全面开放新格局，对于构建开放型经济新体制、形成全方位对外开放新格局，具有重大深远的意义。此外，还要坚定实施科教兴国战略、人才强国战略、乡村振兴战略、区域协调发展战略、可持续发展战略、军民融合发展战略。

四、构建中国特色社会主义现代化理论框架

党的十八大以来，以习近平同志为核心的党中央，提出了许多富有创见的新理念新思想新战略，系统地回答了在新的历史起点上和新形势下全面推进中国特色社会主义现代化事业的历史主题、奋斗目标、总体布局、战略部署、发展理念、发展动力、领导核心、依靠力量、精神支柱、制度保障、安全保障、外部条件等一系列重大理论和实践问题，逐步形成了中国特色社会主义现代化理论框架。

这一理论框架的逻辑层次结构是：一个宏伟崇高的历史主题"中国梦"——"两个一百年"奋斗目标——"五位一体"总体布局——"四个全面"战略布局——新发展理念——"四化同步"实施路径——供给侧结构性改革、创新驱动发展、推进"一带一路"建设等重大举措。实现中华民族伟大复兴的中国梦是中国社会主义现代化的主题词，统领整个理论框架。"两个一百年"奋斗目标是中国梦在两大历史节点得到实现的宏观愿景。经济、政治、文化、社会、生态文明建设"五位一体"总体布局，表明中国特色社会主义现代化从内涵和外延看都堪称最全面、完整的现代化，而非仅局限于某些领域的片面、跛足的现代化。全面建成小康社会、全面深化改革、全面依法治国、全面从严治党"四个全面"战略布局，既是确保实现第一个百年奋斗目标并为实现第二个百年奋斗目标奠定坚实基础的战略部署，也是"五位一体"总体布局的战略抓手。新发展理念是在新起点、新形势下就如何抓好"第一要务"的最新回答，既针对我国当前和未来发展面临的突出矛盾和严峻挑战，确定了全面、正确

的战略指导原则，也鲜明体现了我国现代化理论创新的社会主义价值取向与中国智慧、时代特征的有机结合、高度统一。新型工业化、信息化、城镇化、农业现代化"四化同步"是践行新发展理念的主要实施路径和现阶段经济、社会发展的战略任务。推进供给侧结构性改革、实施创新驱动发展、推进"一带一路"建设等则是适应和引领经济新常态，加快转变发展方式、构建持续发展新动力、拓展发展空间的重大举措。

这一理论框架具有突出鲜明的时代特征和创新性，它既坚持从中国国情和现实发展阶段出发，又极具世界眼光和前瞻性；既具有中华文化语感和"接地气"，又有鲜明的时代气息。它进一步推进了马克思主义的中国化、大众化、时代化，是马克思主义中国化的最新成果，是马克思主义的中国版和现代版相结合的典范。它既是发展改革历史逻辑、理论逻辑和实践逻辑贯通融合的理论框架构建，也是新阶段新形势下在新起点上全面推进中国特色社会主义现代化事业的顶层设计和行动指南。

（执笔人：高国力、刘旭、卞靖、陈曦、李天健）

第五章　中国特色社会主义改革理论

中国共产党人以马克思主义基本理论为指导，结合中国的具体实际和社会主义的伟大实践，逐渐形成了具有中国特色的社会主义改革理论体系，它是指导中国特色社会主义改革的重要理论武器。

第一节　改革动力论

中国共产党人在深化社会主义本质认识的基础上，创新、发展和完善了马克思主义的社会发展动力理论，形成了改革是社会主义发展动力的"改革动力论"，成为中国特色社会主义改革理论的重要组成部分。

一、社会发展动力的理论分析

历史唯物论认为，人类社会发展的动力系统由三部分构成，分别为基本动力、根本动力和直接动力。基本动力处于整个系统的最高层次地位，它贯穿任何社会的始终，是其基本矛盾，而社会基本矛盾运动推动着社会的发展。动力系统的动因层次则是根本动力，它决定其他矛盾的产生、发展，在最根本层次上推动着整个社会的

发展，是构成社会基本矛盾的关键。直接动力是动力系统的操作层次，其主要作用是消除影响生产力发展的障碍，解放生产力，从而直接推动社会发展。任何社会的发展都是基本动力、根本动力、直接动力三者互动共生的结果。马克思主义认为，生产力与生产关系、经济基础与上层建筑是贯穿人类社会始终的基本矛盾，社会基本矛盾是人类社会发展的基本动力，生产力是人类社会发展的根本动力，不同时期社会发展的直接动力不同，阶级斗争只是推动阶级社会发展的直接动力。

与强调生产要素积累或生产率进步的新古典增长理论不同，制度经济学认为制度对经济增长更重要，改革的过程就是制度变迁的过程。制度变迁可以带动资源配置方式、产权组织形式、分配方式等发生根本性变革，从而充分调动全社会的主动性、积极性、创造性，使得财富充分涌流，发展内生动力增强。

二、毛泽东的社会主义"矛盾动力论"

20世纪50年代中期，社会主义改造基本完成以后，党中央运用马克思主义社会发展动力的一般原理分析中国社会主义建设初期的实际国情，认为社会主义基本矛盾是在社会主义发展过程中始终存在并起作用的内在力量，形成了社会主义发展"矛盾动力论"。

毛泽东在1957年2月的最高国务会议第十一次会议上的讲话中指出："在社会主义社会中，基本的矛盾仍然是生产关系和生产力之间的矛盾，上层建筑和经济基础之间的矛盾。"[1]在马克思主义发展史上第一次明确提出了社会主义基本矛盾理论，作出了突出历史贡

---

[1]《毛泽东选集》第五卷，人民出版社1977年版，第373页。

献，为我党开辟中国特色社会主义"改革动力论"做了重要理论准备。同时，毛泽东对社会主义基本矛盾的性质和特点作了科学的论述。令人遗憾的是毛泽东在当时没有对社会基本矛盾具体表现形式和束缚生产力发展的焦点问题作出准确的判断，也就不可能触及到在经济基础和上层建筑层面进行经济政治体制改革的重大历史课题。在生产关系领域，毛泽东只搞"一大二公三纯"的所有制革命，在上层建筑领域，他又进行"以阶级斗争为纲"的政治革命，结果对我国社会主义建设造成了重大损失。

因此，仅从一般意义上认识到"社会基本矛盾"的作用是不够的，重要的是如何将社会基本矛盾转化为实际的发展动力，这在客观上就要求要将矛盾动力推进到改革层次。

三、中国特色社会主义"改革动力论"

邓小平同志指出，改革是社会主义发展的直接动力。党的十一届三中全会的胜利召开使党的工作重心转移到社会主义现代化建设上来，在新的历史条件下继承了马克思主义社会发展动力论的科学内容，纠正了毛泽东晚年"左"的错误，提出了中国特色社会主义"改革动力论"。

邓小平对社会主义社会主要矛盾进行了科学阐述。邓小平指出："我们的生产力发展水平很低，远远不能满足人民和国家的需要，这就是我们目前时期的主要矛盾，解决这个主要矛盾就是我们的中心任务。"邓小平由此指出，发展生产力是社会主义的根本任务，改革是社会主义发展的直接动力。确立社会主义基本制度后，还要通过经济体制改革来解放生产力，促进生产力发展，可以说改革是中国的第二次革命。邓小平指出，社会主义的本质是解放生产力，发展

生产力，消灭剥削，消除两极分化，最终实现共同富裕。从社会主义本质的角度认识改革，已经将改革上升到与社会主义命运息息相关的高度。

邓小平是中国特色社会主义"改革动力论"的倡导者，他坚持以生产力作为考察生产关系和上层建筑的适应性的标准，正确把握了我国社会主义基本矛盾的具体表现，较为系统地回答了我国社会主义发展动力的一系列根本问题，揭示了改革的必然性，从而使马克思主义社会主义发展动力论在新时期实现了新的飞跃。

江泽民同志指出，改革是社会主义实现自我完善和发展的根本途径和动力。20世纪90年代，伴随着经济全球化步伐的加快和我国改革开放的深入，我们党高举毛泽东思想、邓小平理论伟大旗帜，在推进中国特色社会主义改革深化发展的基础上，鲜明提出，改革是社会主义实现自我完善和发展的根本途径和动力，使中国特色社会主义"改革动力论"更上一层楼。1998年12月，江泽民同志在《二十年来我们党的主要历史经验》中指出："实行改革开放是社会主义中国的强国之路，是决定当代中国命运的历史性决策。"他认为，体制创新是改革的实质，改革是社会主义实现自我完善和发展的根本途径和动力。使生产关系适应生产力发展，使上层建筑适应经济基础发展是改革的根本目的。江泽民同志的"改革动力论"，标志着我们党对社会主义发展动力的规律认识的深化，对于实现我国跨世纪发展的宏伟目标，起到了至关重要的作用。

胡锦涛同志指出，改革为推进中国特色社会主义事业注入强大动力。党的十六大以来，党中央领导全党全国人民继续推进改革开放，在实践的基础上进一步深化了对改革开放的认识，发展了中国特色社会主义"改革动力论"。2007年10月，胡锦涛同志在党的十七大报告中指出："改革开放是党在新的时代条件下带领人民进行的新的伟大革命，目的就是要解放和发展社会生产力，实现国家现代化。"《在庆祝中国共产党成立90周年大会上的讲话》中，胡锦涛同志指出，改革为推进中国特色社会主义事业注入强大动力。实践证明，改革开放使中国逐步富强起来，为党和国家事业发展提供了强大动力。胡锦涛的"改革动力论"，开拓了中国特色社会主义改革的新局面。

以习近平同志为核心的党中央将全面深化改革作为推动可持续发展的重要力量。党的十八大以来，中国经济进入了新常态，以习近平同志为核心的党中央对全面深化改革的目标、路径、过程、重点、核心和发展趋势等进行了系统全面的战略思考，为通过全面深化改革获得发展动力指明了方向，进一步丰富和发展了中国特色社会主义"改革动力论"，构成习近平新时代中国特色社会主义思想的重要组成部分。

全面深化改革是推动中国经济社会发展的强大动力。2012年12月，中共中央总书记习近平视察广东重温改革之路，明确指出，改革开放是决定当代中国命运的关键一招，也是决定实现"两个一百年"奋斗目标、实现中华民族伟大复兴的关键一招。2014年11月9日，习近平总书记出席了2014年亚太经合组织（APEC）工商领导人峰会，他指出："我们正在推行的全面深化改革，既是对社会生产力的解放，也是对社会活力的解放，必将成为推动中国经济社会发展的强大动力。"党的十八大以来，中央推出1500多项改革举措，促进资源配置方式、产权组织形式、分配方式等发生根本性变革，极大激发了全社会发展活力和创新活力。

只有改革开放才能发展中国、发展社会主义、发展马克思主义。

党的十九大更加重视全面深化改革，以改革激发全面建设社会主义现代化国家的不竭动力。习近平同志在党的十九大上指出，只有改革开放才能发展中国、发展社会主义、发展马克思主义。党的十九大报告对重点领域和关键环节改革作出系统部署，并明确把深化供给侧结构性改革作为建设现代化经济体系的主线。

改革的起点是坚持问题导向厘清主要矛盾。习近平强调，进行全面深化改革，我们要有强烈的问题意识，应当以重大问题为导向，抓住其中关键问题，着力推动解决我国经济社会发展中面临的一系列突出矛盾和问题，坚持和完善中国特色社会主义制度，不断推进国家治理体系和治理能力现代化。习近平同志在党的十九大上指出，中国特色社会主义进入新时代，"我国社会主要矛盾已经转化为人民日益增长的美好生活需要和不平衡不充分的发展之间的矛盾"。习近平反复强调，发展中国特色社会主义必须通过改革，在当前新的历史条件下，只有实现改革的新突破，才能开创发展新局面。在改革过程中，只有坚定深化改革的信心、坚持深化改革的正确方向、凝聚深化改革的共识、注重深化改革的统筹谋划、协同推进各项改革，才能达到理想的彼岸。

全面深化改革要处理好"解放思想和实事求是的关系"，要处理好"整体推进和重点突破的关系"，要处理好"顶层设计和摸着石头过河的关系"，要处理好"胆子要大和步子要稳的关系"，要处理好"改革发展稳定的关系"。

习近平总书记以五大发展理念引领全面深化改革，重新构造了经济社会发展强大动力的战略思想体系，这与毛泽东思想、邓小平理论、"三个代表"重要思想和科学发展观是一脉相承的，全面系统发展了中国特色社会主义"改革动力论"，是中国共产党在社会发展动力问题上的最新探索和重大理论创新，也是指导我们化解当前各种发展难题和挑战，实现经济社会又好又快发展的科学指南。

第二节　解放和发展社会生产力

坚持解放和发展生产力是马克思主义政治经济学的基本原理，也是中国特色社会主义政治经济学的重大原则。中国共产党坚持解放和发展社会生产力，提出了社会主义本质的科学命题，指出了新时期解放和发展生产力的目的和任务，把对社会主义的认识提高到新的科学水平。

一、解放和发展社会生产力是社会主义的本质特征

解放和发展社会生产力是解决社会基本矛盾的根本手段，是促进社会进步的根本动力。唯物史观的根本原则和优于唯心史观的首要标志就是生产力标准。人类社会要逐步消灭阶级对立、消除脑力劳动和体力劳动差别，进而获得充分的自由的发展和运用，都离不开社会生产力的充分发展。生产力的相对落后是经济欠发达社会主义国家生产力和生产关系矛盾的突出表现。对于中国来说，现阶段解决和发展生产力仍是第一要务。这是中国特色社会主义始终保持旺盛生机和蓬勃活力、获得与资本主义相比较的优越性的关键所在。

长期以来，公有制、按劳分配和计划经济被视为社会主义社会的本质特征，并以此区别于资本主义社会。改革开放前，中国也长期实行"一大二公"的计划经济体制。社会上对社会主义的本质特征、对社会生产力的作用和地位问题一直存在不同理解。对此，邓小平

指出："社会主义的首要任务是发展生产力，逐步提高人民的物质和文化生活水平。"之后又提出，"过去，只讲在社会主义条件下发展生产力，没有讲还要通过改革解放生产力，不完全。应该把解放生产力和发展生产力两个讲全了"。解放和发展生产力构成了邓小平理论的核心观点，并不断指导中国经济改革的实践过程。在党的十六大上，江泽民指出，"必须高度重视解放和发展生产力"，并将其视为中国共产党"执政兴国"的要义。党的十八大，胡锦涛进一步指出，"必须解放和发展社会生产力。解放和发展社会生产力是中国特色社会主义的根本任务"。

党的十八届三中全会上，习近平提出要"进一步解放思想、进一步解放和发展社会生产力、进一步解放和增强社会活力"，并在会后对这"三个进一步解放"作了阐释，进一步丰富了进一步解放和发展社会生产力的内涵。其中，解放思想是前提，是解放和发展社会生产力、解放和增强社会活力的总开关；解放和发展社会生产力、解放和增强社会活力，是解放思想的必然结果，也是解放思想的重要基础。他强调："全面建成小康社会，实现社会主义现代化，实现中华民族伟大复兴，最根本最紧迫的任务还是进一步解放和发展社会生产力。解放思想，解放和增强社会活力，是为了更好地解放和发展社会生产力。""三个进一步解放"从总体上深化了对解放和发展生产力的理解。

在党的十九大上，习近平总书记继续强调，解放和发展社会生产力，是社会主义的本质要求。他提出："实现'两个一百年'奋斗目标、实现中华民族伟大复兴的中国梦，不断提高人民生活水平，必须坚定不移把发展作为党执政兴国的第一要务，坚持解放和发展社会生产力，坚持社会主义市场经济改革方向，推动经济持续健康发展。""我们要激发全社会创造力和发展活力，努力实现更高质量、更有效率、更加公平、更可持续的发展！"

二、解放发展社会生产力仍是当前建设中国特色社会主义的第一要务

改革开放以来，中国共产党人始终按照解放和发展社会生产力的本质要求，将对社会主义的本质理解融入到中国特色社会主义实践中，社会生产力得到极大发展，人民群众生活水平不断提高，社会主义的优越性不断显现。中国特色社会主义道路新成就的取得，关键是我们党始终坚持以经济建设为中心，一以贯之地把解放和发展社会生产力当作社会主义的根本任务。当前，我们仍处于社会主义初级阶段，发展仍是我们解决所有问题的关键。全党同志必须继续牢牢坚持发展是硬道理的战略思想，牢牢扭住经济建设这个中心，坚持聚精会神搞建设、一心一意谋发展，不能有丝毫动摇。解放生产力和发展生产力作为建设中国特色社会主义第一要务的地位也必须继续坚持几代人、十几代人甚至几十代人的时间。对此，我们必须有充分的准备，绝不能掉以轻心。

实事求是、从实际出发是中国共产党长期坚持的思想路线，是中国共产党永葆生机活力的法宝。习近平总书记在党的十九大报告中指出："我国社会生产力水平总体上显著提高，社会生产能力在很多方面进入世界前列，更加突出的问题是发展不平衡不充分，这已经成为满足人民日益增长的美好生活需要的主要制约因素。"中国是世界上最大的发展中国家，还有几亿人口的贫困问题和发展问题需要解决。坚持解放和发展社会生产力不仅是我们过去取得建设成就的"法宝"，更是我们未来开拓创新、争取更大发展的"利器"。必

须继续坚持发展是"硬道理",继续解放思想,深化改革开放,不断开创中国特色社会主义事业新境界。

三、解放和发展社会生产力的目的是满足人民日益增长的物质文化生活需要

解放生产力和发展生产力本身并不是社会主义的目标取向,也不是社会主义本质的全部内容。建设中国特色社会主义,最终是为了实现最广大人民的根本利益。习近平总书记在党的十九大报告中指出:"增进民生福祉是发展的根本目的。"社会主义的优越性最终要体现在不断提高人民的生活水平上。社会主义的根本目标是实现共同富裕,进而实现人的自由而全面的发展。

要实现这些目标,根本途径是解放和发展生产力。邓小平指出:"社会主义的优越性,归根到底是要大幅度发展社会生产力,逐步改善、提高人民的物质生活和精神生活。"只有不断解放和发展生产力,才能逐步提高人民的物质和文化生活水平,才能最终实现共同富裕的目标。只有解放和发展生产力,社会主义制度才能充分显示其优越性,才能不断得到巩固和发展。

不断解放和发展社会生产力,是以习近平同志为核心的党中央的基本立场。习近平指出,要"继续解放思想,坚持改革开放,不断解放和发展社会生产力,努力解决群众的生产生活困难,坚定不移走共同富裕的道路"。"我们党领导人民全面建设小康社会、进行改革开放和社会主义现代化建设的根本目的,就是要通过发展社会生产力,不断提高人民物质文化生活水平,促进人的全面发展。"解放和发展社会生产力,是中国特色社会主义的根本任务,是实现人民物质文化水平不断提高、促进人的全面发展的重要基础,是实现

全面建成小康社会战略目标的基本途径。

改革开放以来，中国取得了举世瞩目的成就，经济高速增长，成为世界第二大经济体，国际地位显著提升，为实现中华民族伟大复兴奠定了坚实的基础。用习近平总书记的话说，我们比历史上任何时期都更接近中华民族伟大复兴的目标，比历史上任何时期都更有信心、有能力实现这个目标。

四、全面深化改革是解放和发展社会生产力的必由之路

邓小平同志指出："社会主义基本制度确立以后，还要从根本上改变束缚生产力发展的经济体制，建立起充满生机和活力的社会主义经济体制，促进生产力的发展，这是改革，所以改革也是解放生产力。"在他的指导下，我国的经济体制改革首先从农村开始，废除束缚生产力发展的人民公社制度，实行集体所有制基础上的家庭联产承包责任制，促进了农村经济的大发展。后来经济体制改革由农村推到城市，同时相应地推进政治体制和其他方面体制的改革。改革带来了生产力的迅速发展，人民生活水平得到显著提高。

党的十八大以来，中国经济社会发展进入新常态，发展环境和发展动力等方面都发生了深刻变化。面对新形势新情况，习近平总书记坚持解放和发展生产力重大原则，明确提出"创新、协调、绿色、开放、共享"新发展理念，对"实现什么样的发展、怎样发展"这一重大战略问题作出了新的回答，使中国特色社会主义政治经济学的主题更加明确、体系更加完整。习近平指出："全面建成小康社会，实现社会主义现代化，实现中华民族伟大复兴，最根本最紧迫的任务还是进一步解放和发展社会生产力。"

当前，中国正在开展全面深化改革的伟大实践。解放和发展社

会生产力要融于全面深化改革的整体之中，并通过改革创新为解放和发展生产力提供新动力。在全面深化改革中，继续完善社会主义市场经济体制，是推动我国社会生产力不断向前发展的关键改革举措。深化社会主义市场经济体制改革，仍然要"坚持发展仍是解决我国所有问题的关键这个重大战略判断"。习近平强调："只有紧紧围绕发展这个第一要务来部署各方面改革，以解放和发展社会生产力为改革提供强大牵引，才能更好推动生产关系与生产力、上层建筑与经济基础相适应。"

第三节　全面深化改革

一、理论基础

推动生产关系同生产力、上层建筑同经济基础相适应。立足于我国仍处于并将长期处于社会主义初级阶段这个最大实际，推动生产关系更加适应生产力的要求是全面深化改革的根本动因。全面深化改革在完善经济制度和经济体制两个层面推动生产关系的优化，最终是为了进一步解放和发展生产力。前者包括国资国企改革、非公经济发展体制改革等；后者包括建立现代市场体系、构建城乡发展一体化机制、财税体制改革等。在优化完善生产关系的过程中，着力推动上层建筑同经济基础相适应是全面深化改革必须要回应的题目，这就需要推动经济、政治、文化、社会、生态文明等全方位的改革，也就是全面深化改革，才能实现上层建筑与经济基础的协调。

实事求是，一脉相承又与时俱进地推动改革。自党的十一届三中全会以来，坚定不移地推进改革开放始终是我党一以贯之、毫不动摇的基本国策。全面深化改革是建立在过去 35 年（1978—2013年）改革历史进程基础上的；同时又根据国内外发展环境、经济社会发展形势的变化，坚持实事求是的原则，作出改革布局的重大调整。纵观 35 年的改革历程，既一脉相承又与时俱进，是一个由浅入深、由单项到多项再到全面深化改革的历史进程。

着力解决当前我国经济社会生活中的一系列重大问题。当前，我国经济社会发展面临的问题日益复杂化：转轨与转型任务并存，经济与社会矛盾并存，城乡之间、地区之间发展差距不断拉大，发展不平衡不充分的一些突出问题凸显，经济发展质量和效益亟待提高，生态环境保护任重道远……各类矛盾与问题盘根错节、新旧交织。全面深化改革以问题为导向，着力解决我国经济社会生活所面临的一系列重大问题，是应运而生、顺势而为。

二、核心要义观点

把握全面深化改革的核心要义，就要在准确把握总体目标的基础上，深刻理解"全面""深化""改革"在新形势、新背景下的内涵。

总体目标统领全面深化改革。全面深化改革的总目标是"完善和发展中国特色社会主义制度，推进国家治理体系和治理能力现代化"[1]。总目标明确了全面深化改革的最终努力方向和预期取得的效果，是全面深化改革的指路明灯，是判断改革布局是否合理的根本标准，是我们开展各项改革工作的根本方向。

---

[1]《中共中央关于全面深化改革若干重大问题的决定》。

"全面"重在整体。全面包含两层含义，一层是涉及经济社会生活各个领域；一层是强调各领域改革是一个整体，坚持改革推进的系统性、整体性、协同性，获得改革的总体效应。其中，第二层含义是全面深化改革更为深刻的内涵和要求。从第一层含义看，全面深化改革涉及经济体制、政治体制、文化体制、社会体制、生态文明体制、党的建设制度等经济社会生活的方方面面，是改革开放以来覆盖面最为广泛的一次重大改革布局。第二层也是更重要的一层含义是，各个领域改革不是相互独立的，而是在总目标引领下的一个整体。在理论上，要加强对改革的整体性及其内在规律的研究，明晰各领域、各环节改革的关联性及关联机制；在实践中，必须坚持统筹推进，加强各领域各环节改革之间的相互配套，才能实现全面深化改革总目标。

"深化"重在攻坚。"深化"的基本内涵是以总目标为标尺，即是否有利于完善和发展中国特色社会主义制度，是否有利于推进国家治理体系和治理能力现代化，结合改革的新环境、新形势，总结过去改革的经验教训，推进改革的思路更加与时俱进、改革的方式方法更加优化。"深化"所包含的更深一层的意义在于展开改革攻坚战。经过30多年的实践，我国改革已进入深水区，剩下的都是难啃的硬骨头。深化改革必将触及深层次社会关系和利益矛盾，带来既有利益格局变化。消除制约转变经济发展方式的体制机制弊端，必须以壮士断腕的勇气和决心进行推动改革"深化"，胆子要大、步子要稳。这是全面深化改革的难点，也是关键点。

"改革"是关键一招。改革开放是决定当代中国命运的关键一招，也是实现"两个一百年"奋斗目标、实现中华民族伟大复兴的关键一招。改革是破除当前我国深层次体制机制障碍，获得新的发展活力的唯一途径。全面深化改革最终落脚于改革，改革只有进行时、没有完成时，要求在经济社会生活中，坚持以改革促发展的思维，处理好改革与发展的关系。

三、基本要求

以人为本。全面深化改革必须尊重人民群众的主体地位，重大改革，都要站在人民立场上，问需于民，从人民群众的最大利益出发。改革成果要惠及最广大人民群众，把人民群众的"获得感"作为全面深化改革的核心价值标准。在改革推进过程中，坚持走群众路线，紧紧依靠人民推动改革，将自下而上的探索与顶层设计结合起来，这是改革开放40年来累积的宝贵经验。

坚持以经济体制改革为重点。我国仍处于并将长期处于社会主义初级阶段，这一基本国情决定了我们必须始终坚持以经济建设为中心，通过持续深化经济体制改革，不断解放和发展社会生产力，提高综合国力和国际竞争力。同时，新的时期，我国经济发展中不平衡、不协调、不可持续问题突出，习近平同志在党的十九大报告中指出，"我国社会主要矛盾已经转化为人民日益增长的美好生活需要和不平衡不充分的发展之间的矛盾"，必须在继续推动发展的基础上，大力提升发展质量和效益。这就需要坚持深化经济体制改革，不断完善社会主义市场经济体制，根除制约经济发展方式转变的体制机制障碍，为经济社会的健康发展建立稳定、完善的制度保障。以经济体制改革为重点，并不与全面深化改革的布局相矛盾。一方面深化经济体制改革是化解其他领域深层次矛盾的突破口，可以有力促进其他领域改革的协同深化；另一方面深化经济体制改革已经到了需要全面统筹推进政治、文化、社会、生态文明、党的建设等

其他领域改革的阶段，只有形成改革合力才能推动经济体制改革的持续深化。经济体制改革的重点任务包括：坚持和完善基本经济制度；加快完善现代市场体系，形成公平竞争的发展环境；加快转变政府职能，提高政府管理效率和水平；深化财税体制改革；健全城乡发展一体化体制机制；构建开放型经济新体制。

着力处理好政府与市场的关系。政府与市场边界不清，是造成我国经济生活中诸多矛盾的主要原因，且这些矛盾愈演愈烈，到了不得不改、不能不改的关键时期。处理好政府与市场的关系是经济体制改革的核心问题，也是事关全面深化改革成败的关键问题。全面深化改革要求"使市场在资源配置中起决定性作用和更好发挥政府作用"[1]。政府和市场的作用不是对立的，而是相辅相成的；也不是简单地划定市场和政府作用谁多谁少的问题，而是统筹把握、优势互补、协同发力。

整体推进与重点突破相统一。全面深化改革要求以全局的思维整体谋划、协同推进、形成改革合力。但这并不意味着各项改革要齐头并进，同步落实。必须注重抓主要矛盾和矛盾的主要方面，抓住重大问题、关键环节进行规律性和方向性研究，优先推动牵牛鼻子的改革，带动一系列矛盾和问题的解决，实现整体推进和重点突破相统一。

"自上而下"与"自下而上"有机结合。全面深化改革部署之前，我们的改革大多是摸着石头过河。改革推进至今，顶层设计进入高层视野，成为深化改革的关键环节。伴随着改革实践探索不断深化，我们积累了一些经验，认识了一些规律，完善顶层设计已经具备一

---

[1]《中共中央关于全面深化改革若干重大问题的决定》。

定条件。一些改革难以深化的关键梗阻也在于顶层设计不完善，基层改革探索无法继续深化；或者是找不到改革的门路和方法，导致改革无法落地。因此当前已经到了需要自上而下推动改革的节点。但这并不意味着基层探索不重要，改革推进过程中仍存在大量没有得出确切答案的难点和困惑点，新的矛盾和问题也层出不穷，依然需要摸着石头过河，积累具有全国借鉴意义的改革经验，自下而上地推动改革。

四、重大理论贡献和创新

全面的系统改革论。全面深化改革提出了完善和发展中国特色社会主义制度，推进国家治理体系和治理能力现代化的总目标，各领域改革是总目标统领下的一个局部，实现了中国改革在哲学层面、方法论层面上的一次飞跃，将改革布局提到了系统论的高度。全面深化改革的"全面"就是一次改革系统论的伟大实践，是重要的改革理论创新，这是党中央基于我国的改革历史与现实而作出的科学判断，充分体现了党对改革认识的深化和系统化。

使市场在资源配置中起决定性作用和更好发挥政府作用。全面深化改革对于新时期政府与市场的关系作出了新的论述，即"使市场在资源配置中起决定性作用和更好发挥政府作用"[1]。这是此轮改革最为核心的观点之一，是理论上的重大突破和实践上的重大创新，具有鲜明的时代特征，为深化经济体制改革指明了路径。使市场在资源配置中起决定性作用，用"决定性"代替之前的"基础性"，是对社会主义市场经济认识的又一次升华，是加大改革力度的重要推

---

[1]《中共中央关于全面深化改革若干重大问题的决定》。

动力。这一原则要求在坚持社会主义市场经济的前提下，更加尊重市场决定资源配置的一般规律，推动资源配置方式的全面转变，提升我国资源配置效率和资源使用效益。政府一方面要收回"过长的手"，政府不替代、不扭曲市场配置资源的行为，绝不越位；另一方面，政府需要在基本公共服务、资源环境等存在显著外部性的领域承担起责任，优化强化市场监管职能，杜绝缺位。

改革的方法论创新。全面深化改革在改革推进的过程中，以习近平同志为核心的党中央进行了大量改革方法论上的创新，主要包括：注重改革"三性"，即必须更加注重改革的系统性、整体性、协同性。突出重点，牵住改革的"牛鼻子"。用系统思维和辩证思维充分考虑各项改革举措之间的关联性和互动性，努力做到眼前和长远相统筹、全局和局部相配套；既要讲"市场的决定性作用"，也要讲"更好地发挥政府作用"；既要讲如何分好"蛋糕"，也要讲如何做大"蛋糕"。要处理好"五个关系"，即处理好思想解放与实事求是的关系、整体推进与重点突破的关系、顶层设计与摸着石头过河的关系、胆子大与步子稳的关系、改革发展稳定的关系。

（执笔人：张林山、孙凤仪、李晓琳）

第六章　中国特色社会主义创新理论

第一节　创新概念的内涵及创新理论的演变

　　创新是指一个新的想法或新的发明变成商业化成果的过程，其本质是变革。创新的过程是生产率提升的过程，其目的在于创造价值。1912年，美籍奥地利经济学家熊彼特在《经济发展理论》一书中提出，创新是企业家抓住市场机会，对生产要素进行重新组合的过程。英国经济学家弗里曼在《创新经济学》中提出，创新是第一次引入一种产品或工艺所包括的技术、设计、生产、财政、管理和市场的过程，也就是说技术创新是科技成果转化为能在市场上销售的商品或工艺的过程。美国管理学家德鲁克认为，创新是赋予资源以新的创造财富能力的行为，主要有技术创新和社会创新两种方式。著名经济学家诺思认为，世界经济的发展是一个制度创新与技术创新不断互相促进的过程。欧美创新理论的提出和演进，主要基于西方经济学、管理学、政治经济学等方法论视角。

　　西方经济学关于创新的理论。美国著名经济学家约瑟夫·熊彼特是最早研究创新与经济增长的学者，他把技术创新置于经济增长的首要核心位置，认为资本主义经济发展过程中之所以出现经济周期，与创新有很大关系。他以创新理论为基础，阐述了资本主义的

长期波动，认为经济由于技术创新而得到发展。创新一经出现，必然引起社会模仿，模仿活动引起创新浪潮，于是经济走向高潮。当较多企业实现模仿之后，创新浪潮消失，经济出现停滞，如果经济再要发展，就必须有新的创新。总体上，他认为经济周期是由产业革命为代表的技术创新浪潮引起的。

技术创新的新古典学派以索洛等人为代表，运用了新古典生产函数原理，表明经济增长率取决于资本和劳动的增长率、资本和劳动的产出弹性以及随时间变化的技术创新。在《在资本化过程中的创新：对熊彼特理论的述评》一文中，索洛提出了创新成立的两个条件，即新思想的来源和以后阶段的实现和发展。这种"两步论"被认为是技术创新概念界定研究上的一个里程碑，这也是创新驱动经济增长的经济学渊源。

苏联经济学家康德拉季耶夫第一个提出了长波周期理论。这种长波周期的推动力是创新与主导产业的演化，在此推动下经济形成复苏、繁荣、衰退、萧条的周期轮回。由于技术创新的应用时间较长，康波周期通常经历 20—30 年的上升，紧接着 20—30 年下降的长周期波动，并且对于全球经济产生深远的影响。

技术演进论的经济学家认为技术革新是经济长期波动的主要起因。每次科技革命和产业变革都伴随着技术经济范式的调整。新旧技术经济范式变迁的过程是打破常规建立新范式的过程，也是经济增长新旧动能转换的过程。一方面，新的技术经济范式往往会显示出迅速提高全要素生产率的潜力，创造出空前的新投资机会；另一方面，新的技术经济范式也会带来技术和管理的根本改变，迅速地扩散到整个经济体系中。在历史上，技术经济范式的更迭往往以产业革命的形式爆发出来。从微观层面看，随着新技术经济范式的出现，与之相适应的新兴企业往往进入指数级增长通道，无法适应的企业遇到市场饱和、收益递减困境，逐步淘汰，与之相对应的是生产效率的提高和经济快速增长，经济发展的新动能由此产生。

管理学关于创新的理论。著名管理学家迈克尔·波特，以钻石理论为研究工具，以竞争优势来考察经济表现，从竞争现象中分析经济的发展过程。迈克尔·波特总结"国家竞争优势"要素包括：生产要素条件，需求条件，支撑产业与相关产业，企业战略、结构与竞争状态，主体指不同国家的企业。在对几十个国家竞争优势做详细分析的基础上，提出国家经济发展的四个阶段：生产要素驱动（Factor-Driven）阶段、投资驱动（Investment-Driven）阶段、创新驱动（Innovation-Driven）阶段和财富驱动（Wealth-Driven）阶段。前三个阶段是国家竞争优势的主要来源，一般伴随着经济上的繁荣，而第四个阶段基本上是财富运作，并非理想发展阶段，最终还要靠科技创新和制度创新来实现新一轮价值创造与繁荣发展。

波特驱动力理论实质上包含了国家竞争优势、技术进步和制度创新三个理论来源。其中，要素驱动阶段：竞争优势来自于基本的生产要素，包括天然资源、自然环境和一般劳动力。投资驱动阶段：竞争优势主要是政府和企业的投资意愿和投资能力。创新驱动阶段：国家和企业持续的创新能力成为源源不断的经济增长动力，竞争优势从生产成本转至生产效率。财富驱动阶段：社会财富大量积累，但经济活力开始下降，企业丧失竞争斗志，安于享受发展成果。

马克思主义政治经济学关于创新的理论。马克思高度重视科学力量的发展及其在生产中的应用、对生产关系和社会关系的变革。"科学技术是生产力"是马克思主义的基本原理。马克思曾指出，"生产力中也包括科学"，并说："固定资本的发展表明，一般社会知识，

已经在多么大的程度上变成了直接的生产力。"马克思还深刻地指出："社会劳动生产力,首先是科学的力量";"大工业把巨大的自然力和自然科学并入生产过程,必然大大提高劳动生产率"。

区别于西方经济学学者,马克思从解决经济发展深层次问题角度,阐述了创新驱动发展的内核。"机器""技术""发明""机器为基础的生产方式的变革""劳动资料的革命""资本有机构成的变化"等都曾被马克思用于指代技术进步与创新,而"劳动生产率"的提高与"资本有机构成"的变化则被用来衡量技术创新的程度。此外,马克思还通过对燃料、动力、照明与建筑的支出不随产量成比例上升的分析,评论并阐述了创新导致的规模报酬递增的趋势。

与以熊彼特为代表的西方经济学者认为企业家是创新的主要推动者不同,马克思主义政治经济学认为社会各阶层都是创新活动的主体,经济的持续健康发展依靠全体劳动者的创新活动,不仅包括科技创新,也包括理论创新、文化创新、制度创新等。马克思认为国家的发展要靠创新,而不仅仅是比较优势。在对社会发展的研究中,马克思将创新理念贯穿始终,指出科学技术创新推动生产力发展、制度创新带动生产关系变革、文化观念等创新则有助于实现人与自然的和谐发展,并通过"异化"理论阐述社会主义替代资本主义的必然性。

第二节　党的十八大以前我国创新思想的形成

回顾新中国成立以来至党的十八大以前60多年的创新发展历程,我国对创新发展认识的不断深化,从"向科学进军"到"科学技术是生产力"，从"科教兴国战略"到"提高自主创新能力"，再到"创新是引领发展的第一动力"，体现了创新发展战略在不同阶段的历史任务。

第一阶段（新中国成立后到改革开放以前）："向科技进军"。建国初期，党和政府的首要任务是恢复经济和生产，科技工作主要任务也是恢复和重建。当时，国内仅有30多个专门研究机构，全国的科学技术人员不超过5万人。在这种条件下，党和政府于1949年10月开始，筹建中国科学院，随后组建了一系列研究院所，围绕解决生产和生活中的困难问题，开展了一系列攻关活动，为核、电子、航空等尖端领域奠定了一系列科研基础。

1956年初，党中央发出了"向科学进军"的伟大号召。1月，毛泽东在第六次最高国务会议上前瞻性地提出："我国人民应该有一个远大的规划，要在几十年内，努力改变我国在经济上和科学文化上的落后状况，迅速达到世界先进水平。"他强调"科学技术这一仗，一定要打，而且必须打好……不搞科学技术，生产力无法提高"。同年底，党中央、国务院批准发布《1956—1967年科学技术发展远景规划纲要》（以下简称《十二年科技规划》），制定了"重点发展，迎头赶上"的指导方针，从13个方面提出了57项重大科学技术任务、616个中心问题，还对全国科研工作的体制、现有人才的使用方针、培养干部的计划和分配比例、科学研究机构设置的原则等作出规定，是一个集项目、人才、基地、体制等为一体的规划。1962年，《十二年科技规划》宣告提前5年完成，它的实施使我国科学技术发生了根本性变化。其间，我国建立了学科齐全的科学研究体系、工业技术体系、国防科技体系、地方科技体系。在资源勘探、工农业、医学、基础科研等方面取得了显著的变化，整体水平从十分落后状况，

达到国际上 20 世纪 40 年代水平。

20 世纪 60 年代初，国际社会动荡加剧，世界和平受到美苏争霸威胁严重，在这种情况下，我国必须自力更生，进一步加强国防等领域的尖端科技突破。经中央批准，国务院编制了《1963—1972年科学技术规划》（以下简称《十年规划》），并于 1963 年底正式发布。规划的方针是"自力更生、迎头赶上"，提出"科学技术现代化是实现农业、工业和国防现代化的关键"，指导思想是经过艰苦努力，力争在不太长的历史时期内，把中国建成一个具有现代工业、现代农业、现代科学技术和现代国防的社会主义强国。其间，取得了包括"两弹一星"、人工合成胰岛素等一批重大科技成果，为我国跻身世界大国奠定了基础。

第二阶段（改革开放到 20 世纪 90 年代上半叶）："科学技术是第一生产力"。1978 年 3 月 18 日到 31 日中央召开"文革"后的第一次全国科技大会，时任副总理的邓小平发表了重要讲话。他提出，要实现农业、工业、国防和科学技术现代化，关键在于实现科学技术现代化，并强调科学技术也是生产力。邓小平的讲话极大地鼓舞了中国的知识分子，"科技的春天"拉开序幕。12 月，中共中央第十一届三中全会召开，确立了"经济建设必须依靠科学技术，科技工作必须面向经济建设"的科技工作基本方针。在全会公报上明确提出"在自力更生的基础上，积极发展同世界各国平等互利的经济合作，努力采用世界先进技术和先进设备"，这标志着中国创新战略进入开放创新的新阶段。在这个阶段，先后颁布了 3 个中长期科技规划，包括《1978—1985 年全国科学技术发展规划纲要》、《1986—2000 年科学技术发展规划》、《1991—2000 年科学技术发展十年规划和"八五"计划纲要》。实施了包括科技攻关计划、重大技术装备研制计划、重大科学工程、重点工业试验项目计划、重点实验室计划、技术开发计划、重点新技术推广项目计划、星火计划、自然科学基金、高技术研究计划（863计划）等一系列重大科技计划工程。

1988年9月，邓小平同志根据当代科学技术发展的趋势和现状，在全国科学大会上提出了"科学技术是第一生产力"的论断，体现了马克思主义的生产力理论和科学观。"科学技术是第一生产力"，既是现代科学技术发展的重要特点，也是科学技术发展的必然结果。20世纪90年代初，国务院先后发布《国家中长期科学技术发展纲领》（以下简称《纲领》）和《中长期科学技术发展纲要》（以下简称《纲要》），围绕科技与经济、社会发展的关键问题，对中期2000年、远期2020年的科技发展作了部署。《纲领》突出了邓小平同志"科学技术是第一生产力"的思想，共分为38条。《纲要》选择了27个领域对中长期的重大科技任务和关键技术，以及支撑条件和政策措施进行了详细部署。

在这一阶段，我国社会主义市场经济体制逐步建立，国内统一开放的市场逐渐建立，对外开放的格局初步形成，引进科技能力和科技再创新能力大规模提高，与国际先进水平的差距大幅缩小。其间，科技发展取得巨大成就，建成了正负电子对撞机等重大科学工程，秦山核电站并网发电成功，银河系列巨型计算机相继研制成功，长征系列火箭在技术性能和可靠性方面达到国际先进水平。科技工作对经济发展形成了强有力的支撑，解决了农作物育种、三峡工程等关键问题。

第三阶段（20世纪90年代后半叶到党的十八大以前）：科教兴国和建设创新型国家。科学和教育是支撑大国创新发展的基石。1995年5月6日颁布的《中共中央国务院关于加速科学技术进步的

决定》，首次提出在全国实施科教兴国的战略。江泽民同志在全国科学技术大会上提出："科教兴国，是指全面落实科学技术是第一生产力的思想，坚持教育为本，把科技和教育摆在经济、社会发展的重要位置，增强国家的科技实力及实现生产力转化的能力，提高全民族的科技文化素质。"同年，中国共产党第十四届五中全会在关于国民经济和社会发展"九五"计划和2010年远景目标的建议中，把实施科教兴国战略列为今后15年直至21世纪加速中国社会主义现代化建设的重要方针之一。1996年，国家颁布了《全国科技发展"九五"计划和到2010年远景目标纲要》，在转变经济增长方式、攻克产业关键技术、发展高技术产业、合理布局基础性研究、促进社会发展、稳定科技队伍、增加科技投入、建立新型科技体制等方面提出了8项基本任务。2001年，原国家计委和科技部又联合发布了《国民经济和社会发展第十个五年计划科技教育发展专项规划》，在"面向、依靠、攀高峰"的基础上，提出"有所为、有所不为，总体跟进、重点突破，发展高科技、实现产业化，提高科技创新能力、实现技术跨越式发展"的指导方针（简称"创新和产业化"方针），重点围绕"促进产业技术升级"和"提高科技创新持续能力"两个层面进行战略部署。

21世纪以来，中国加入世界贸易组织，社会主义市场经济体制基本建立，科技经济基础进一步夯实，参与国际科技经济分工的形势和条件发生了深刻变化。2006年1月9日至11日在北京召开的全国科学技术大会上，中共中央、国务院发布了《关于实施科技规划纲要增强自主创新能力的决定》和《国家中长期科学和技术发展规划纲要（2006—2020年）》，提出强化自主创新和"建设创新型国家"的战略目标，指出其后15年的科技工作方针是"自主创新、重点跨越、支撑发展、引领未来"。纲要立足国情，确定了11个国民经济和社会发展的重点领域，从中选择了 68 项优先主题进行重点安排；瞄准国家目标，围绕实现跨越式发展，安排了 16 个重大科技专项；应对未来挑战，超前布局了 8 个领域，27 项前沿技术、18 个基础科学研究问题，并围绕增加科技投入、加强人才队伍建设、推进国家创新体系建设等提出了一系列深化改革的措施。

第三节　党的十八大以来中国特色社会主义创新理论的提出和发展

党的十八大以来，国内外形势发生了重大变化，最显著的就是全球新一轮科技革命和产业变革与我国经济发展方式转变实现历史性交汇，为我国进一步发展创新理论提出了迫切要求。从国际看，新世纪以来，全球科技创新呈现新的发展态势和特征，在各国政府应对国际金融危机的刺激政策下，以信息技术、生物技术和材料技术等相互融合为标志的新一轮科技革命和产业变革加速孕育兴起。发达国家不断加强技术创新，培育新兴产业，努力扩大出口和实施"再工业化"战略，加快抢占新一轮科技革命和产业变革的制高点；新兴市场国家积极扩大国内需求，大力培育新的增长动力，谋求更大的发展主动权。科技创新成为各国综合国力竞争的战略利器，全球创新版图正在加速重构。

从国内看，当时我国人均国内生产总值已经达到 6100 美元，6 个省人均 GDP 已超过 1 万美元，城镇化率达到 52.6%，总体上已进入由中等收入向高收入国家、由工业化中期向后期迈进的阶段，进入到资本、技术密集型产业和知识密集型服务业主导的时期，具备

实现经济发展由要素驱动向创新驱动转变的客观条件。同时，我国劳动力低成本的比较优势不断弱化，依靠劳动力、资源、资本等要素投入的传统经济发展方式已难以为继。一方面，我国既受到发达国家贸易保护和绿色标准门槛的制约，又面临后发国家的竞争，特别是占全球人口 42%、能源消耗 50% 的"金砖五国"同时谋求新的崛起，将加剧全球资源能源供应短缺，传统工业化模式带来的矛盾愈加突出，全球竞争更趋多极化。另一方面，我国现有经济规模主要靠要素投入支撑，产业结构仍然以劳动密集型、资源密集型产业为主，技术密集型产业比重低。高技术产业虽然规模增长较快，但核心技术缺乏。发展不协调、不可持续的问题比较突出。

总体而言，未来一段时期，我国数量型"人口红利"将逐步消失，劳动力成本将不断上升，资源环境约束日趋强化，要素成本上涨将是不可避免的、持续的并且是合理的趋势。同时，国际国内需求增长将逐步趋缓，产能过剩的矛盾将越来越突出，资本、土地、能源等生产要素投入对经济增长的拉动作用下降，粗放式发展的空间越来越小。在这种背景下，唯有实施创新驱动发展战略，才能扬长避短、趋利避害，促进产业结构转型升级和经济发展方式转变，提升国际竞争力，从根本上防范和化解产能过剩、资源短缺等各类风险，保持国民经济持续健康发展。

为此，以习近平同志为核心的党中央，审时度势，果断决策，以历史纵深和全球视野，从时代发展前沿和国家战略高度，提出一系列创新驱动发展的新理念新思想新战略，把中国创新发展战略引入全面创新的新时代。

党的十八大报告首先提出了创新驱动发展战略，把创新驱动提升为国家战略，强调科技创新是提高社会生产力和综合国力的重要支撑。党的十八届五中全会讨论通过了关于国民经济和社会发展第十三个五年规划的建议，提出了"创新、协调、绿色、开放、共享"五大发展理念，把创新列为引领发展的第一动力，进一步强调了创新在国家发展全局的核心和基点地位。同时，把创新驱动的内涵丰富为理论创新、制度创新、科技创新、文化创新等各方面创新，让创新贯穿党和国家一切工作，让创新在全社会蔚然成风。

之后，党中央国务院连续发布了两份纲领性文件，《关于深化体制机制改革加快实施创新驱动发展战略的若干意见》（以下简称《若干意见》）和《国家创新驱动发展战略纲要》（以下简称《纲要》），称为我国创新驱动顶层设计的"姊妹篇"，共同构成了创新驱动发展战略的顶层设计。《若干意见》聚焦破除制约创新驱动发展的制度障碍提出了8个方面、30项具体举措，涉及上百个政策点。《纲要》面向未来的科技创新部署，提出建设国家创新体系，推动科技创新和体制机制创新双轮驱动，实现到2020年进入创新型国家行列、2030年跻身创新型国家前列、2050年建成世界科技创新强国的三个宏伟目标。

第四节　中国特色社会主义创新理论的
主要内容及实践指导

实施创新驱动发展战略，要推进以科技创新为核心的全面创新。全面创新是党的十八大以来我国创新发展理论的新跨越，它强调的是推进科技、经济、社会、法制等各领域的协同创新，推动经济社会整体的创新驱动转型。它不仅包括科学技术领域的创新和经济学范畴的创新，而且扩展到了以科技创新为核心的理论创新、制度创

新、文化创新等全面的创新，贯穿到了经济社会发展的方方面面。这标志着中国创新驱动发展的道路不再仅仅是科技追赶的道路，而是综合各类创新元素、各类创新机制集成创新的过程。全面创新将科学、技术、产业和社会各界都纳入到创新主体之中，统筹考虑创新基础设施、创新资源、创新活动、创新环境及开放创新，强调依靠产业化创新培育和形成新增长。重视为众多小微企业和创客搭建"众创空间"等创业服务平台，更加关注普惠性创新创业政策、创新生态和创新文化氛围，旨在实现依托力量从"科研小众"到"创新大众"转变，以激发市场和社会活力，形成全社会支持创新创业的新风尚。既充分发挥高等院校和科研院所的知识创新骨干、人才培养和技术创新引领带动作用，又充分发挥企业、新型研发组织和创业者的技术创新主体和创业带动作用，广泛支持大众创业、万众创新，提高青少年的科学兴趣和青年的创新创业热情，形成创新驱动发展的强大合力与持续发展潜力。

实施创新驱动发展战略，要同步推进科技创新和制度创新。纵观400余年的近现代历史，真正崛起的大国无一不是科技创新大国和制度创新大国，历史上，大国崛起不是顺其自然的过程，也不能简单地依靠科技投入，起决定作用的往往是与技术创新相配备的文化和制度变革。回顾历史，工业革命爆发之前，英国和法国的生产力水平差不多，但英国率先进行了重商主义改革，法国更加重视保护贵族阶层的既得利益，结果产业革命首先在英国发生，使其成为头号强国。习近平同志明确指出，科技创新和体制机制创新两个轮子共同转动，才有利于推动经济发展方式根本转变。科技创新是制度创新的"加速器"，制度创新是科技创新的"点火系"。这两个轮子必须一体部署、协同推进、同步发力。我国现行的经济体制机制和经济政策，很多是适应传统发展方式的，有利于企业简单再生产和扩大再生产，但并不利于企业推进优化升级。要面向世界科技前沿、面向国家重大需求、面向国民经济主战场，精心设计和大力推进改革，从科技体制改革和经济社会领域改革两个方面同步发力，加快体制机制创新，清除各种有形无形的栅栏，打破各种院内院外的围墙，让机构、人才、装置、资金、项目都充分活跃起来，形成新的利益轨道。

实施创新驱动发展战略，最根本的是要增强自主创新能力，最重要的就是要坚定不移地走中国特色自主创新道路。要把自力更生作为自主创新的基点。事实表明，在事关国民经济命脉和国家安全的关键领域，真正的核心技术是买不来的。要正视现实、承认差距，不断加强原始创新能力，攻克核心技术和关键技术。要充分认识引进技术设备并不等于引进技术能力，更不等于具有了自主创新能力，以市场换技术不可能换得关键核心技术。要在开放创新中提升自主创新能力。习近平同志多次强调，科学技术是世界性的、时代性的，发展科学技术必须具有全球视野。要致力于扩大开放，多形式、多渠道广泛参与国际科技合作，积极参与全球和区域性国际创新网络，提升"开放、学习、包容"能力，广泛获取并有效利用新的创新要素，开发新的创新潜力，加大集成创新和引进消化吸收再创新力度，着力推进开放创新。要在处理好政府和市场关系中形成创新合力。主动适应创新规律和市场规律，自觉把科研活动与市场需求结合起来，顺应市场在技术创新方向和路线选择中的决定性作用，面向市场推动科技成果转移转化，让市场带动应用技术和先进技术的研发与运用，用市场机制来衡量和评价科研成果。同时，政府部门要积极作为，加强统筹协调，着力优化创新环境，变科研管理为创新服务，形成推进创新的强大合力，集中力量抢占制高点。要发挥社会主义

制度的独特优势实现重点跨越。我国社会主义制度能够集中力量办大事是我们成就事业的重要法宝。要探索多种形式的协同创新模式，积极参与国家重大科技工程和专项。要突出国家目标，科学地谋划、运用好"非对称"战略，明确任务，突出重点，抓重大、抓尖端、抓基本，集中力量办大事，力争在若干重要领域捷足先登，在重大科技创新上有所突破，带动我国创新能力和科技水平整体提升。

创新、协调、绿色、开放、共享的发展理念，集中体现了今后五年乃至更长时期我国的发展思路、发展方向、发展着力点，深刻揭示了实现更高质量、更有效率、更加公平、更可持续发展的必由之路。创新是引领发展的第一动力，协调是持续健康发展的内在要求，绿色是永续发展的必要条件和人民对美好生活追求的重要体现，开放是国家繁荣发展的必由之路，共享是中国特色社会主义的本质要求。这五大发展理念主题主旨相通、目标指向一致，统一于"四个全面"战略布局和"五位一体"总体布局中，统一于坚持和发展中国特色社会主义的实践中，统一于实现"两个一百年"奋斗目标、实现中华民族伟大复兴中国梦的历史进程中。"创新是引领发展的第一动力"的重大论断是马克思主义关于发展的理论在中国的最新探索，是"科学技术是第一生产力"重要思想的创造性发展，使我们党对创新的认识、发展的认识达到了历史的新高度。

科技是国家强盛之基、创新是民族进步之魂。自古以来，科学技术就以一种不可逆转、不可抗拒的力量推动人类社会向前发展。科技创新是提高社会生产力和综合国力的战略支撑，必须把科技创新摆在国家发展全局的核心位置。实施创新驱动发展战略，必须紧紧抓住科技创新这个"牛鼻子"。理论创新是社会发展和变革的先导，是各类创新活动的思想灵魂和方法来源。制度创新是持续创新的保障，是激发各类创新主体活力的关键。文化创新是一个民族永葆生命力和富有凝聚力的重要基础，是各类创新活动不竭的精神动力。要破除制约创新的思想障碍和制度藩篱，促进科技创新与理论创新、制度创新、文化创新、商业模式创新等持续发展和全面融合，打通科技创新和经济社会发展之间的通道，让一切劳动、知识、技术、管理、资本的活力竞相迸发，推动发展方式向依靠持续的知识积累、技术进步和劳动力素质提升转变，促进经济向形态更高级、分工更精细、结构更合理的阶段演进。

　　纵观历史，中国曾经在很长时间内主导创新，引领全球发展，创造了举世无双的四大发明；但进入近代以后，科技基本上处于落后和追随者的地位。新中国成立后，尤其是改革开放以来，中国广泛向发达国家取经，取得了举世瞩目的发展成就。但总体上过去三十多年，我国发展主要靠引进上次工业革命的成果，基本是利用国外技术，早期是二手技术，后期是同步技术。长期采用这种思路，不仅差距会越拉越大，还将被长期锁定在产业分工格局的低端。新科技革命和产业变革将重塑全球经济结构，使产业和经济竞争的赛场发生转换。在传统国际发展赛场上，规则别人都制定好了，我们没有更多主导权。抓住新一轮科技革命和产业变革的重大机遇，就是要在新赛场建设之初就加入其中，甚至主导一些赛场建设，从而使我们成为新的竞赛规则的重要制定者、新竞争场地的重要主导者。当前，我国科技创新已经步入以跟踪为主转向跟踪和并跑、领跑并存的新阶段，正处于从量的积累向质的飞跃、从点的突破向系统能力提升的重要时期，必须采取更加积极有效的应对措施，在涉及未来的重点科技领域超前部署、大胆探索。

（执笔人：黄汉权、姜江、邱灵、韩祺、曾智泽）

第七章　中国特色社会主义经济的政治保障

正确处理政治与经济的关系，坚持四项基本原则，正确处理改革发展和稳定的关系，全面依法治国，全面从严治党，这些都是中国特色社会主义市场经济的重要政治保障，需要长期坚持，一刻也不能放松，并且要根据新时代中国特色社会主义现代化建设的现实需要，持续不断地巩固和加强。

第一节　当代政治经济关系论

在发展社会主义市场经济过程中，如何正确认识和处理经济与政治的关系，发挥社会主义制度的优势，是一个重大的理论和现实问题，对于发展中国特色社会主义、巩固社会主义制度具有重要战略意义。

一、政治与经济关系的经典论述

马克思历史唯物主义深刻揭示了经济与政治的辩证关系，明确提出了经济基础决定上层建筑、上层建筑对经济基础具有反作用的基本政治经济关系原理。一个国家的政治制度决定于这个国家的经济社会基础，同时反作用于这个国家的经济社会基础，乃至于起到决定性作用。经济是政治的基础，同时，正如列宁指出的，"政治是经济的集中表现"，没有离开政治的经济，也没有离开经济的政治。但在不同的经济社会形态下，二者的关系具有不同特点。

社会主义国家经济与政治的有机统一，为克服资本主义社会存在的生产社会化与生产资料私人占有之间的矛盾，以及由此导致的阶级对立、贫富分化、经济危机、金钱政治和社会的盲目无政府状态等深刻弊端，创造了制度保障，为社会生产力发展开辟了前所未有的广阔空间。这是社会主义制度优越性的一个重要表现，也是社会主义社会发展的一条重要规律。

毛泽东同志指出，政治工作是一切经济工作的生命线。政治和经济的统一，政治和技术的统一，这是毫无疑义的。在邓小平看来，"不搞现代化，科学技术水平不提高，社会生产力不发达，国家的实力得不到加强，人民的物质文化生活得不到改善，那么，我们的社会主义政治制度和经济制度就不能充分巩固，我们国家的安全就没有可靠的保障。"[1] 邓小平同志强调，"社会主义市场经济的优越性在哪里？就在四个坚持"，即坚持四项基本原则。

二、坚持正确政治道路事关根本

在社会主义市场经济条件下，随着多种所有制经济共同发展和市场在资源配置中的决定性作用的发挥，经济与政治相互联系和相互作用的具体方式无疑与传统计划经济条件下有了很大不同，但经济与政治有机统一的规律不会有根本变化。

---

[1]《邓小平文选》第一卷，人民出版社 1994 年版，第 86 页。

习近平同志明确指出，坚持党的领导，发挥党总揽全局、协调各方的领导核心作用，是我国社会主义市场经济体制的一个重要特征。党的十九大提出的新时代中国特色社会主义思想，明确中国特色社会主义最本质的特征是中国共产党领导，中国特色社会主义制度的最大优势是中国共产党领导，党是最高政治领导力量。这些重要论述，深刻揭示了社会主义条件下经济与政治有机统一的辩证关系。坚持中国共产党的领导也是中国特色社会主义政治与经济的最显著特征。

以什么样的思路来谋划和推进中国社会主义民主政治建设，在国家政治生活中具有管根本、管全局、管长远的作用。古今中外，由于政治发展道路选择错误、政治不稳定而导致社会动荡、国家分裂、人亡政息的例子比比皆是。中国是一个发展中大国，坚持正确的政治发展道路更是关系根本、关系全局的重大问题。历史和实践一再证明，发展中国特色社会主义必须正确认识和处理经济与政治的辩证关系，努力实现经济与政治相互促进、经济基础与上层建筑相互适应、经济建设与政治建设良性互动。

三、正确处理政治与经济的关系

在坚持以经济建设为中心、坚持发挥市场在资源配置中的决定性作用的同时，必须注意克服另外一种片面倾向，即重经济而轻政治，甚至认为讲政治会影响经济建设、妨碍市场经济发展。其具体表现是：重个人、轻集体，重眼前、轻长远，重局部、轻全局，重物质、轻精神，重市场、轻国家，重自发性、轻自觉性，等等。这种片面倾向，割裂了经济与政治的辩证关系，违反了社会主义条件下经济与政治有机统一规律。如果任其蔓延而不加以防范，就会动摇中国特色社会主义事业的根基，破坏社会稳定，迷失发展方向，丧失前进动力，甚至使党和人民事业陷入失败。

只有当高速度的经济发展与人民生活水平的大幅度提高联动时，才能真正反映政治发展的巨大进步。改革开放以来，中国经济的发展成就是有目共睹的，但更值得充分肯定的是人民的生活水平普遍有了根本性的改观。如果政治体系不把普遍提高人民生活水平作为孜孜以求的目标，不把它作为社会公平和政治民主的基本内容和支撑，即使高速发展的经济也不会自动赐福于人民。因此，当我们享受改革开放带来的经济成果时，同样不能忘记这当中包含的政治稳定和政治发展的巨大贡献。

第二节　坚持四项基本原则

四项基本原则，是全党团结和全国各族人民团结的共同政治基础，也是中国特色社会主义现代化建设事业顺利发展的根本保证，必须长期坚持，一刻也不能动摇，并且还要根据新时代中国特色社会主义建设需要，不断巩固和加强。

一、四项基本原则提出的背景

1978 年召开的党的十一届三中全会，是我党拨乱反正全面展开的标志。拨乱反正工作全面开始后，社会上极少数人曲解"解放思想"的口号，打着"社会改革"的幌子，夸大党在过去工作中的错误，企图否定党的领导，否定社会主义道路。1979 年 3 月 30 日，中共中央在北京召开理论工作务虚会，讨论工作重点转移到经济建设上

之后的理论工作问题。邓小平受中央的委托，在党的理论工作务虚会上旗帜鲜明地指出：坚持社会主义道路，坚持无产阶级专政即人民民主专政，坚持共产党的领导，坚持马列主义毛泽东思想这四项基本原则，是"实现四个现代化的根本前提"。

邓小平在讲话中尖锐地批判那些鼓吹所谓"社会改革"的人的实质就是指望在中国搞资本主义。他指出，我们有计划、有选择地引进资本主义国家的先进技术和其他对我们有益的东西，但是我们决不能引进资本主义制度和各种丑恶颓废的东西。他还对"解放思想"的内涵作了科学的界定，"解放思想，就是要运用马列主义、毛泽东思想的基本原理，研究新情况，解决新问题，以便推进中国的社会主义事业，决不允许一些人借此攻击马列主义、毛泽东思想"。这个讲话表明，中国共产党所实行的改革开放，从一开始就具有明确的社会主义方向。

二、坚持四项基本原则的基本要求

道路问题是关系党的事业兴衰成败第一位的问题，道路就是党的生命。我们党和人民在长期实践探索中，坚持独立自主走自己的路，取得革命、建设、改革伟大胜利，开创和发展了中国特色社会主义，从根本上改变了中国人民和中华民族的前途命运。中国特色社会主义，是中国共产党和中国人民团结的旗帜、奋进的旗帜、胜利的旗帜，是当代中国发展进步的根本方向。坚持和发展中国特色社会主义，是实现中华民族伟大复兴的必由之路。在当代中国，坚持和发展中国特色社会主义，就是真正坚持社会主义。

毛泽东把马克思主义关于国家和无产阶级专政的一般原理同中国具体实践相结合，发展了无产阶级专政的学说，提出了人民民主专政的思想。人民民主专政是我国社会主义国家政权的实质和主要内容，是中国人民在中国共产党领导下，根据中国具体国情，对新中国国家本质及其形式的唯一正确的政治选择。坚持人民民主专政是我国社会主义制度的基本保障，是中国特色社会主义必须坚持的一个基本原则。人民当家作主是人民民主专政的本质和核心，中国共产党领导人民实行人民民主专政，就是要保证和支持人民当家作主。

中国共产党是中国特色社会主义事业的坚强领导核心，坚持党的领导是党和国家的根本所在、命脉所在，是全国各族人民的利益所系、幸福所系。正是有了党的坚强领导，有了党的正确引领，中国人民从根本上改变了自己的命运，中国发展取得了举世瞩目的伟大成就，中华民族迎来了伟大复兴的光明前景。历史和现实都证明，中国共产党的领导是中国特色社会主义最本质的特征，是中国特色社会主义制度的最大优势。

马克思列宁主义、毛泽东思想是我们党的指导思想，是根本，一定不能丢，丢了就丧失根本。中国特色社会主义理论体系，包括邓小平理论、"三个代表"重要思想、科学发展观。这一理论体系写出了科学社会主义的"新版本"，是深深扎根于中国大地、符合中国实际的当代中国马克思主义。它同马克思列宁主义、毛泽东思想是坚持、发展和继承、创新的关系。在当代中国，坚持和发展中国特色社会主义理论体系，坚持新时代中国特色社会主义思想，就是真正坚持马克思主义。

三、坚持四项基本原则意义重大

坚持四项基本原则对现阶段我国的改革与发展有着深刻的指导

意义。在社会主义现代化建设的整个过程中，必需坚持四项基本原则，反对资产阶级自由化。只有坚持四项基本原则，我们的国家才能长治久安，我们的事业才能从胜利走向新的胜利。四项基本原则对改革开放和现代化建设起着三方面的政治保证作用：一是保证有一个坚定正确的政治方向；二是保证有一个团结稳定的环境；三是保证有统一的意志和统一的行动。

四项基本原则发挥了立国之本的作用。四项基本原则提出后，先后被载入党章和宪法，成为全党全国人民必须遵循的基本准则。党的十四大修改通过的党章明确强调四项基本原则"是我们的立国之本"。"在社会主义现代化建设的整个过程中，必须坚持四项基本原则，反对资产阶级自由化。"四项基本原则是我们党一贯坚持的，它是中国人民长期流血奋斗取得的历史经验，是党和国家团结、稳定、发展、进步的最重要政治基础。

四项基本原则保证了改革开放和现代化建设的正确方向。党的十一届三中全会以来，我们就是通过改革开放推进社会主义现代化建设。为确保社会主义方向，必须坚持四项基本原则不可动摇。邓小平指出：我们"在四个现代化前面有'社会主义'四个字，叫'社会主义四个现代化'"。我们通过改革开放解放和发展生产力，是为了完善和发展社会主义，而不是损害和背离社会主义；是为了改善和加强党的领导，而不是削弱和否定党的领导；是为了巩固人民民主专政的国家政权，而不是动摇这个政权。四项基本原则是我们立国的根本，坚持四项基本原则，就是坚持改革开放和现代化建设的社会主义性质和方向。

四项基本原则保证了国家和社会发展的稳定。邓小平指出，"不认真坚持四项基本原则，就不能保持安定团结的局面"。坚持四项基本原则，全党就有一个明确的政治方向，全国各族人民就有一个团结凝聚的核心，一切活动和工作就能在一定的法制和规范的范围内进行。坚持四项基本原则，对稳定有利，对大局有利，对人民有利，也对中华民族的前途和命运有利。历史的经验和教训告诉我们：我们需要这样的一个政治基础。

第三节　正确处理改革发展和稳定的关系

正确处理好"改革、发展、稳定"三者之间的关系，是在中国特色社会主义长期建设实践过程中摸索出的一条宝贵经验，也是继续顺利推进新时代中国特色社会主义现代化建设进程的重要保障。

一、改革发展与稳定的密切联系

改革、发展和稳定三者之间相互依存，互为条件。改革是动力，发展是目的，稳定是前提。只有坚定不移地推进发展，才能不断增强综合国力和国际竞争力，更好地解决前进中的矛盾和问题。只有坚定不移地推进改革，才能为经济和社会发展提供强大动力。只有坚定不移地维护稳定，才能不断为改革发展创造有利的条件。实践表明，改革、发展、稳定三者关系处理得当，就能总揽全局，保证经济社会的顺利发展；处理不当，就会吃苦头，付出代价。

改革、发展、稳定的关系是辩证统一的。改革是发展的动力，是实现长期稳定的基础；发展是改革的目的，是稳定最可靠的保证；稳定则是改革、发展的前提条件，也是发展的重要要求。处理改革

发展稳定的关系，要根据客观情况的不断变化而有所侧重。我国改革开放40年的经验证明，必须始终注意把握改革的力度、发展的速度和社会可以承受的程度。站在新的历史起点上处理好改革发展稳定之间的关系，一个重要的立足点就是改善人民生活。人民群众是改革发展的主体，也是保证和谐稳定的深厚基础。维护人民利益，改善人民生活，改革发展稳定关系就能处理好；反之，改革的科学性、发展的全面性、稳定的长期性都将难以实现。从现实看，每一次重大改革都涉及深刻的利益关系调整。我们既要引导人民群众正确认识局部利益与整体利益、眼前利益与长远利益的关系，同时也要把改善人民生活作为一切工作的出发点和落脚点，让改革发展成果惠及全体人民。

二、正确处理改革发展与稳定的关系

发展是目的，是硬道理。中国解决所有问题的关键要靠自己的发展，发展是解决我国一切问题的基础和关键。要坚持以发展为主题，树立抓住机遇、加快发展的战略思想。历史经验证明，正确把握发展的速度至关重要。经济增长速度过低或者过高，都不利于深化改革，也不利于社会稳定。经济增长速度过低，既不利于充分利用现有资源的潜力，也会带来就业困难、人民生活水平降低等一系列经济社会问题。特别是我国现在面临着发达国家在科技、经济方面占优势的巨大压力，如果我国经济发展慢了，同发达国家的差距就会扩大，社会稳定和国家的长治久安就不能从根本上得到保证。反之，如果经济增长速度过高，超过现有资源环境潜力，又会引起通货膨胀和价格大幅度上涨，同样也会造成经济和社会不稳定。

改革是动力。改革是经济和社会发展的强大动力，是社会主义制度的自我完善和发展，它的决定性作用不仅在于解决当前经济和社会发展中的一些重大问题，推进社会生产力的解放和发展，还要为我国经济的持续发展和国家的长治久安打下坚实的基础。要坚持以改革作为发展的基本动力，全面深化改革。我国初步建立的社会主义市场经济体制还不完善，现在发展处于关键时期，经济体制改革也仍处于攻坚阶段。深化改革和调整结构是解决经济社会发展中深层次矛盾的根本措施，但在推进过程中不仅过去长期积累的深层次矛盾会显现出来，而且还会出现新的矛盾和不稳定因素。为此，深化改革必须突出重点，分清轻重缓急，兼顾不同群体的利益，认真考虑每项改革措施对社会各方面的影响，把握好改革的时机和节奏。还要重视建立补偿机制，对在深化改革中利益受损的群体，要通过一定形式给予补偿。

稳定是发展的前提。稳定是发展和改革不可缺少的条件。邓小平指出："中国的问题，压倒一切的是需要稳定。没有稳定的环境，什么都搞不成，已经取得的成果也会失掉。"在改革、发展的同时必须保持稳定。只有保持社会稳定，才能在中国"聚精会神搞建设，一心一意谋发展"。无论改革还是发展都需要有一个稳定的社会环境作保证。稳定是发展和改革的前提，发展和改革必须要有稳定的政治和社会环境。没有稳定的政治和社会环境，一切无从谈起。

三、准确把握改革发展稳定的结合点

改革开放以来，我们党之所以能够团结带领全国人民走出了"中国道路"，创造了"中国奇迹"，正是由于牢牢把握了改革发展稳定之间的关系。放眼世界，一些国家政局动荡、社会动乱，人民陷入深重灾难，一个重要原因就是执政者没有正确处理好改革发展稳定

的关系。坚持把改革的力度、发展的速度和社会可承受的程度统一起来，把改善人民生活作为正确处理改革发展稳定关系的结合点，是我们下一步深化改革的重要遵循。

如何把改革的力度、发展的速度和社会的可承受程度有机统一起来呢？这就必须找到改革发展稳定的结合点。党的十九大指出，人民是历史的创造者，是决定党和国家前途命运的根本力量，增进民生福祉是发展的根本目的。实践经验证明，以人为本、改善民生，就是改革发展稳定的结合点。首先，以人为本、改善民生是中国特色社会主义改革的出发点和归宿。当前，中国改革进入了进一步完善社会主义市场经济体制的新阶段，为了更好地服务于市场主体，要求我们必须推进行政体制改革、转变政府职能、建设服务型政府。政府的一切权力都是人民赋予的，在改革中必须自觉接受人民监督，忠实为人民谋利益。人民群众是改革的主体，没有人民群众的衷心拥护，任何改革都不可能取得最终成功。其次，以人为本、改善民生是中国发展的出发点和归宿。人民群众是推动发展的真正主体。最后，以人为本、改善民生是实现稳定的坚实基础。稳定本身不是目的，是推动改革、实现发展的可靠前提。我国正处于社会转型期和矛盾多发期，只有坚持以人为本，切实改善民生，才能从深层次上消除不稳定的因素，实现社会和谐。

当前，我们处于改革攻坚期和矛盾凸显期，改革的力度不能小，发展的速度不能慢，社会的可承受度也要认真考虑。改革发展稳定三者间的复杂关系和艰巨任务前所未有，必须以更大的智慧和勇气科学把握。啃硬骨头、涉险滩，闯关夺隘、中流击水，更需要我们把改善人民生活作为正确处理改革发展稳定关系的重要结合点，把改革的力度、发展的速度、社会的可承受度统一起来，在保持社会稳定中推进改革发展，通过改革发展促进社会稳定。我们既要坚定决心和信心，审时度势，科学决策，把握时机，大力推进改革和发展；同时在改革时机、重点、力度等的选择上，在发展路径、方式、速度等的选择上，也要充分考虑到社会承受能力，防止造成社会不稳定。逢山开路、遇河架桥，周密考虑、精心操作，就能形成改革发展稳定的良性互动，不断推进我国改革开放和现代化伟大进程。

第四节　全面依法治国

一、全面依法治国的提出与科学内涵

全面依法治国是坚持和发展中国特色社会主义的本质要求和重要保障，事关我们党执政兴国，事关人民幸福安康，事关党和国家事业发展，是"四个全面"战略布局的重要组成部分。长期以来，特别是党的十一届三中全会以来，中国共产党深刻总结我国社会主义法治建设的成功经验和深刻教训，提出为了保障人民民主，必须加强法治，必须使民主制度化、法律化，把依法治国确定为党领导人民治理国家的基本方略，把依法执政确定为党治国理政的基本方式。尤其是党的十八大以来，党的十八届四中全会在我党历史上第一次以"依法治国"为主题并出台《中共中央关于全面推进依法治国若干重大问题的决定》，形成了以习近平同志为核心的党中央，将全面依法治国与推进国家治理体系和治理能力现代化有机统一起来，贯彻中国特色社会主义法治理论，坚持中国共产党的领导、坚持人民主体地位、坚持法律面前人人平等，确立了良法善治的法治格局，

开拓了中国特色社会主义法治道路。

全面依法治国是全面建成小康社会、加快推进社会主义现代化的重要保证。党的十九大作出了"中国特色社会主义进入新时代"的重大判断，并指出我国社会主要矛盾已经转化为人民日益增长的美好生活需要和不平衡不充分的发展之间的矛盾。在解决十几亿人的温饱、全面建成小康社会之后，人民美好生活需要日益广泛，不仅对物质文化生活提出了更高要求，而且在民主、法治、公平、正义、安全、环境等方面的要求日益增长，依法治国在党和国家工作全局中的地位更加的突出。这些方面，都需要法治建设能协同跟进，都需要依法治国予以保障。需要通过"法治中国"顶层设计，协调推进"全面推进依法治国"战略，巩固 40 年来市场经济改革的成果，为实现法治经济、法治政治、法治文化、法治社会、法治生态文明的目标奠定坚实的基础。

全面依法治国理论在中国特色主义经济社会发展过程中，不断地认识、探索、创新和完善。党的十八大以来，习近平总书记对全面依法治国理论提出了一系列新思想、新观点、新论断。明确了依法治国在国家治理体系中的战略定位，强调了坚持党的领导这一法治建设的基本原则，赋予新时期社会主义法治体系新的内涵。提出必须全面推进科学立法、严格执法、公正司法、全民守法，坚持依法治国、依法执政、依法行政共同推进，坚持法治国家、法治政府、法治社会一体建设，不断开创依法治国新局面。党的十九大报告指出，要增强依法执政本领，加快形成覆盖党的领导和党的建设各方面的党内法规制度体系，加强和改善对国家政权机关的领导。这些战略部署和重要论述，明确界定了全面推进依法治国的科学内涵，深刻揭示了依法治国与中国特色社会主义的内在联系，是我们在新的历史征途上全面推进依法治国、坚持和发展中国特色社会主义的重大指针和根本遵循。

二、全面依法治国的意义与实施要求

全面推进依法治国，加快建设法治中国，对于推进国家治理体系和治理能力现代化，全面建成富强民主文明和谐的现代化国家，实现中华民族伟大复兴具有深远的历史意义和重大的现实意义。全面依法治国是国家治理现代化的标志与基石。国家治理现代化分为国家治理体系现代化和国家治理能力现代化两个方面。国家治理现代化是对我们党的执政理念和执政能力的新要求，是执政方式的重大改变，是治国理念的最新成果。全面依法治国是实现国家治理现代化的核心环节。"四个全面"战略布局深化了对国家治理现代化规律的认识，深化了对国家治理现代化道路、模式的认识，指明国家治理现代化不是只有一条路径，道路和模式的选择须从本国实际出发。全面依法治国是国家治理现代化的必然选择。国家治理现代化，既是我国社会主义现代化的重要内容，也是实现社会主义现代化的前提条件和重要途径。法治对经济社会发展、人的现代化与国家治理现代化具有特殊的作用力，在统筹社会力量、平衡社会利益、调节社会关系、规范社会行为方面具有不可替代的巨大作用。

要落实全面依法治国战略，首先要处理好坚持党的领导与依法治国的关系问题。党的领导和依法治国如何统一是最根本的理论命题。党法关系是全面依法治国的核心问题，党法关系实质上是法治与政治关系的集中反映，党法关系是一个相互依存、高度统一的关系。其次要处理好国家行政与依法治国的关系问题。坚持依法行政是实现依法治国的关键。坚持依法行政是对各级行政机关，包括国

务院和地方各级政府及其职能部门提出的要求，它们行使的是国家行政权。再次要处理好国家司法与依法治国的关系问题。实现公正司法，要靠人来保障，必须建立一支思想高尚、业务过硬的司法队伍。实现公正司法，更要靠制度来保障，使司法权在制度的笼子里运行。最后要处理好全民守法与依法治国的关系问题。要使全体公民自觉遵守法律，必须确立全民对法治的信仰，这是实现依法治国的基础。做到全民守法，首先要求领导干部带头学法尊法、模范守法用法，依法办事、不以权压法、以言代法。应加强法治教育，弘扬法治精神，完善法律服务体系，增强全民法治观念，使尊法、信法、守法、用法、护法成为社会共识，在全社会形成良好的法治氛围。

三、中国特色社会主义民主与依法治国

中国特色社会主义法治理论是几代国家领导人在综合马克思主义经典理论关于法的一般理论以及相应的法治思想、西方法治理论和其他社会主义国家法制实践经验和理论的基础上，结合中国社会主义实践经验而逐步创立的一种新的理论体系。邓小平同志从中国实际出发，对我国如何进行社会主义民主与法制建设等问题作了大量的论述，从而成功地实现了马克思主义法律思想中国化的伟大创新。江泽民同志与时俱进提出了"依法治国"的重要思想。从"法制"到"法治"，是马克思主义法律思想中国化的继续创新。胡锦涛同志提出依法治国首先要依宪治国，并将"科学执政、民主执政、依法执政"确立为党的三大执政原则。习近平同志提出"科学立法、严格执法、公正司法、全民守法"，依法治国的十六字方针，是中国新时期积极推进依法治国战略的工作方针，也是实现法治中国建设的

路径。

全面依法治国必须从我国基本国情出发，同改革开放不断深化相适应，总结和运用党领导人民实行法治的成功经验，围绕社会主义法治建设重大理论和实践问题，推进法治理论创新，发展符合中国实际、具有中国特色、体现社会发展规律的社会主义法治理论，为依法治国提供理论指导和学理支撑。全面推进依法治国，必须坚持和发展中国特色社会主义法治道路。中国特色社会主义法治道路，是我国社会主义法治建设成就和经验的集中体现。全面依法治国必须坚持党的领导核心地位，这是社会主义法治的根本要求，是正确认识党和法关系的关键。全面依法治国还需要用创新发展理念引领法治建设全过程。

第五节　全面从严治党

一、全面从严治党的提出与重要意义

党是中国特色社会主义伟大事业的领导核心，全面推进党的建设新的伟大工程，是这一伟大事业取得胜利的关键所在。中国共产党历来高度重视自身建设，始终把加强自身建设作为一项伟大工程来推进。毛泽东、邓小平、江泽民、胡锦涛同志都反复强调"党要管党、从严治党"。党的十八大以来，以习近平同志为核心的党中央站在党和国家事业发展全局的高度，先后制定和实施了一系列管党治党的新规定、新战略、新举措，并首次提出"全面从严治党"战略思想，把新时期党的建设新的伟大工程推进到前所未有的高度。

党的十九大报告明确了新时代党的建设总要求，提出坚定不移全面从严治党，不断提高党的执政能力和领导水平。全面从严治党上升为战略布局，体现了以习近平同志为核心的党中央治国理政的战略谋划。全面建成小康社会、全面深化改革、全面依法治国，都要靠全面从严治党作保障。全面从严治党作为新形势下中国共产党加强自身建设的系统思想和战略指引，其提出具有鲜明的时代特征和历史背景。当前，我们正在进行具有许多新的历史特点的伟大斗争，党肩负着历史重任，经受着时代考验。与国内外形势发展变化相比较，与党所承担的历史任务相比较，党的领导水平和执政水平、党的组织建设状况和党员干部素质、能力、作风，都还有不小差距，必须引起我们高度警觉。只有坚持党要管党、从严治党，以改革创新精神推进党的建设，才能够更好地经受住执政考验、改革开放考验、市场经济考验、外部环境考验，更好地战胜精神懈怠危险，能力不足危险、脱离群众危险、消极腐败危险。"治国必先治党，治党务必从严"，面对管党治党复杂严峻的新形势，党的十八大以来，以习近平同志为核心的党中央身体力行、率先垂范，以问题为导向，从加强和改进党的作风入手，通过一系列具体的举措和实践，一步步推进和加强党的建设，全面从严治党，锻造中国特色社会主义事业的坚强领导核心。

全面从严治党既是中国共产党对新形势下进行具有新的历史特点的伟大斗争、推进党的建设新的伟大工程、推进中国特色社会主义伟大事业，经受"四大考验"、克服"四种危险"的科学回答，也是对新形势下坚定不移沿着中国特色社会主义道路奋勇前进、实现中华民族伟大复兴中国梦的实践指引，具有重大的理论和现实意义。全面从严治党的提出，丰富和完善了中国特色社会主义的战略布局，为全面建成小康社会、全面深化改革、全面推进依法治国提供了坚强组织保障。全面从严治党的提出，是对党的建设工程的新设计、新谋划，是推进党的建设新的伟大工程的必然要求，开启了中国共产党管党治党的新境界，把新形势下党的建设提高到一个全新的高度。

二、全面从严治党与党的执政地位的稳定

我们党自成立以来，始终高度重视从严治党，并且在实践中取得了从严治党的宝贵经验和重要成果，这是我们党能够不断发展壮大、能够成为执政党的一个根本原因，也是我们党能够始终得到人民群众支持和拥护的重要基础。党要管党，才能管好党；从严治党，才能治好党。新形势下推进党的建设新的伟大工程，必须深化全面从严治党，切实加强纪律建设，落实管党治党的政治责任，提高党的建设科学化、制度化和规范化水平，不断提高党的领导能力和执政能力。

全面从严治党，关键在严，要害在治。只有严，才能保持思想上、政治上、组织上的团结统一；只有严，才能弘扬正气，打击邪气，转变作风，遏制腐败；只有严，才能巩固组织，团结队伍，锻炼干部，增强党的自我净化、自我完善、自我革新、自我提高能力，始终保持党的先进性、纯洁性。这样，我们党才能有足够的勇气、坚定的决心、强大的能力，领导和推进全面深化改革、全面依法治国，实现全面建成小康社会的战略目标。无论形势多么复杂，环境多么恶劣，任务多么艰巨，也无论我们党取得多大胜利，事业有多大发展，党只有把自身管好、治好，才有资格领导人民治理国家，才有力量和智慧带领人民实现中国梦。

巩固党的执政地位必须正确处理好五个关系。一是正确处理党群关系，不断巩固党的阶级基础和群众基础。二是正确处理党权关系，始终保持党的纯洁性。三是正确处理党政关系，推进国家治理体系和治理能力现代化。四是正确处理党社关系，充分调动一切积极因素。坚持法治国家、法治政府、法治社会一体建设，为社会确立法治秩序和法治信仰，形成法治氛围和法治环境，使公民百姓、社会组织、政党团体等，都在宪法和法律的规范体系保护下，自由活动。五是正确处理党与民主党派的关系，发挥民主党派参政议政和民主监督作用。

三、全面从严治党的重要举措与制度保障

党的十八大以来，以习近平同志为核心的党中央为推进全面从严治党，先后提出与开展了党的群众路线思想教育活动、"三严三实"专题教育、"两学一做"学习教育等重大举措。并对党纪党章进行了修订和完善，党纪修订明显的变化是以问题为导向，针对现实中的不正之风和腐败问题，用制度措施加以解决，按照"全覆盖——从严执行——更严要求"的方向不断迈进。从转变作风入手，通过反腐败发力，用制度作保障，用信仰塑灵魂，从小到大、从外到内，标本兼治、固本培元，勾勒出了习近平总书记管党治党的实践逻辑。

全面从严治党要坚定党员干部的理想信念，坚守共产党人精神追求，稳固强党之魂。要密切党群关系，广聚民心，要做到"堵疏并举"。要夯实强党之基。加强党的基层组织建设，落实主体责任，发挥好基层党组织的政治功能和服务功能，使广大的基层党组织真正成为服务人民的坚强阵地。要依法管党，把权力关进制度的笼子里，要用制度从严管理干部，用纪律维护党的团结统一。

　　党内法规制度既是管党治党的重要依据，也是全面从严治党的基本制度保障。全面从严治党，就要把制度优势充分发挥出来，战胜面临的风险和挑战，实现执政党的自我完善、自我净化、自我革新。全面从严治党，使制度成为党内建设的基石，关键是各项制度要落地生根，要成为管党治党的硬约束，成为各级组织和党员干部的硬责任。制度一经形成，就要严格遵守，坚持制度面前人人平等、执行制度没有例外，坚决维护制度的严肃性和权威性，坚决纠正有令不行、有禁不止的各种行为，形成"有权必有责、用权受监督、失职要责问、违法要深究"格局，使制度真正成为党员干部服务群众的硬约束。

（执笔人：刘现伟、李红娟）

第八章 中国特色社会主义基本经济制度理论

改革开放以来，结合中国国情和经济社会发展的现实需要，我国创新发展了马克思的所有制理论，探索形成了"公有制为主体、多种所有制经济共同发展"的基本经济制度，"产权清晰、权责明确、政企分开、管理科学"的现代企业制度和"归属清晰、权责明确、保护严格、流转顺畅"的现代产权制度，为中国特色社会主义事业发展做出了重要贡献。

第一节 基本经济制度

公有制为主体、多种所有制经济共同发展的基本经济制度，是从我国处于并将长期处于社会主义初级阶段的基本国情出发，创新应用马克思所有制理论而提出的，是马克思主义中国化的宝贵成果，是支撑中国特色社会主义事业发展的重要基石。

一、马克思经典文献关于社会所有制理论的论述

马克思、恩格斯根据社会化大生产的客观要求和高度发达的生

产力水平，提出了社会主义社会的所有制理论。在马克思、恩格斯著作中，社会所有制经常被表述为"社会占有""以社会的名义占有""生产资料的社会占有"等。后来学者们将其称为"生产资料社会主义公有制理论"。马克思、恩格斯关于社会所有制的本质规定是联合的劳动者共同占有生产资料的所有制，即联合的、社会的个人所有制或个人的社会所有制，主要包括三方面的涵义：一是以劳动者为主体的所有制，劳动者与生产资料直接结合；二是劳动者的联合所有制，马克思在《1861—1863年经济学手稿》中指出"资本主义所有制只有通过将其改造为非孤立的单个人的所有制，也就是联合起来的社会个人所有制，才能消失"；三是劳动者的个人所有制，"重新建立个人所有制"是对未来社会所有制的另外一种表述。马克思还提出了生产资料归全社会劳动者共同占有的公有制形式及社会运行方式，"设想有一个自由人联合体，他们用公共的生产资料进行劳动；并且自觉地把它们许多个人劳动力当作一个社会劳动力来使用……这个联合体的总产品，是社会的产品。这些产品一部分重新用作生产资料，这一部分依旧是社会的。而另一部分则作为生活资料由联合体成员消费"[①]。

马克思主义创始人没有过分强调公有制的作用，也没有认为国家所有制就是社会主义所有制的主要形式，更没有说是唯一形式。在马克思主义创始人看来，国家所有制至多不过是通向社会所有制的过渡形式。在建立、巩固和发展社会主义公有制的具体途径和实现形式上，包括是否采取国有制形式，以及在哪些领域、什么时期、采取什么形态的国有制形式，"随时随地都要以当时的历史

---

① 马克思：《资本论》第1卷，人民出版社1975年版，第832、895页。

条件为转移"。恩格斯郑重地、不止一次地特别告诫，《共产党宣言》中提出的国有化措施"根本没有特别的意义"，千万不要无条件照搬。

列宁用国家代替了马克思的"自由人的联合体"，提出国有化就是社会主义的公有制，强调国家的社会主义性质就是所有制的性质，把社会主义经济比作一家由国家经营的辛迪加（大公司），同时还提出各个国家在过渡时期经济上都有多种经济成分并存的共同特征，在实施新经济政策中，允许农民的自由贸易和私人商业的发展。斯大林废弃了列宁的新经济政策，把列宁的"国家辛迪加"思想由理论变成现实，提出社会主义不能建立在公有和私有这两种不同性质的所有制基础之上，建立了由国家所有制，并把它绝对化为全民所有制，还批判了"迷信市场自发力量"，认为"在我国现今的社会主义生产条件下，价值规律不能是各个生产部门间劳动分配方面的'比例的调节者'"，"不能起生产调节者的作用"①，从而建立了以国有制和计划经济为主要特征的传统社会主义经济模式，被其他社会主义国家所模仿。

20世纪50年代之后，社会主义国家一度流行的"苏联模式"弊病日益显露，苏联和东欧社会主义经济学家对社会主义所有制理论尤其是公有制经济能否兼容非公有制经济问题进行了探讨。波兰经济学家兰格认为，在社会主义社会中，除了生产资料公有制以外，还存在生产资料私人所有制，例如农民、工匠和小规模企业家的个人所有制。波兰经济学家布鲁斯认为，必须充分肯定合作经济、个体经济在社会主义中的地位。捷克经济学家锡克认为，集体所有制

---

① 《斯大林选集》下卷，人民出版社1979年版，第557、554页。

应当和公私合营、私有制形式相并存。匈牙利经济学家科尔奈认为，社会主义国家的经济由国有经济和非国有经济两大部分构成，非国有经济包括私营经济。

二、中国特色基本经济制度理论的形成和巩固

新中国成立初期，在"一化三改"中，我国通过改造其他经济成分，逐步确立了社会主义公有制地位。社会主义改造结束后，开始实行单一的公有制。党的十一届三中全会以来，党中央在对以往经验教训的总结和反思中，提出了社会主义初级阶段理论。与之相适应，对所有制结构的认识不断深化，历经改革和调整，逐步形成了公有制为主体、多种所有制经济共同发展的社会主义初级阶段基本经济制度，并在社会主义建设实践中得以巩固。

20世纪80年代逐步明确个体和外资经济是对社会主义公有制的补充。党的十一届六中全会通过的《关于建国以来党的若干历史问题的决议》明确了党在所有制形式上的新认识，在提出"我们的社会主义制度还是处于初级的阶段"的同时，提出了"一定范围的劳动者个体经济是公有制经济的必要补充"的观点。党的十二大报告明确提出"关于坚持国营经济的主导地位和发展多种经济形式的问题"，党的十二届三中全会作出的《中共中央关于经济体制改革的决定》提出了"利用外资，吸引外商来我国举办合资经营企业、合作经营企业和独资企业，也是对我国社会主义经济必要的、有益的补充"，在发展外资经济上取得了突破。党的十三大提出了社会主义初级阶段理论，进一步指出社会主义初级阶段决定了在社会主义公有制为主的前提下，发展包括私营经济在内的多种经济成分的必然性，对个体、私营、外资经济坚持"继续鼓励"的方针。党的十四

大阐明了"社会主义市场经济体制是同社会主义基本制度结合在一起的"关系，提出了公有制为主体、多种经济成分长期共同发展的方针。

20世纪90年代明确提出公有制为主体、多种所有制经济共同发展的基本经济制度。党的十五大提出了公有制为主体、多种所有制经济共同发展，是我国社会主义初级阶段的一项基本经济制度，具有划时代意义。第一，突破了非公有制经济"补充论"，非公有制经济在社会主义市场经济中的地位由"必要的、有益的补充"提升为"重要组成部分"，由体制外进入体制内。第二，突破了公有制经济"数量论"，明确提出"公有资产占优势，要有量的优势，更要注重质的提高"，"国有经济起主导作用，主要体现在控制力上"，"只要坚持公有制为主体，国家控制国民经济命脉，国有经济的控制力和竞争力得到增强，在这个前提下，国有经济比重减少一些，不会影响到我国的社会主义性质。"第三，提出了公有制的实现形式，"公有制实现形式可以而且应当多样化"，"股份制是现代企业的一种资本组织形式，有利于所有权和经营权的分离，有利于提高企业和资本的运作效率，资本主义可以用，社会主义也可以用"。基本经济制度理论的提出，推进了我国社会主义公有制实现形式由计划经济体制下的国有和集体所有的二元模式，转变为社会主义市场经济体制下的国有、集体所有、混合所有制等多元模式。

21世纪在坚持中国特色社会主义基本经济制度基础上提出两个"毫不动摇"的方针。随着所有制结构的变革，非公有制经济在经济发展中占据着越来越重要的位置。党的十六大提出"必须毫不动摇地巩固和发展公有制经济""必须毫不动摇地鼓励、支持和引导非公有制经济发展"的方针，提出通过股份制发展混合所有制经济，实现公有制经济和非公有制经济共同发展。党的十六届三中全会又进一步指出"大力发展国有资本、集体资本和非公有资本等参股的混合所有制经济，实现投资主体多元化，使股份制成为公有制的主要实现形式"。党的十八届三中全会提出"国有资本、集体资本、非公有资本等交叉持股、相互融合的混合所有制经济，是基本经济制度的重要实现形式"，公有制经济和非公有制经济都可利用混合所有制经济实现自身发展。党的十九大进一步强调，"必须坚持和完善我国社会主义基本经济制度，毫不动摇巩固和发展公有制经济，毫不动摇鼓励、支持、引导非公有制经济发展"。

三、基本经济制度对所有制问题认识的重大突破和实践成效

以公有制为主体、多种所有制经济共同发展的基本经济制度，是在对我国尚处于社会主义初级阶段这一最大国情作出判断的基础上，围绕如何处理公有制经济和非公有制经济的关系，对社会主义公有制进行的理论创新和实践探索，为推进中国特色社会主义事业建设作出了重要贡献。

（一）基本经济制度对所有制问题的认识取得了重大突破

一是冲破了传统社会主义政治经济学中的"所有制教条"。由于马克思毕生所关注的是资本主义私有制为什么必然被社会主义公有制所代替，因此，自然从总体方面认为公有制和私有制是对立的，社会主义公有制取代资本主义私有制是历史趋势。事实上，马克思、恩格斯描述的社会主义公有制是在高度发达社会生产力基础上的特定形式，即单一的社会所有制形式，并没有说明在生产力发展水平

低的情况下，是否也必须实行单一的公有制。而且，马克思只是认为公有制与私有制性质上对立，并未预测二者在社会主义社会能否并存。但在苏联社会主义国家建设实践中，公有制却被绝对化理解为国家单一所有和全民所有，在理论上形成了所有制越"大"越"公"越"纯"就越好的观念。改革开放以来，我国突破了把社会主义基本经济制度完全等同于公有制的传统观念，走出公有制和私有制水火不相容的思想藩篱，从我国处于并将长期处于社会主义初级阶段这一基本国情出发，把调整和完善所有制结构作为深化经济体制改革的重大任务，把非公有制经济升华为社会主义基本经济制度的有机组成部分，完成了从"对立论"到"有益补充论"再到"共同发展论"的飞跃，从而形成了在以公有制为主体的前提下发展多种所有制经济的理论和政策。

二是把"三个有利于"作为判断和取舍所有制形式的根本标准。所有制形式的演变，是由生产力发展要求决定的，只有适应与不适应之分，没有天生的好坏之分。计划经济时期，我国实行高度集中的公有制结构，源于苏联国家所有制的实践和斯大林的公有制理论及对全国各族人民对共产主义的信仰，忽视了生产力对生产关系的制约，认识的误差导致把社会主义所有制关系简单化、凝固化、单一化。公有制是与生产力高度发达的社会化大生产相适应的，而处于社会主义初级阶段的我国，生产的社会化程度不高，生产力水平总体还比较低，发展又不平衡，这就决定了所有制关系和所有制形式的多样性。改革开放以来，我国从长期处于社会主义初级阶段的基本国情和解放、发展生产力这一社会主义的根本任务出发，突破了单纯依靠公有化程度的"制度"标准，把"三个有利于"作为判断和取舍所有制形式的标准。党的十五大报告明确指出"一切符合

'三个有利于'的所有制形式都可以而且应该用来为社会主义服务"，只要符合"三个有利于"标准的经济成分都允许和鼓励发展，并逐步将个体、私营和外资经济列为明确鼓励和发展的经济成分。

三是积极探索公有制的实现形式。公有制是制度属性范畴，反映社会主义社会的本质规定，而公有制实现形式则是指财产的组织形式和经营方式，是公有制的外在表现形式。换言之，公有制通过公有制实现形式体现出来。在社会主义的不同阶段，公有制实现形式不但有所不同，而且会多种多样。随着改革开放不断深入，我国逐渐认识到社会主义的优越性得不到应有发挥，生产力得不到应有发展的根本原因，是公有制没有找到能充分发挥其长处的且适应生产力发展的具体实现形式。党的十五大报告第一次系统阐述了社会主义公有制实现形式多样化理论，把公有制与公有制实现形式区分开来；党的十六届三中全会明确提出"把股份制作为公有制的主要实现形式"；党的十八届三中全会则明确指出"国有资本、集体资本、非公有资本等交叉持股、相互融合的混合所有制经济，是基本经济制度的重要实现形式"。这些理论创新，使我国从理论上对公有制有了更全面的把握，从改革实践中推动了公有制实现形式多样化。

（二）基本经济制度为中国特色社会主义事业作出了重大贡献

社会主义的本质是解放生产力，发展生产力，消灭剥削，消除两极分化，最终达到共同富裕。改革开放以来，伴随基本经济制度的形成和发展，非公有制经济获得长足发展。当前，非公有制经济占国内生产总值的比重超过60%，对税收和就业贡献率分别超过50%和80%。40年的改革实践表明，公有制为主体、多种所有制

经济共同发展的基本经济制度在发展生产力、增加社会财富、扩大就业、繁荣经济、搞活市场、提高人民物质文化生活水平方面，发挥了重要作用。公有制经济和非公有制经济共同发展，为经济社会发展注入了强大生机和活力，使我国走上了持续稳定发展的道路。1978—2016 年，国内生产总值从 3645.2 亿元增加到 44127 亿元，是 1978 年的 204 倍，全国城镇居民人均可支配收入实际增长 15.7 倍，农民人均收入实际增长 18.4 倍。我国已经成为仅次于美国的第二大经济体，城乡居民生活水平大幅提高。

四、基本经济制度对马克思主义的贡献

以公有制为主体、多种所有制经济共同发展的基本经济制度，是社会主义初级阶段生产力快速发展、促进人的全面发展和提高共同富裕水平的制度保障，是对马克思所有制理论的继承、创新和发展，是马克思主义中国化的重要成果。

（一）在所有制领域创新应用了生产关系一定要适应生产力发展的马克思基本原理

公有制为主体、多种所有制经济共同发展的基本经济制度是中国特色社会主义制度的重要组成部分。这一基本经济制度的确立是立足于我国长期处于社会主义初级阶段这个最大实际，总结新中国成立以来经济发展正反两方面的经验，基于马克思关于生产关系一定要适应生产力发展要求而作出的选择。所有制作为生产资料占有形式的集中反映，是生产关系的重要方面。从正确认识和科学把握生产力和生产关系的辩证关系出发，党的十五大提出"一切符合'三个有利于'的所有制形式都可以而且应该用来为社会主义

服务"，用是否有利于发展社会主义社会的生产力，是否有利于增强社会主义国家的综合国力，是否有利于提高人民的生活水平作为衡量所有制的标准，是马克思基本原理在所有制领域的继承发展和创新应用。

（二）继承并发展了马克思的公有制理论

马克思提出了生产资料归全社会劳动者共同占有的公有制形式——社会所有制，但没有论述公有制的具体实现形式。长期以来在社会主义国家建设实践中流行的所有制理论，只谈产权归属问题，也没有涉及公有制实现形式。这在理论上产生一些误区，实践上产生了一些失误。我国关于公有制实现形式应该而且必须有多样化的理论观点和政策主张，是与我国经济体制由传统计划经济体制向社会主义市场经济体制转变中生产力和生产关系状况相适应的，是对马克思主义所有制实现形式理论的继承、发展和重大的历史性创新。

（三）有利于巩固和发展公有制的主体地位

公有制和非公有制经济相互促进、协调发展，这是我国确立社会主义初级阶段基本经济制度的初衷和根本。国家鼓励、支持和引导非公有制经济发展的同时，在巩固和发展公有制经济方面也取得了重要进展。非公有制经济的发展打破了原来国有企业一统天下的格局，优胜劣汰的竞争机制的引入，倒逼国有企业与市场接轨。特别是为发挥国有经济的主导作用，将国有企业和国有资产管理体制改革推到前沿，有利于提高国有企业的影响力、控制力和国际竞争力。

第二节 现代产权制度

产权指对财产的所有、占有、支配和使用等权利，是人们（主体）围绕或通过财产（客体）而形成的经济权利和利益关系。马克思是社会科学史上第一位创立产权理论的经济学家。产权是指财产权，是马克思产权理论的核心。按照马克思的解释，财产权不仅包括所有权，还包括占有权、使用权、支配权、经营权等；在财产权这一组合体中，财产的各种权利可以是统一的，也可以是分离的，这种分离可以有多种形式。马克思认为，生产力决定生产关系或财产关系（生产关系的法律用语），产权制度是生产关系的核心内容，生产力的发展是产权制度变化的根本动因，但一个社会的产权制度会对一个社会生产力的发展有着重要的反作用。产权是马克思主义经济学所有制理论发展的核心动力，是中国特色社会主义基本经济制度的重要根基。改革开放以来，在不改变社会主义性质的前提下，循着推进产权权利束从古典产权制度中完全由资本所有者拥有部分地向劳动者转移的思路，对法律上的财产关系和经济上的生产关系进行有利于生产力发展的改革和调整，在现代产权制度建立方面进行了理论创新和改革探索。

一、现代企业产权制度的形成与巩固

改革之初，尽管没有人明确提出企业产权思想，但其前身即企业所有权改革却早被提出。于光远（1979年）最早提出对公有制改革的思想。董辅礽（1979年）提出经济体制改革的关键是所有制改

革，全民所有制改革的关键是解决国家和企业的关系问题，而国家和企业的关系最重要的是财产关系。学者们通过重新界定所有制的内部结构为政企分开提供理论依据，提出了"国有企业的所有权和经营权可以分离"（"两权分离"）。随着国有企业改革的深入，人们开始认识到国有企业改革已经不能局限于所有权与经营权的分配上，而需要进行产权改革。唐丰义于 1988 年 1 月 9 日在《光明日报》发表题为"应当变革传统的产权观念"的文章，指出国有企业改革从所有制变革进入到产权关系变革，其后理论界对于产权进行了较为广泛的争论。

实践中，企业作为国民经济中独立的基本经济单位，改革开放后逐步得到认可。围绕调整政企关系，以放权让利为导向，对国有企业进行了一系列改革。20 世纪 80 年代初期，围绕扩大国有企业经营管理自主权进行了改革，没有涉及所有权和产权。由于政企不分，国有企业仍然受到上级主管部门的直接干预，生产经营自主权难以真正得到落实。党的十二届三中全会以后，对国有企业进行了以"两权分离"为主要内容的改革，着手对国有大中型工业企业实行承包责任制，对国有小型工业企业实行租赁制，部分有条件的国有大中型企业开始股份制试点，努力推动政企职责分开和国有企业向市场主体转变。

承包制一定程度上增强了国有大中型企业的活力，但承包制只承认国有企业有经营权，大多数企业在收益权、占有使用权、分配权等方面不能得到真正保障，没有真正做到政企分开，企业不能真正成为自主经营、自负盈亏的市场主体，经营机制没有发生根本转变。租赁制虽然比承包制能更好实现经营权的独立化，但无法在大中型国有企业中推广。承包制存在的产权不清晰、承包合同难以规

范、企业行为短期化、企业负盈不负亏、资产难以有效地保值增值等问题，租赁制存在的经营上急功近利、资产风险和经营风险较高等问题，都要求国有企业改革寻找新的方向。

在改革实践的基础上，理论界逐步认识到在社会大生产条件下，产权可分解为资本的终极所有权和法人所有权，提出企业应该拥有法人财产权，在法律规定范围内行使对企业财产的占有、使用、处分权利。1993 年，党的十四届三中全会首次提出企业拥有"法人财产权"，企业以其全部法人财产，依法自主经营，自负盈亏，照章纳税，对出资者承担资产保值增值的责任。规范的公司，能够有效地实现出资者所有权与企业法人财产权的分离，有利于政企分开、转换经营机制。在前期试点基础上，党的十五大提出公有制实现形式可以而且应当多样化后，将股份制作为现代企业的一种资本组织形式和推动所有权与经营权分离的方式，继续在现代产权制度方面进行探索。

党的十五届四中全会之后，适应国有企业改革由理顺政企关系、转换经营机制转向国有资产布局战略性调整和发展混合所有制经济的需要，2003 年召开的党的十六届三中全会提出"建立归属清晰、权责明确、保护严格、流转顺畅的现代产权制度"，并鲜明地指出产权是所有制的核心和主要内容，包括物权、债权、股权和知识产权等各类财产权。此后，我国的经济体制改革进入了一个以产权改革为重点，全面调整各种重大利益关系的攻坚改革新阶段。现代产权制度的重点是财产权利的划分要明晰、产权运作中产权主体的责任、权利和利益要明确、产权保障制度要有力、产权交易和流转要顺畅。建立现代产权制度，是完善基本经济制度的内在要求，是构建现代企业制度的重要基础，有利于维护公有财产权进而巩固公有制经济的主体地位，有利于保护私有财产权并促进非公有制经济发展，有利于各类资本的流动重组和推动混合所有制经济发展，有利于增强企业和公众创业创新的动力并形成良好的信用基础和市场秩序，此外还促进了资本市场发展和完善。

随着改革实践的探索，现代企业产权制度建设的重点转向产权保护和激励。党的十八届三中全会进一步明确提出，要完善产权保护制度，公有制经济财产权不可侵犯，非公有制经济财产权同样不可侵犯。针对产权领域存在的问题，2016 年 11 月中共中央、国务院发布了《关于完善产权保护制度依法保护产权的意见》，为产权保护提供了法律依据。在实践中，抓紧甄别纠正了一批社会反映强烈的产权纠纷申诉案件。对涉及重大财产处置的产权纠纷申诉案件、民营企业和投资人违法申诉案件进行依法甄别，确属事实不清、证据不足、适用法律错误的错案冤案，已尽快依法予以纠正并赔偿当事人的损失。党的十九大进一步提出，经济体制改革必须以完善产权制度为重点，最终实现产权的有效激励。

二、农村产权改革的形成与巩固

不同于国有企业资产属于全民所有，新中国成立以来我国对农村土地实行集体所有。改革开放之初，按照所有权与经营权分离的思路，我国在农村实施家庭联产承包制，在保持农村土地归村集体所有的前提下，使农民获得了土地经营权，形成了一套有统有分、统分结合的双层经营体制，大大调动农民的生产积极性，提高了农业生产效率。

在 40 年改革实践的基础上，适应经济社会发展需要，党的十八届三中全会提出在坚持和完善最严格的耕地保护制度前提下，赋予

农民对承包土地占有、使用、效益、流转及承包经营权抵押、担保权能，允许农民以承包经营权入股发展农业产业化经营，同时要求深化农村土地制度改革试点，赋予农民更多的财产权利。2016 年 8 月以来，明确提出所有权、承包权、经营权"三权分置"的办法。这是继家庭联产承包制之后的重大制度创新，将农村土地的承包经营权拆分开来，承包权归承包户，而经营权流转给愿意种地的经营主体，有利于明晰土地产权关系，更好地维护农民集体、承包农户、经营主体的权益，促进土地资源合理利用。党的十九大进一步强调，"完善承包地'三权'分置制度。保持土地承包关系稳定并长久不变，第二轮土地承包到期后再延长三十年。深化农村集体产权制度改革，保障农民财产权益，壮大集体经济"。

三、产权制度建设进一步扩展至知识产权、自然资源资产产权等

适应知识产权保护任务日益艰巨和自然资源变化的需要，十八届三中全会将现代产权制度适用范围拓展到知识产权保护和自然资源产权保护。就知识产权运用和保护而言，不仅要对专利、商标、版权等传统《与贸易有关的知识产权协议》（TRIPS 协议）保护客体进行保护，还要对传统知识、遗传资源、特别是对新业态、新领域所出现的知识产权保护诉求进行关注并予以重视，从法律法规层面确定保护方式。就健全自然资源资产产权制度而言，要求对水流、森林、山岭、草原、荒地、滩涂等自然生态空间进行统一确权登记，形成归属清晰、权责明确、监管有效的自然资源资产产权制度，着力解决当前自然资源产权管理中存在的归属不清、权责不明、定位不当、政资不分、政企不分、监管体系不健全等问题，为自然资源

优化配置提供制度基础。

四、现代产权制度建设取得了明显成效

与西方以新自由主义理论为指导、旨在保护私人产权的产权制度不同，中国特色产权制度建设以马克思产权理论为指导，以适应社会主义市场经济制度为目标，以配合建立公有制为主体、多种所有制经济共同发展的基本经济制度为重点，沿着"广领域、多权能、四联动"的方向发展[①]，取得了重要成效。首先，现代产权制度不仅适用于企业产权，还适用于物权、债权、股权、知识产权、土地产权、自然资源（水权、矿权、林权）产权、环境产权等各种有形无形的财产权。其次，现代产权制度中的产权是一组权利，包括财产归属（所有）权、与财产归属权并列的法人财产权、使用权（或经营权）、收益权、处置权、让渡权等，这些权属随着现代产权制度建立而逐步得到明确。再次，完善的产权包括产权界定、产权配置、产权交易、产权保护等环节，四个环节联动，才能构成完整的产权制度，"归属清晰、权责明确、保护严格、流转顺畅"实际上就是从产权界定、产权配置、产权交易、产权保护等方面系统地提出了现代产权制度。此外，现代产权制度在提高各类资源利用效率、防止国有资产流失、集体经济被侵占和非法处置、培育现代产权市场中都发挥了极其重要的作用。

---

① 参见常修泽：《广义产权论》，中国经济出版社 2009 年版，第 3—9 页。

第三节　现代企业制度

改革开放以来，从强调企业的"独立性"和"独立的经济利益"出发，围绕着国有企业成为自主经营、自负盈亏、自我发展、自我约束的市场竞争主体，以所有权和产权制度改革为基础，我国在完善企业制度方面进行了积极探索。

一、现代企业制度提出阶段（1993—2003 年）

20 世纪 70 年代末到 90 年代初，在"企业本位论"和"两权分离"理论的指导下，我国对国有企业进行了放权让利、承包经营责任制、租赁制、转换经营机制等改革，一些地区还尝试股份制等改革，但政府与企业之间"一放就乱、一乱就收、一收就死、一死又放"的循环却无法打破，政资不分、政企不分难以实质推进。这导致国企的经营边界、资产边界、财务边界模糊，经营受到政府的干预，资产一平二调，财务抽盈补亏，企业内部也缺乏硬约束，同时企业治理结构中的决策权、监督权与执行权交叉重叠，企业运行效率低下。

20 世纪 90 年代以来，我国对现代企业制度进行了一系列重大理论创新。1993 年 11 月召开的党的十四届三中全会提出国企改革的目标是建立产权清晰、权责明确、政企分开、管理科学的现代企业制度，希望通过创新国有经济实现形式和改革国有产权制度，探索公有制与市场经济相结合的有效途径。党的十四届三中全会还提出，国有企业实行公司制，是建立现代企业制度的有益探索。1993 年 12 月颁布的《中华人民共和国公司法》，指出现代企业制度的典型形式是公司制。此后，建立能够适应现代市场经济发展要求的公司法人制度，成为现代企业制度建设的重点。1997年召开的党的十五大明确指出："对国有大中型企业实行规范的公司制改革"，"力争本世纪末大多数国有大中型骨干企业初步建立现代企业制度"。党的十五届四中全会进一步提出公司法人治理结构是公司制的核心，现代企业制度建设进入以完善公司治理结构为重点的新阶段。

在理论探索和改革实践中，现代企业制度的含义不断丰富。首先，产权清晰是现代企业制度的基础，产权关系清晰才能保证出资者资产的保值增值，才能赋予企业独立的法人地位，也才能建立现代企业制度。其次，法人治理结构完善是现代企业制度的关键，股东会、董事会、监事会和执行机构之间权、责、利分明，形成各负其责、协调运转、有效制衡的关系。再次，政企分开是现代企业制度的保障，政府的行政管理职能与企业的经营管理职能分开，企业按照建立科学的企业管理制度，企业内部劳动、人事、工资三项制度实行市场化、契约化改革。最后，规范的公司制是现代企业制度的核心，通过社会募集资本，实现资本社会化，实现企业资本由私人资本向社会资本的转变，形成与社会大生产相适应的企业资本组织形式。

从1994年开始，中央选择了100户国企进行现代企业制度试点，各地也纷纷选择了一些国企进行试点。试点的内容主要集中于以下方面：一是将企业改建为有限责任公司、股份有限公司，或者国有资产授权经营的国有独资公司。二是建立法人治理结构，即建立股东会、董事会、监事会，以及各自的责权范围和运作规则，同时理顺内部机构设置，并正确处理好新老"三会"之间的关系，企业不再对应行政级别，考核任免企业高级管理人员也不再套用行政级别。

三是进行内部配套改革和加强科学管理，即实行管理人员能上能下、职工能进能出、人员工资能高能低。四是进行一些资产负债重组和人员分流、办社会职责分离，减轻试点企业负担，为试点成功创造条件。绝大部分试点企业实行了公司制改革，建立了现代企业制度框架，在政企分开、转换经营机制、加强科学管理等方面迈出了重要步伐。但长期来看，国家选择的 100 户试点企业并没有真正实现市场化，国有股一股独占、一股独大的情形广泛存在，现代企业制度也只是形似而不是神似，多数并不能实现政企分开，更不能体现党的十五届四中全会所提出的"公司法人治理结构是公司制的核心"。

二、现代企业制度完善阶段（2003 年以来）

基于过去的经验教训，对国企建立现代企业制度有了更深入的认识和更明确的方向。2003 年召开的党的十六届三中全会指出，要"按照现代企业制度的要求，规范公司股东会、董事会、监事会和经营管理者的权责，完善企业领导人员的聘任制度。"国资委在设立之后不久就开始将央企母公司改建为国有独资公司，建立外部董事占董事会多数席位的"规范董事会制度"。截至 2015 年底，已有 80 家央企开展了建立规范董事会试点，但试点企业的董事会并没有选聘解聘高层管理人员和决定他们薪酬的权力，国有股"一股独大"、董事会形同虚设情形比比皆是。地方国企也如此。

党的十八届三中全会再一次明确提出推动国企完善现代企业制度，重点是健全协调运转、有效制衡的公司法人治理结构。近年来，在落实董事会职权、市场化选聘经营管理者、推行职业经理人制度、企业薪酬分配差异化改革等方面开展了一系列试点，向试点企业董事会授予中长期发展战略规划、高级管理人员选聘、业绩考核、薪酬管理、工资总额备案制管理和重大财务事项管理等职权，加大了市场选聘企业经营管理者的力度，选择部分条件成熟的二三级公司开展职业经理人制度试点，建立健全与劳动力市场基本适应、与企业经济效益和劳动生产率挂钩的工资决定和正常增长机制，对国企领导人员实行与选任方式相匹配、与企业功能性质相适应、与经营业绩相挂钩的差异化薪酬分配办法，同时继续深化企业内部用人制度改革，真正形成企业各类管理人员和员工的合理流动机制。2017年10月在全国国有企业党的建设工作会议上，习近平总书记提出要建立中国特色现代国有企业制度，把党的领导融入公司治理各环节，把企业党组织内嵌到公司治理结构之中，明确和落实党组织在公司法人治理结构中的法定地位。

三、中国特色社会主义现代企业制度建设取得了明显成效

中国特色社会主义现代企业制度是结合我国现阶段的基本经济制度、经济和政治体制而建立起来的。与西方以个人资本为基础、分散化的产权结构不同，我国实行以公有制为主体、多种所有制经济共同发展的基本经济制度，除了一部分企业由国有独资或控股外，还有相当一部分企业由国家、法人、个人相互参股而成，股权结构相对集中，加之资本市场不发达，决定了董事会成员来源、约束激励机制与西方不同。国有资产属于全民所有，理论上全国人大代表全体人民拥有国有资产的终极所有权，在现行"国家所有、分级管理"的国有资产管理体制下，由中央政府和地方政府"分别代表国家"履行出资人职责，委托代理层次多、链条长，决定了建立现代企业制度比西方复杂。此外，国有企业是中国特色社会主义的重要物质基础和政治基础，也是我们党执政兴国的重要支柱和依靠力量，

决定了必须坚持党对国有企业的领导，而建立现代企业制度是国有企业改革的方向，也必须一以贯之，因此需要建立党的领导与公司法人治理结构融为一体的中国特色现代国有企业制度，实现党对国有企业的领导是政治领导、思想领导、组织领导的有机统一。

经过多年的探索改革，现代企业制度的框架结构已经覆盖多数国有企业，国企在现代企业制度建设方面取得了成绩。公司制改革取得了重大进展，全国国有企业公司制改制面达到90%，国资委监管的中央企业各级子企业公司制改制面达到92%，省级国资委监管企业改制面达到95.8%。公司治理的完善程度和法制化程度有了明显提升，建设规范董事会的中央企业达到83家，49.8%的中央企业二级国有独资、全资企业建立了董事会，各省（区、市）国资委所监管一级企业中有92%已经建立了董事会。体现业绩考核、职业贡献的薪酬分配制度逐步完善，市场化选聘经营管理者和职业经理人制度试点积极推进，企业各类管理人员和员工的合理流动机制正在形成。

（执笔人：郭春丽、刘方）

第九章　中国特色社会主义分配和
共同富裕理论

第一节　中国特色社会主义分配理论是马克思主义
政治经济学中国化的重大实践成果和崭新篇章

改革开放前，我国在收入分配制度上承袭了高度计划体制下的苏联模式，主要实行单一的按劳分配制度，农村的工分制和城镇的等级工资制度是其主要表现形式。在新中国成立初期，传统的按劳分配制度具有保障人民基本生活需要、消灭旧社会遗留的不平等、巩固社会主义基本经济制度等历史贡献和积极作用，但随着我国经济发展指导思想的偏差，过重强调精神激励而脱离物质利益，按劳分配在实践中逐步演化为以"一大二公""大锅饭"为主要形式的平均主义分配，严重挫伤人民群众的生产积极性和创造性，损害了经济效率，生产关系与生产力、经济基础与上层建筑之间的矛盾逐步暴露和凸显起来。在这样的时代背景和发展困境中，我们党重新开启了探索发展"什么是社会主义、怎样建设社会主义"的伟大实践历程，逐步形成了具有鲜明马克思主义理论特征、遵循马克思主义基本原理与中国具体国情相结合、在解放和发展生产力方面取得巨大成效的中国特色社会主义分配理论体系，是马克思主义政治经济

学中国化的重大成果和崭新篇章。这一理论的科学性、继承性和实践性主要表现在以下三个方面。

一、在基本原理、体系层次和观点立场上与马克思政治经济学理论体系同源同向且一脉相承

马克思主义在研究资本主义经济危机和经济周期的矛盾运动及其制度根源中，辩证揭示了商品经济社会的内在特征和人类社会发展演进的一般规律，但对发展中的社会主义国家建设的具体实践形式没有充分论证。中国特色社会主义分配理论的形成发展和自我完善，是我们党始终坚持了马克思主义经济学基本立场和基本原理，解放思想、实事求是，真正实现了对马克思主义理论体系的历史继承和创新发展，两者之间内在的紧密联系和逻辑一致性。

一是关于生产、分配、交换和消费是相互关联的统一体。马克思在唯物史观的基础上深刻而辩证地阐释了包含生产、分配、消费和交换各个环节在内的广义的生产体系。"我们得到的结论并不是说，生产、分配、交换和消费是同一的东西，而是说，他们构成一个总体的各个环节，一个统一体内部的差别。生产既支配着与其他要素相对而言的生产本身，也支配着其他要素。作为生产要素的分配，他本身就是生产的一个要素，因此，一定的生产决定一定的消费、分配、交换和这些不同要素相互间的一定关系。"①

在同资产阶级经济学家和庸俗社会主义者"三位一体"分配论的批判斗争中，马克思进一步明确阐述了生产方式决定分配、生产关系决定分配的原理，同时也辩证地揭示了分配、交换、消费对生

①《马克思恩格斯选集》第 2 卷，人民出版社 1995 年版，第 17 页。

产的反作用。指出"生产就单方面形式来说也决定于其他要素，例如，当市场扩大，即交换范围扩大时，生产的规模也就增大，生产也就分得更细。随着分配的变动，例如，随着资本的积累，随着城乡人口的不同的分配等等，生产也就发生变动。最后，消费的需要决定着生产，不同要素之间存在着相互作用。每一个有机整体都是这样。"①

中国特色社会主义分配理论在形成发展和创新突破过程中，坚持从生产、分配、交换和消费四个环节之间相互影响、相互作用的内在关系中发现问题、解决问题，并使之成为不断深化创新理论体系的一个基本经验。随着我国生产力水平的不断提高，经济社会发展结构不断深化和分化，从解决生产供给短缺、扩大消费需求，到提高中等收入者比重，再到供给侧结构性改革等，一些需要分配理论回答和解决的重大实践问题在不断变化，但都能在马克思主义理论体系中、在上述四个环节的内在统一关系中找到解决方案、发现内在规律。

二是按劳分配承认劳动者的个人禀赋差异，公平分配不是平均分配。马克思在《资本论》中指出，劳动时间是"计量劳动者个人在共同产品的个人消费部分所占份额的尺度"②，因为，"除了自己的劳动，谁都不能提供任何其他的东西"，"每一个生产者，在做了各项扣除之后，从社会领回的，正好是它给予社会的，他给予社会的，就是他个人的劳动量"。就是说，作出了必要的扣除之后，劳动者领取的消费品并不等于自己的全部劳动量，但是，与劳动量是成正比

---

① 《马克思恩格斯选集》第 2 卷，人民出版社 1995 年版，第 17 页。
② 《马克思恩格斯选集》第 5 卷，人民出版社 2009 年版，第 96 页。

的，等量劳动领取等量报酬，多劳多得，少劳少得。

马克思指出，应该承认劳动者在体力和智力上存在个体差异，如果"一个人在体力和智力上胜过另一个人，因此在同一时间内提供较多的劳动，或者能够劳动较长的时间"就应该得到较多的消费品，既然以劳动作为分配的依据和尺度，"就必然按照他的时间或强度来确定，不然，他就不成其为尺度了"，马克思说这种分配方式"不承认任何阶级差别，因为每个人都像其他人一样只是劳动者；但是它默认，劳动者的不同等的个人天赋，从而不同等的工作能力是天然特权"。

中国特色社会主义分配理论的形成发展和历史归宿，就是在我们处于社会主义初级阶段的长期改革实践中，以马克思主义基本原理为基本遵循，不断解放思想，突破理论认识上的误区和盲区，通过打破平均主义，承认劳动差别，把促进生产力发展作为分配关系调整变革的基本标准，真正回归和贯彻了马克思主义按劳分配原则的理论原意，真正贯彻按劳分配的社会主义的本质要求，这是中国特色社会主义分配理论的核心要义和历史贡献。

三是未来社会的分配方式不是一成不变的。马克思在《哥达纲领批判》中，对未来社会主义社会的分配方式进行了系统的阐释，这是人类分配思想史上的认识飞跃，他提出共产主义第一阶段（社会主义）是"刚刚从资本主义社会中产生出来的，因此它在各方面，在经济、道德和精神方面都还带着它脱胎出来的旧社会的痕迹"。[①]恩格斯进一步发展了马克思关于未来社会的分配构想，指出社会主义社会是"不断改变、不断进步的东西"，它不应当"有一个一成不

[①]《马克思恩格斯选集》第 3 卷，人民出版社 1995 年版，第 304 页。

变的分配方式"，"合理的想法只能是，（1）设法发现将来由以开始的分配方式，（2）尽力找出进一步的发展将以循环进行的总趋势"。①恩格斯虽然没有社会主义的实践，但他根据历史发展的趋势辩证地分析和预判了未来社会发展的大趋势，一方面包含着按劳分配方式向按需分配方式的转变，另一方面也包含按劳分配方式本身的转变，也就是需要在未来社会的发展中不断探索按劳分配的有效实现形式。

中国特色社会主义分配理论焕发的巨大活力，正是在探索实践按劳分配的具体实现形式中得到了充分检验和不断激发，一些诸如按劳分配和按要素分配之间的相互关系、宏观分配格局和收入分配调节政策体系等重大理论问题的突破，都是在生产力标准和分配矛盾运动的具体形式中展开和实现的，也从实践的角度印证了马克思主义关于未来社会分配设想的科学性和有效性。

二、在形成发展、丰富完善和创新突破中坚持遵循马克思主义理论体系的科学指引

改革开放以来，我们党坚持马克思主义理论体系中辩证唯物主义与历史唯物主义相结合的科学方法和实践探索，坚持从基本国情出发，将马克思主义按劳分配基本理论与中国长期处于社会主义初级阶段的时代特征相结合，注重从历史与现实、理论与实践、国内与国外的比较借鉴中发展创新，按照统筹协调、渐进有序、由点到面的实践探索路径，积极有为地推进收入分配制度改革，取得了举世瞩目的伟大成就。在中国特色社会主义分配理论形成发展过程中，我们探索积累的宝贵经验、改革路径和创新思路主要归结和集中在

---

① 《马克思恩格斯选集》第4卷，人民出版社1995年版，第691页。

以下方面：

一是坚持马克思主义基本原理和中国实际国情相结合，不断解放思想，推动收入分配理论创新和制度创新。党的十一届三中全会以来，我们党从社会主义初级阶段的基本国情出发，围绕如何深化收入分配制度改革、建立什么样的收入分配制度等问题进行了一系列的理论探索，先后提出并解决了除劳动以外的技术、管理和知识等其他生产要素如何参与分配、如何处理好效率与公平、如何认识和把握先富与共同富裕、如何优化调整国民收入分配结构、实现居民收入增长与经济发展同步、劳动报酬增长与劳动生产率增长同步的"两同步"、做大蛋糕和分好蛋糕的关系等问题，实践证明，每一次思想解放和理论创新，都带来了收入分配制度改革的重大突破，带来了中国特色社会主义分配理论的不断发展和完善。

二是坚持尊重群众首创精神，调动各方面发展改革的积极性和创造性，为收入分配理论的深化发展打下坚实的群众基础和物质基础。在收入分配制度改革过程中，我们尊重人民群众的首创精神和主体地位，坚持以人为本，注重以保护人民群众的切身利益作为收入分配理论的出发点和落脚点。从群众中来，到群众中去，通过不断扩大社会公众的参与度，集聚群众改革智慧，激发人民发展动力，通过及时总结试点经验中探索出的好做法、好方案，推动收入分配制度改革不断深化，并最终赢得了群众对改革的衷心拥护和支持，为理论的深化和政策的实施形成良好的社会基础和氛围。

三是坚持先易后难、渐进有序和重点突破的中国特色改革路径，以源于实践、指导实践的辩证唯物逻辑不断总结和升华收入分配理论的内涵和实践价值。在改革开放初期，如何建立和完善具有中国特色的收入分配制度和分配理论，我们并没有现成的经验和理论可循。在改革实践过程中，我们本着先易后难、先行试点、由点到面的原则，积极有序地渐进深化收入分配制度改革。既保持了改革的稳定性和连续性，没有出现大的社会波动，又有利于通过及时总结改革经验，为分配理论的不断深化发展提供丰富翔实的实践素材。

三、在理论价值、显著成就和重大贡献上经得起人民群众的评价和历史的检验

改革开放 40 年来，我们党坚持马克思主义政治经济学的基本立场和理论观点，坚持用发展的办法解决前进中的问题，解放思想，大胆探索，形成和发展了具有中国特色的收入分配理论框架，有力地促进和推动了收入分配制度改革的全面深化，也成为中国特色社会主义理论体系的基本内容与核心要义。

经济体制改革的突破口始于收入分配体制，没有分配体制改革的先行突破，就没有推进改革的强烈社会共识和群众基础，就没有全面深化改革的持续动力。从农村家庭联产承包制开始，按照农村到城市、沿海到内陆、国内到国外的改革路线进行了全方位、渐进式的分配体制机制探索，在改革开放的前 20 年，与所有制等其他领域改革相比，收入分配制度改革着眼于社会主义初级阶段条件下依然存在的客观利益差别，打破了平均主义分配的理论禁区和思想束缚，充分激发和调动了社会各界的生产积极性和创造性，为建立健全社会主义市场经济体制做出了"开路先锋"的重大历史贡献，带动各项改革的全面深化和经济结构的持续优化，我国的综合国力和

人民收入水平发生了翻天覆地的巨大变化。1978 年到 2015 年，我国经济总量由 3650 亿元增长到 67.4 万亿元，规模稳居世界第二。城镇居民人均可支配收入由 343 元增长到 31790 元，翻了约 92 倍；农村居民人均纯收入由 134 元增长到 10772 元，翻了约 79 倍。人民生活整体上实现了由温饱不足到总体小康，正在向着全面小康目标成功迈进的历史性跨越。

党的十八大以来，党中央国务院高度重视收入分配问题，站在发展的时代新起点，把握经济发展的新变化、新特征和新要求，先后出台了《关于深化收入分配制度改革的若干意见》《关于激发重点群体活力带动城乡居民增收的实施意见》《关于实行以增加知识价值为导向分配政策的若干意见》等重要文件，开展了一系列统筹全局、突出重点、着眼时代发展新特点的专项收入分配改革行动，收入分配的形势和格局发生了显著向好趋势，居民收入保持连续稳定快速增长，收入分配差距发生趋势性明显缩小，贫困群众生活水平明显提高，贫困地区面貌明显改善。

2013 年以来，城乡居民收入年平均增长 7.4%，实现了与 GDP 增长基本同步；收入差距逐步缩小，基尼系数从 2013 年的 0.473 连续数年下降到 2016 年的 0.465。发展成果更多更公平地惠及全体人民。脱贫攻坚步伐显著加快，扶贫脱贫工作取得巨大成就。到 2016 年，贫困地区农村居民收入增幅高于全国平均水平，每年农村贫困人口减少超过 1000 万人，累计脱贫 5500 万人；贫困发生率从 2012 年底的 10.2% 下降到 2016 年底的 4.5%，下降 5.7 个百分点。联合国《千年发展目标 2015 年报告》指出，中国对全球减贫的贡献率超过 70%，我国的扶贫脱贫战略和成就为世界和全人类的减贫发展做出巨大贡献。

第二节　中国特色社会主义分配理论是主题鲜明、逻辑严谨和内涵丰富的科学理论体系

丰富的改革实践和时代成就必定孕育和催生伟大的理论体系，中国特色社会主义分配理论的科学性、继承性和创新性在"从实践中来、到实践中去"的认识飞跃中得到充分升华和深化，开拓了马克思主义基本原理和实践论科学指引下的理论新成果、新内涵和新境界，是中国特色社会主义理论体系的重要基石，也是实现中华民族伟大复兴中国梦的根本保障和行动指南。其理论体系的发展脉络和重大创新主要表现在以下几个方面：

一是在指导思想上以坚决打破长期计划体制下的平均主义分配方式为重大突破，迈出了经济体制改革的历史性步伐。

由于长期受"左"倾思想的影响，平均主义成为我国改革开放之前分配体制的基本特征，严重地挫伤了广大劳动者的积极性和创造性。党的十一届三中全会提出实施党的工作重心转移，由阶级斗争为纲转变到经济建设为中心，必须在分配体制机制上迈出重大改革步伐，第一次提出了要克服平均主义。首先以农村为突破口，农村普遍地推行了土地家庭联产承包责任制，实行"缴够国家的、留够集体的、剩下都是自己的"的原则，"公社各级经济组织必须认真执行按劳分配的社会主义原则，按照劳动的数量和质量计算报酬，克服平均主义"。1984年10月召开了党的十二届三中全会，把"打破平均主义、贯彻按劳分配原则和方式"上升到提高社会主义生产力发展的理论框架和认识层面加以讨论和引导，对坚决反对平均主

义作了深刻而详细的阐述，指出"长期以来在消费资料的分配上存在一种误解，似乎社会主义就是要平均，如果一部分社会成员的劳动收入比较多，出现了较大的差别，就认为是两极分化，背离社会主义。这种平均主义思想，同马克思主义关于社会主义的科学观点是完全不相容的"。

二是从历史唯物主义出发，开始允许和鼓励实行差异化的分配政策，深化了对共同富裕发展目标的认识。

党的十二届三中全会在反对平均主义分配方式的基础上，第一次提出了让一部分个人、一部分地区通过诚实劳动和合法经营先富起来、最终走向共同富裕的分配思想，成为推进改革的一项具有里程碑意义的重大战略举措。对于先富与共富的关系，会议从社会发展规律的角度深刻指出"只有允许和鼓励一部分地区、一部分企业和一部分人依靠勤奋劳动先富起来，才能对大多数人产生强烈的吸引和鼓舞作用，并带动越来越多的人一浪接一浪地走向富裕"。"由于一部分人先富起来产生的差别，是全体社会成员在共同富裕道路上有先有后、有快有慢的差别，而绝不是那种极少数人变成剥削者，大多数人陷于贫穷的两极分化。鼓励一部分人先富起来的政策，是符合社会主义的发展规律的，是整个社会走向富裕的必由之路。"

三是遵循马克思主义基本原理和社会主义初级阶段的国情，在基本分配制度和具体实现形式上实现了具有鲜明时代特征的深化与突破。

马克思主义经典理论由于研究对象和历史条件的局限，没有也不可能提出未来社会主义社会的具体分配形式。在探索中国特色社会主义道路的伟大实践中，我们党根据社会主义建设实践的体制机制发展新趋势、新特征，创造性地在社会主义生产关系中的基本分配制度、在社会主义市场机制下的具体分配实现形式两个不同的层次和范围上对收入分配理论进行了深化和拓展。

1987年10月召开的党的十三大第一次提出了在社会主义初级阶段条件下，实行以按劳分配为主体、其他分配方式为补充的分配制度。社会主义初级阶段的所有制结构是公有制为主体，这也就决定了在分配制度上必然是以按劳分配为主体，在分配问题上也就必然突破按劳分配原则的"唯一论"，是完全符合并科学运用马克思主义政治经济学的历史选择。1992年10月召开的党的十四大，提出了我国经济体制改革的目标模式是建立社会主义市场经济体制，是社会主义理论和实践的一个重大突破，也要求从制度上回答市场机制如何与收入分配相互适应的重大理论和政策问题。1993年11月，党的十四届三中全会第一次提出了"个人收入分配坚持以按劳分配为主体、多种分配方式并存的制度"，将多种分配方式不再作为"补充"或"制度外的内容"而是上升为基本分配制度的基本内容和组成部分。

1997年9月，党的十五大在收入分配问题上，继续"坚持按劳分配为主体，多种分配方式并存的制度"。同时"把按劳分配和按生产要素分配结合起来"，开始探索在新的理论和实践层次上，将生产要素分配以具体实现形式与按劳分配进行结合。2002年11月，党的十六大确立了劳动、资本、技术和管理等生产要素按贡献参与分配的原则，丰富了基本分配制度下的具体形式和原则。2012年11月，党的十八大提出，完善劳动、资本、技术、管理等要素按贡献参与分配的初次分配机制，进一步充实了要素分配和市场机制之间的内在联系和具体要求。2013年11月召开的党的十八届三中全会提出，健全资本、知识、技术、管理等由要素市场决定的报酬机制，增加

了知识、管理等要素市场分配的新内容。

四是坚持生产力标准，在不同发展阶段通过处理效率与公平的关系来树立合理的分配政策导向。

效率与公平是从西方经济学引入的一对概念，属于生产力和上层建筑的范畴，本身并不是分配问题的范畴。国内外的理论与实践表明，两者之间不存在一成不变的机械关系和固定模式，只有在具体的历史条件下的实践分析，才能发现符合客观实际和逻辑联系的辩证关系，即当某种公平标准所反映的分配方式适应生产力要求，能够促进生产力发展和经济效率时，两者之间就是内在统一的，否则就是对立和矛盾的。

在中国特色社会主义分配理论的形成和完善中，效率与公平关系的变化、转化在分配矛盾运动和分配政策调整中发挥了重大的促进作用。党的十四届三中全会首次提出"效率优先、兼顾公平"的分配原则，坚持生产力标准，突破了效率与公平的两难选择。这一原则的提出与当时的国内外经济发展环境以及我国落后低下的经济发展水平有着直接的关系，对此邓小平同志明确指出"发展才是硬道理"。党的十六大报告进一步提出"初次分配注重效率，再分配注重公平"，使效率和公平的关系在不同的分配体制机制中得到具体化。随着我国经济发展水平的不断提高，党的十七大做出了"初次分配和再分配都要处理好公平与效率的关系，再分配更加注重公平"的政策取向，反映出我国的收入分配政策开始进入更加注重社会公平的新阶段，这也将成为一个更加长期艰巨的历史过程。

五是注重加强国民经济宏观管理，建立健全收入分配的理论框架和政策体系。早在 20 世纪 80 年代中后期，由于政策设计的不完善，我国在分配问题上出现了向少数个人和单位过分倾斜的问题。

邓小平同志及时指出"要看到一种倾向，就是有的人，有的单位只顾多得，不但不照顾整个国家和左邻右舍，甚至不顾及整体国家的利益和纪律……多劳多得，也要照顾左邻右舍和整个国家"[1]。党的十三大指出，从分配量上来看，要保证两个不超过，一个就是"保证社会消费基金的增长率不超过可分配的国民收入的增长率"，另一个就是"职工平均工资奖金的增长率不超过劳动生产率的增长率"。这样才能保证国民经济的持续发展，使生产和分配建立良性互动关系。党的十五大进一步提出："要正确处理国家、企业、个人之间和中央与地方之间的分配关系，逐步提高财政收入占国民生产总值的比重，并适应所有制结构变化和政府职能转变，调整财政收支结构，建立稳固、平衡的国家财政。"

针对宏观分配格局中逐步出现的国民总收入总量和结构失衡问题，党的十七大报告指出，"逐步提高居民收入在国民收入分配中的比重，提高劳动报酬在初次分配中的比重。创造条件让更多群众拥有财产性收入"。党的十七届五中全会第一次提出要实现"两个同步"：即"居民收入增长和经济发展同步、劳动报酬增长和劳动生产率提高同步"，从发展战略上初步建立了居民收入分享经济发展的宏观联系和增长机制。在建立健全宏观收入分配调节体系方面，党的十八大提出"完善劳动、资本、技术、管理等要素按贡献参与分配的初次分配机制，加快健全以税收、社会保障、转移支付为主要手段的再分配调节机制"，进一步形成较为全面、系统和完整的宏观分配框架和调节层次，使收入分配调节机制更加系统化和科学化。

六是着眼于经济发展中不同社会形态的内生缺陷和体制障碍，

---

[1]《邓小平文选》第二卷，人民出版社1994年版，第258页。

始终把分配秩序的规范化和法制化作为中国特色社会主义分配理论的重要内容。无论是在打破平均主义分配方式的改革初期，还是在向市场机制转型的改革攻坚阶段，规范分配秩序、理顺分配关系始终是党和政府收入分配政策的重要内容。党的十三大指出，对于非劳动收入，"只要是合法的，就应当允许"，对于"以非法手段谋取暴利的，要依法严厉制裁"。20世纪90年代中后期，分配实践中遇到的突出问题是分配秩序较为混乱，各种收入来源缺乏合理约束，如何保护合法收入、取缔非法收入和整顿不合理收入。党的十五大提出，"取缔非法收入，对侵吞公有财产和用偷税逃税、权钱交易等非法手段牟取利益的，坚决依法惩处。整顿不合理收入，对凭借行业垄断和某些特殊条件获得个人额外收入的，必须纠正。调节过高收入，完善个人所得税制，开征遗产税等新税种。规范收入分配，使收入差距趋向合理"。党的十六大继续强调，"规范分配秩序，合理调节少数垄断性行业的过高收入，取缔非法收入"。随着分配领域出现的新形势新情况，党的十八届三中全会提出，建立个人收入和财产信息系统，保护合法收入，调节过高收入，清理规范隐性收入，取缔非法收入，使规范分配秩序的任务更加具有针对性和可操作性。

第三节　中国特色社会主义分配理论科学总结提出了面向"两个一百年"奋斗目标的新思想新理念新战略

　　党的十八大召开后不久，国际国内经济形势发生了复杂而重大的转折变化，世界经济已由国际金融危机前的快速发展期进入深度转型调整期，我国开始进入经济发展的新常态，发展模式、经济结构、生产方式、分配方式、要素资源和社会分工等随之发生了重大变化。以习近平同志为核心的党中央统筹推进"五位一体"总体布局，协调推进"四个全面"战略布局，引领中国经济开始了一场意义深远的深刻变革。

在这个重大经济转型和时代背景下，党中央提出和形成了一系列创新性的思想理论观点和重大政策举措，进一步发展完善了中国特色社会主义分配理论体系，一方面，继续坚定把握"发展是硬道理"的战略定力，毫不动摇地将经济建设作为当前和今后长时期的中心工作；另一方面，从国内外经济形势和结构调整的大逻辑、大变革中寻求大思路、大举措，不仅仅局限于分配环节的个别运动变化，更加注重从国民经济运行生产、分配、消费和交换各个环节的内在联系中解决问题并揭示规律，进一步深化了中国特色社会主义分配理论的思想性、科学性和系统性，开拓了马克思主义政治经济学中国化的新境界。

一、继续强调发展是解决我国一切问题的基础和关键，明确提出改善人民群众生活、增强人民群众的获得感

习近平总书记指出，作为有着十三亿多人口的国家，中国用几十年的时间走完了发达国家几百年走过的发展历程，无疑是值得骄傲和自豪的。同时，我们也清醒地认识到，中国经济总量虽大，但除以十三亿多人口，人均国内生产总值还排在世界第八十位左右。让十三亿多人都过上好日子，还需要付出长期的艰苦努力。中国目前的中心任务依然是经济建设，并在经济发展的基础上推动社会全面进步。

党的十八大提出准备进行具有许多新的历史特点的伟大斗争，是为了毫不动摇地坚持和发展中国特色社会主义，不是不要发展了，也不是要搞杀富济贫式的再分配。社会上有一些人说，目前贫富差距是主要矛盾，因此"分好蛋糕比做大蛋糕更重要"，主张分配优先于发展。这种说法不符合党对社会主义初级阶段和我国社会主要矛盾的判断。我们党提出"五位一体"总体布局和"四个全面"战略布局，就是为了更好推动经济社会发展，为人民群众生活改善不断打下更为雄厚的基础。

奋斗目标是治国理政的行动纲领和理论体系的核心取向。人民群众生活改善、人民对美好生活的向往，就是我们的奋斗目标，不仅从收入的统计数字上，进一步从增强人民群众获得感、得到具体实惠的层次上，扩展了实现中国梦伟大奋斗目标的理论内涵与时代特征。我们的人民热爱生活，期盼有更好的教育、更稳定的工作、更满意的收入、更可靠的社会保障、更高水平的医疗卫生服务、更舒适的居住条件、更优美的环境，期盼孩子们能成长得更好、工作得更好、生活得更好。

二、树立以人民为中心的发展思想，极大地提升了人民群众的分配主体地位，对分配理论的不断完善将具有深远影响和重大意义

习近平总书记指出，发展为了人民，这是马克思主义政治经济学的根本立场。着力践行以人民为中心的发展思想。这是党的十八届五中全会首次提出来的，体现了我们党全心全意为人民服务的根本宗旨，体现了人民是推动发展的根本力量的唯物史观。坚持以人民为中心的发展思想，就是要把增进人民福祉、促进人的全面发展、

朝着共同富裕方向稳步前进作为经济发展的出发点和落脚点。这一点，我们任何时候都不能忘记，部署经济工作、制定经济政策、推动经济发展都要牢牢坚持这个根本立场。

以人民为中心的发展思想，不是一个抽象的、玄奥的概念，不能只停留在口头上、止步于思想环节，而要体现在经济社会发展各个环节。要坚持人民主体地位，顺应人民群众对美好生活的向往，不断实现好、维护好、发展好最广大人民的根本利益，做到发展为了人民、发展依靠人民、发展成果由人民共享。要通过深化改革、创新驱动，提高经济发展质量和效益，生产出更多更好的物质精神产品，不断满足人民日益增长的物质文化需要。要全面调动人的积极性、主动性、创造性，为各行业各方面的劳动者、企业家、创新人才、各级干部创造发挥作用的舞台和环境。要坚持社会主义基本经济制度和分配制度，调整收入分配格局，完善以税收、社会保障、转移支付等为主要手段的再分配调节机制，维护社会公平正义，解决好收入差距问题，使发展成果更多更公平地惠及全体人民。

三、立足时代发展的新起点新征程，创造性地提出了共享发展的新理念，是对维护社会公平正义和走向共同富裕的历史新贡献

共享理念实质就是坚持以人民为中心的发展思想，体现的是逐步实现共同富裕的要求。共享发展注重的是解决社会公平正义问题，让广大人民群众共享改革发展成果，是社会主义的本质要求，是社会主义制度优越性的集中体现，是我们党坚持全心全意为人民服务根本宗旨的重要体现。这方面问题解决好了，全体人民推动发展的积极性、主动性、创造性就能充分调动起来，国家发展也才能具有

最深厚的伟力。我国经济发展的"蛋糕"不断做大,但分配不公问题比较突出,收入差距、城乡区域公共服务水平差距较大。在共享改革发展成果上,无论是实际情况还是制度设计,都还有不完善的地方。为此,必须坚持发展为了人民、发展依靠人民、发展成果由人民共享,做出更有效的制度安排,使全体人民朝着共同富裕方向稳步前进。

共享发展理念的内涵主要有四个方面。一是共享是全民共享。这是就共享的覆盖面而言的。共享发展是人人享有、各得其所,不是少数人共享、一部分人共享。二是共享是全面共享。这是就共享的内容而言的。共享发展就要共享国家经济、政治、文化、社会、生态各方面建设成果,全面保障人民在各方面的合法权益。三是共享是共建共享。这是就共享的实现途径而言的。共建才能共享,共建的过程也是共享的过程。要充分发扬民主,广泛汇聚民智,最大限度地激发民力,形成人人参与、人人尽力、人人都有成就感的生动局面。四是共享是渐进共享。这是就共享发展的推进进程而言的。一口吃不成胖子,共享发展必将有一个从低级到高级、从不均衡到均衡的过程,即使达到很高的水平也会有差别。我们要立足国情、立足经济社会发展水平来思考设计共享政策。这四个方面是相互贯通的,要整体理解和把握。

四、供给侧结构性改革、扩大中等收入者比重作为重大战略选择,适应和引领新常态的内在要求,也反映了不同社会主体在分配关系和利益调整上的重大变化

推进供给侧结构性改革,是适应和引领经济发展新常态的重大创新,也是一场经济社会的深刻利益调整。其根本目的是提高社会

生产力水平，提高供给质量满足需要，使供给能力更好满足人民日益增长的物质文化需要，这是坚持以人民为中心发展思想的必然要求，这是推进改革的一个基本要求。

供给侧结构性改革是从生产领域增加优质供给，减少无效供给，提高全要素生产率，使供给体系更好适应需求结构变化，从市场机制看，是一个要素配置优化的过程。从马克思主义政治经济学出发，实质也是一次利益格局和权力调整的改革过程。马克思在《〈政治经济学批判〉导言》中深刻指出"分配结构完全决定于生产结构，分配关系和分配方式只是表现为生产要素的背面"。推进供给侧结构性改革，必须统筹考虑不同改革政策的结构性、差异化等实际影响，统筹考虑改革的收益损失在不同社会主体中的分配结果，这也是马克思主义政治经济学的实践标准和基本要求。

合理的宏观分配结构有利于提高居民消费能力，对于扩大国内需求具有直接的决定作用。我国经济发展进入新常态，处于爬坡过坎的重要窗口期、跨越"中等收入陷阱"的关键节点。转方式调结构和扩大中等收入群体是同一个过程的两个侧面。转方式调结构是从主要依靠简单劳动、扩大投资、大量投入能源资源等转向更多依靠创新驱动发展的过程，是从主要依靠制造业转向更多依靠现代服务业的过程，又是从主要依靠传统产业转向更多依靠新兴产业的过程，因而是企业家、科技人员、技术工人队伍发挥更大作用的过程，是教师、医生、律师、金融从业人员、信息服务人员、社会组织管理者等队伍扩大的过程。

经济发展方式和经济结构变了，分配结构就会相应变化。如果转方式调结构进程顺利，中等收入群体必然随之扩大。中等收入群体比重不断扩大对扩大消费也是有利的。从解决好人民群众普遍关

心的突出问题出发推进全面小康社会建设，符合供给侧结构性改革的要求，有利于创造新的增长点、提高长期增长潜力。从人民群众现实和潜在需求出发，形成的供给是有基础的。新的增长点就蕴含在人民群众普遍关心的突出问题当中，在基础建设、新兴产业、服务业等中，也在十三亿多人的基本需求中，在日益增加的中等收入群体中。

五、聚焦经济社会发展的最突出短板，实施精准扶贫的新思路新模式新要求，部署了第一个一百年奋斗目标下实现脱贫攻坚的重大工程

习近平总书记指出，全面建成小康社会，最艰巨最繁重的任务在农村，特别是在贫困地区。没有农村的小康，特别是没有贫困地区的小康，就没有全面建成小康社会。农村贫困人口脱贫是全面建成小康社会、实现第一个一百年奋斗目标的基本标志，也是经济社会发展中最突出的短板。虽然全面小康不是人人同样的小康，但如果现行标准下的七千多万农村贫困人口生活水平没有明显提高，全面小康也不能让人信服。新时期脱贫攻坚的目标，集中到一点，就是到2020年实现"两个确保"：确保农村贫困人口实现脱贫，确保贫困县全部脱贫摘帽。实现这一目标，意味着我国要比世界银行确定的在全球消除绝对贫困现象的时间提前十年，任务非常艰巨，意义非常重大。

打赢脱贫攻坚这场硬仗，必须实施精准扶贫的新模式和大战略，坚持中国的制度优势，构建省市县乡村五级一起抓扶贫，层层落实责任制的治理格局。注重抓六个精准，即扶持对象精准、项目安排精准、资金使用精准、措施到户精准、因村派人精准、脱贫成

效精准，确保各项政策好处落到扶贫对象身上。要坚持分类施策，因人因地施策，因贫困原因施策，因贫困类型施策，通过扶持生产和就业脱贫一批，通过易地搬迁安置脱贫一批，通过生态保护脱贫一批，通过教育扶贫脱贫一批，通过低保政策兜底一批。广泛动员全社会力量，支持和鼓励全社会采取灵活多样的形式参与的大扶贫格局。

第四节　实现共同富裕是中国特色社会主义分配理论的基本立场与本质特征

从历史发展的一般规律和分配制度的演进变迁上看，马克思主义理论体系就是一部研究揭示人类走向共同富裕社会的理论。马克思主义理论从生产力与生产关系、经济基础与上层建筑之间的对立统一关系出发，深刻地揭示了人类最终将走向共同富裕的社会主义和共产主义社会的历史必然性和发展趋势，但对于未来社会中具体国情条件下共同富裕的实现方式没有具体分析。在认真总结世界社会主义实践和我国社会主义实践经验教训的基础上，我们党坚持和发展了马克思主义政治经济学的立场观点和理论方向，解放思想，大胆实践，创造出了一条具有中国特色的社会主义共同富裕发展道路，并正在向着共同富裕的伟大目标稳步前进。共同富裕作为中国特色社会主义的本质要求，是中华民族伟大复兴和社会主义建设事业的强大思想武器和不竭动力源泉，具有系统、全面和创新的理论体系和丰富、鲜明、生动的实践基础。

一、坚定不移地走共同富裕道路是我们党在中国特色社会主义伟大实践中始终秉持的基本观点和发展思想

改革开放以来，邓小平在总结以往我国经济建设的历史经验和教训的基础上，提出了关于共同富裕的一系列新思想和新认识，既包括"我们坚持走社会主义道路，根本目标是实现共同富裕，然而平均发展是不可能的"[①]，也包括"让一部分人、一部分地区先富起来"，对加快我国改革开放和经济发展起到了巨大的促进作用。党的十三大以后，针对社会主义市场经济体制发展中出现的问题，江泽民提出了"三个代表"重要思想，在坚持共同富裕的基本理论观点的基础上，有针对性地提出了实现共同富裕的新思想。党的十五大以后，胡锦涛提出了"以人为本"的新的科学发展观以及构建和谐社会等科学论述。党的十八大以来，我国经济发展进入新常态，习近平对于共同富裕的理论认识作出新的战略判断，提出了共享发展的新理念，丰富和深化了中国特色社会主义分配理论内涵。

二、实现共同富裕目标必然经历一个历史、动态和唯物辩证的渐进过程

在中国特色社会主义分配理论体系和政策体系中，共同富裕的内涵具有高度的概括性和特定的科学性，不是指实现所有人的绝对相同的富裕程度，而是指逐步缩小社会成员之间的贫富差距的程度。在社会主义初级阶段的国情条件下，不能把马克思主义经典理论中的共产主义社会所具有的特征照搬到当前的发展实践中。"共同富裕

①《邓小平文选》第三卷，人民出版社 1993 年版，第 155 页。

决不等于也不可能是完全平均，决不等于也不可能是所有社会成员在同一时间以同等速度富裕起来。如果把共同富裕理解为完全平均和同步富裕，不但做不到，而且势必导致共同贫穷。"①另一方面，共同富裕理论针对社会生产力低的现实国情，承认劳动能力和物质利益的具体差别，提出让一部分人、一部分地区先富起来、先富带动后富的改革路径和战略举措，创造性地设计了具有中国特色的收入分配激励机制，是对马克思主义政治经济学中固化和实践运用的创新发展。

三、共同富裕既是人类社会追求的最高理想，也是建设中国特色社会主义事业的伟大实践

马克思主义经典理论中研究论证的共产主义高级阶段，是彻底消灭了人与人之间的任何贫富差距的社会形态，是在高度发达生产力基础上的一种绝对意义上的理想世界，是全人类经济发展和社会进步的最高追求。在当前的社会主义实践中，还不具备实现这样共同富裕的制度环境和社会条件。但经过长期努力，中国特色社会主义事业进入了新时代。我国社会主要矛盾已经转化为人民日益增长的美好生活需要和不平衡不充分的发展之间的矛盾。共同富裕的理论内涵和伟大实践在决胜全面建成小康社会，开启全面建设社会主义现代化国家新征程中有了划时代的奋斗目标和崭新描绘。以习近平同志为核心的党中央在综合分析国际国内形势和我国发展条件基础上提出，从 2020 年到 2035 年，人民生活更为宽裕，中等收入群体比例明显提高，城乡区域发展差距和居民生活水平差距显著

––––––––––––

① 党的十二届三中全会《中共中央关于经济体制改革的决定》。

缩小，全体人民共同富裕迈出坚实步伐。从 2035 年到本世纪中叶，在基本实现现代化的基础上，全体人民共同富裕基本实现，我国人民将享有更加幸福安康的生活，中华民族将以更加昂扬的姿态屹立于世界民族之林。这些重大战略的制定和实施必将把马克思主义共同富裕理论的中国化推向一个新的高度，对全人类的共同发展作出具有历史意义的重大贡献。

我们党在探索中国特色社会主义事业的具体实践中，不断丰富和挖掘理论体系的深刻内涵，从发展社会生产力这一人类社会进步的首要标准出发，创造性地把实现共同富裕的过程与发展生产力紧密联系起来，既作为社会主义的本质要求和建设目标，也作为保持经济持续健康发展的重要手段，在加快发展的同时不断解决发展过程中存在的各种问题，进一步加快收入分配改革和实现共同富裕的步伐。"使全体人民在共建共享中有更多的获得感，朝着共同富裕的方向稳步前进"，这些具有鲜明时代特征的战略思想和发展理念，是我们党对马克思主义关于实现共同富裕理论的深化和拓展，是对中国特色社会主义理论的历史新贡献。

（执笔人：刘强）

第十章　中国特色社会主义市场体系和宏观调控理论

第一节　计划与市场的关系

一、马克思主义作家关于计划与市场关系的论述及我国有关争论

马克思在《资本论》中指出，资本主义市场经济制度持续面临生产资料私有制与社会化大生产之间的矛盾，市场制度的无政府状态无法解决由此造成的周期性经济危机和制度危机，随着资本主义生产资料私有制的灭亡，以及全体社会成员对生产资料的统一占有，商品生产将会被消除。市场制度在推动社会生产力发展方面具有巨大作用，"资产阶级像用魔法一样唤醒了沉睡在社会劳动中的生产力，在不到 100 年的时间里创造出的生产力比过去一切时代还要大、还要多"。然而，马克思和恩格斯在对市场经济制度批判的同时未直接指出具体完善的替代性的制度安排。

继马克思和恩格斯之后，俄国作家首先回答了计划经济制度可行性及其与市场制度的关系。列宁和斯大林将马克思、恩格斯的科学社会主义基本原理应用于苏联的政治、经济和社会发展实

践，建立了苏联模式的社会主义和苏联版马克思主义政治经济学，他们认为：社会主义经济制度的核心特征是实行公有制和高度集中的全面中央计划经济体制，否定市场作用，把一切经济活动均置于中央全面指令性计划之下，凡不受国家控制的经济成分均应被消灭。

改革开放前，我国对计划和市场关系的认识完全继承苏联的列宁—斯大林传统，全面实行高度集中的计划经济体制，否定和排斥市场作用，完全由政府通过国家计划进行资源配置。其间，我国理论界仅有个别学者从价值规律作用等角度对计划与市场的关系进行理论探讨，讨论主要集中于改革开放后。改革开放以来，越来越多的学者认为在计划经济中也要重视价值规律。改革的实践也使理论界逐渐突破了"计划—市场排斥论"，在我国20世纪80—90年代，我国理论界对社会主义制度下引入市场制度的可行性及其与计划经济如何结合进行了激烈的争论，最终提出了"计划—市场结合论"等新认识，理论家们设计了几种典型的计划与市场相结合的模式。第一种是"板块式"结合，即在原来的计划统制旁边出现"计划外"的市场调节。第二种是"渗透式"结合，即计划和市场是两个并列的板块，各自渗透了对立面的因素；计划调节这一块要考虑价值规律的要求，市场调节这一块要受宏观计划的指导和约束。第三种是"有机式"结合，即计划与市场不再是分别调节国民经济不同部分的两个并立的板块，而是有机地融为一体，并在不同层次上调节国民经济的运行，计划主要调节宏观层次的经济活动，市场主要调节微观层次的经济活动，宏观调控要考虑市场总供求的变动趋势，微观主体在市场上的活动又必须接受宏观层次的国家计划的指导。

二、我国对计划和市场关系认识的演变脉络、内在逻辑和实践成效

　　总体看，我国对计划和市场关系的认识不断突破苏联的列宁—斯大林传统的束缚，党的各阶段公报、决定清晰地体现了我国理论家和政治家对计划和市场关系认识的演变脉络。党的十一届三中全会肯定了社会主义经济是有计划的商品经济，以党的决议形式从理论上明确了计划与市场不是对立的范畴，初步突破了列宁—斯大林教条中将计划和市场对立的思想束缚。党的十二大报告提出，"我国在公有制基础上实行计划经济……国家通过经济计划的综合平衡和市场调节的辅助作用，保证国民经济按比例地协调发展"，这进一步明确界定了计划和市场发挥各自作用的范围和程度，承认了市场调节的辅助性。直到党的十二届三中全会通过的《决定》明确指出："要突破把计划经济同商品经济对立起来的传统观念……商品经济的充分发展，是社会经济发展的不可逾越的阶段，是实现我国经济现代化的必要条件"，首次正面地肯定了社会主义下商品经济存在的必然性。进而，邓小平同志在 1992 年初南方谈话中指出"计划多一点还是市场多一点，不是社会主义与资本主义的本质区别。计划经济不等于社会主义，资本主义也有计划；市场经济不等于资本主义，社会主义也有市场。计划和市场都是经济手段"，给计划与市场关系的争论画上了句号。随后，党的十四大明确提出："我国经济体制改革的目标是建立社会主义市场经济体制，就是要使市场在社会主义国家宏观调控下对资源配置起基础性作用。"此后，我国经济发展实践不断证明了发展"社会主义市场经济"在解放和发展我国生产力和改善生产关系方面的正确性。党的十六大提出"在更大程度上发挥

市场在资源配置中的基础性作用"。党的十七大进一步提出"从制度上更好发挥市场在资源配置中的基础性作用"。党的十八大又加以深化，提出"更大程度、更广范围发挥市场在资源配置中的基础性作用"，党的十八届三中全会《决定》进一步提出"使市场在资源配置中起决定性作用"，实现了我党在思想上自新中国成立以来前所未有的历史性突破，具有里程碑的意义。

在内在逻辑上，我国对计划与市场关系的长期探索是探寻社会主义经济制度背景下促进社会主义生产力发展的实现途径、模式和体制的历程。传统的计划经济体制在发展生产力方面的弊端，使我国理论家和政治家们对计划经济体制加以反思，倒逼理论家和政治家们对计划经济体制进行市场化取向改革，市场在我国经济运行中的作用范围和功能逐渐增强，促使生产关系不断适应并促进生产力发展需要，从而不断解放和发展我国生产力，使我国综合国力和人民群众生活水平明显改善。

改革开放的实践证明：社会主义市场经济体制逐步建立，推动了中国经济的蓬勃发展，取得了举世瞩目的伟大成就。我国经济体制改革已经走过了初始突破期和扩展期，市场经济的各类要素条件充分发育，市场经济的各种活动主体日趋成熟，市场运行的各项体制机制已经充分发挥作用。

三、中国特色社会主义市场经济理论对经济学的贡献

我国探索建立的中国特色社会主义市场经济理论，为经济学作出了贡献：首先，证明了社会主义制度和市场经济可以实现有机结合。即在社会主义制度下实行市场经济具有可行性，不能因为一国实行市场经济体制就否定该国的社会主义制度；同时，市场经济体

制也能在社会主义制度下良好运转，促进资源配置效率改进和社会生产力提升。这突破了列宁—斯大林经济学确定的社会主义就是国家所有制加集中计划经济体制的理论教条，是对马克思主义经济学的贡献。其次，分析了如何有效地从社会主义计划经济体制向社会主义市场经济体制过渡。探索建立社会主义市场经济涉及重要理论和实践问题：双重体制能否并存、如何实现新旧体制的有效衔接而不引起较大体制混乱冲击社会稳定。我国理论家提出的双轨过渡、体制外先行的渐进转轨理论及循序渐进的成本阵痛最小化的改革方案分析等，与"华盛顿共识"代表的激进改革论形成对比，对向社会主义市场经济有效过渡的理论分析，是对制度经济学的贡献。

第二节　政府与市场的关系

一、经济学中关于政府和市场关系的论述

现代经济学关于政府和市场关系的论述始于亚当·斯密，斯密认为：自由放任的市场能够促进分工和专业化，进而促进劳动生产率提升，并最终带来国民财富的增长。政府需承担好"守夜人"职能，在市场失灵之处拾遗补缺，确保市场的良好运转。直到今天，斯密的看法仍被主张自由市场优先的经济学家所坚持，凯恩斯和凯恩斯主义者也坚持在此政府—市场的制度框架下发挥刺激有效需求的作用，政府不能轻易超越政府—市场的功能界定而过多干预。

然而，马克思是动态地理解政府与市场关系的。马克思认为市场经济制度下的无政府状态无法解决生产资料私有制和生产社会化

之间的矛盾，这种制度具有不稳定性，市场经济制度越是有效运转就越会加速毁灭，虽然最终必然会走向消亡但却不能提前灭亡，马克思对未来有大体设想，但未来得及具体设想实行国家所有制的有政府状态来解决这种矛盾。后来，列宁、斯大林等认为，解决生产资料私有制和生产社会化之间的矛盾、消灭市场经济制度的不稳定性是社会主义制度的应有之义，社会主义就是以全能政府代替无政府状态的自由放任市场，应全面实行国家所有制和中央计划经济体制。

然而，马克思主义作家对市场制度的批判遭到了以米塞斯、哈耶克为代表的奥地利学派的猛烈攻击，他们对社会主义制度下政府发挥作用的攻击与计划可行性问题联系在一起，认为社会主义制度计划不可能获得维持经济运转所需要的充分信息且很难解决激励相容问题，计划不具有可行性导致政府并不能替代市场发挥良好的资源配置作用。

但是，对社会主义计划可行性的批评及其对政府作用的否定，遭到了兰格和勒纳的反驳，他们认为，社会主义条件下仍然可以利用市场机制，按照与竞争性市场机制相同的"试错法"来决定各类价格信息，通过分散化的市场社会主义经济机制能解决信息问题。

二、我国对政府和市场关系认识的演变脉络、内在逻辑和实践成效

我国对政府和市场关系认识的演变脉络主要经历了三个阶段：党的十一届三中全会召开至 1992 年，对政府通过计划方式发展社会生产力作用的不满倒逼着高层不断探索引入市场调节作用，从"按经济规律办事"到明确"国家调节市场，市场引导企业"，是曲折探

索引入市场调节作用使全能政府逐渐松动的阶段。从十四大正式提出"使市场在社会主义国家宏观调控下对资源配置起基础性作用"到十八大提出"更大程度更广范围发挥市场在资源配置中的基础性作用",传统的单一公有制经济转变为公有制为主体、多种所有制经济共同发展奠定了市场基础性作用的制度基础,是发挥市场在资源配置中的基础性作用的社会主义市场经济体制的建立和初步完善阶段。党的十八届三中全会《决定》提出"充分发挥市场的决定性作用和更好发挥政府作用",对政府与市场关系的认识进入质变阶段。

对政府和市场关系认识的内在逻辑是:让市场发挥越来越大的作用,从一般的农产品、工业品等商品市场到劳动力、资金和土地等要素市场,在发展壮大国内市场的同时越来越深地有序融入国际市场;政府发挥作用的范围和重点应有序收缩,越来越集中在确保宏观稳定、深化改革、促进发展上。理论家和政治家们都越来越认识到,更多发挥市场配置资源要素的作用会带来效率改进,并为更好地实施宏观调控提供更好的微观行为主体基础和体制基础。

我国对政府和市场关系认识取得了巨大实践成效。改革开放之初的"全能型政府"在今天已不复存在,市场配置资源要素的功能和范围逐渐增大,基本上已经在绝大多数商品市场和要素市场发挥主导性作用,政府在承担维护宏观稳定、推动深化改革、促进经济发展的职能外,更加注重提供公共产品等弥补经济社会发展的各类瓶颈和短板,更加注重解决资源生态环保等市场未能有效解决的外部性问题。从量化数据看,自 2001 年全面启动行政审批制度改革以来到 2012 年,国务院共取消和调整了近 70% 的行政审批项目,新一届政府推进简政放权的改革力度超越以往,政

府和市场关系的变化有力地推动我国社会主义生产力和生产关系
不断解放。

三、我国学者关于政府和市场关系的认识对经济学的贡献

中国特色社会主义政治经济学理论关于政府和市场关系的认识
对经济学的贡献在于：增进了对体制转轨和经济发展的动态背景下
政府和市场关系不断变化的理解。一方面，认为体制转轨背景下市
场发挥作用的领域应逐步替代政府计划的功能，使全能政府发挥作
用的领域逐渐缩小；另一方面，认为政府在体制转轨和经济发展背
景下应该发挥更广泛的作用，不应仅仅只限于主流经济学中认为的
提供公共产品、解决外部性并化解信息不对称问题，还要在此基础
上促进产业结构向高级化、合理化形态持续演进，并不断推动计划
经济体制向市场经济体制转轨，不断强化和扩展市场体制，以尽快
解决双轨体制的不确定性造成的社会预期不稳定和双轨体制并存带
来的问题。我国学者提出政府和市场各自的功能、作用发挥始终并
重，并根据发展阶段和制度演进阶段变化进行政府—市场制度边界
不断进行动态调整的认识，且强调根据主客观环境变化始终更好保
持政府和市场良好搭配协作以确保实现多重目标的意图，这种认识
不同于主流经济学中对政府与市场的功能和制度边界的静态划分，增
进了经济学对制度转轨和经济发展的背景下政府与市场关系的理解。

第三节　社会主义市场体系

现代市场体系是我国社会主义市场经济体制的重要组成部分，

是建设现代化经济体系的重要支撑。经过改革开放近四十年发展建设，市场体系建设取得重大成就，商品市场极大丰富，要素市场加快发展，市场监管逐步健全，市场在资源配置中的决定性作用日益显现，中国特色社会主义市场体系的内涵、形态和作用不断丰富和发展，为中国特色社会主义理论建设和宏观调控实践作出了重要贡献。

一、我国现代市场体系日臻成熟，市场体系改革发展不断取得新突破

现代市场体系包括消费品和生产资料等商品市场，也包括资本、劳动力、技术、信息以及房地产市场等生产要素市场。改革开放以来，构建统一开放、竞争有序的现代市场体系，一直是建立和完善社会主义市场经济体制的重要内容。

在中国特色社会主义市场经济体制顶层设计统领下，现代市场体系建设不断取得新进展新成效。改革开放以来，三次三中全会的决定整体上部署了市场体系建设框架和进程。党的十四大提出了要使市场在国家宏观调控下对资源配置起基础性作用，党的十四届三中全会搭建起市场经济体制的四梁八柱。党的十六届三中全会强调，建设统一、开放、竞争、有序的现代市场体系是完善社会主义市场经济体制的主要任务之一。党的十七大报告进一步指出，加快形成统一、开放、竞争、有序的现代市场体系，发展各类生产要素市场，完善反映市场供求关系、资源稀缺程度、环境损害成本的生产要素和资源价格形成机制，规范发展行业协会和市场中介组织，健全社会信用体系。党的十八大以来，市场体系建设的重大创新和突破，是党的十八届三中全会提出了使市场在资源配置中起"决定性"作用，

这是中国特色社会主义市场经济体制改革的重大理论突破。这既对中国完善现代市场体系提出了更高要求，也抓住了经济体制改革的关键和核心，对解决制约社会主义市场经济发展的深层次矛盾提供了理论指南和攻坚方向。

我国社会主义市场体系建设始终贯穿于改革开放的全过程之中，市场体系建设在改革中不断取得突破性新进展。随着推进改革开放进程，计划流通体制向市场流通体制的转变，适应我国社会主义市场经济要求的市场体系加速形成。商品市场建设历经流通市场化改革、价格改革、推进市场体系配套发展等重要阶段，商品市场迅速发展，自主经营的商品市场主体充分发育，商品市场相关的法律、法规体系建立健全。商品市场快速发展，对经济增长的贡献日益增大。在商品市场大力发展基础上，市场体系的建设从农村走向城市，从普通商品市场建设为主转向要素市场建设为主。

党的十八大以来，贯彻全面深化改革等重大战略布局，深入推进供给侧结构性改革，加快推进"放管服"系列改革，不断推出健全现代市场体系的有效举措，市场体系建设新进展硕果累累。建立统一的公共资源交易平台，健全科学定价方式，政府定价最大限度缩小，合理降低垄断行业价格，健全矿业权市场交易体系，加大石油天然气、输配电、供水、盐业等改革突破，金融领域去杠杆取得积极成效，加快完善现代金融监管体系，在不断开放中有序推进多层次资本市场发展。

我们也应该看到，我国市场体系的发展还不平衡，特别是要素市场发展与商品市场的不均衡，已经对完善市场经济体制和实现经济高质量发展构成重要影响。按照新时代构建现代化经济体系的新要求，进一步深化市场体系建设尚需解决一些突出问题。商品市场发展迅速，总体基本成熟，但要素市场发展相对缓慢，并已成为创新驱动和经济高质量发展的短板。要素市场主要包括劳动力市场、土地市场、资本市场和技术市场，这是市场经济正常运行的基本条件，也是保证经济增长的物质基础。不仅如此，要素市场的发育程度还决定了分配状况，在要素市场发育不健全的情况下，收入分配同样会受到负面影响，这也是导致贫富差距的重要原因。目前，要素市场发展与社会需求和实现决定性作用的要求尚有差距，要素市场化改革还要持续攻坚。不同要素所有者的市场交易主体还不够广泛，市场交易价格反映需求变化还不够精准灵敏，市场竞争秩序所必需的规则与监管需要不断完善。

二、现代市场体系建设与经济体制改革深化前行相辅相成，为中国特色社会主义市场经济理论创新发展提供丰富实践基础

我国市场体系不断改革发展，不仅极大促进了经济社会发展，也促进了社会主义市场经济理论的内涵更加丰富。现代市场体系是现代市场经济体系的重要组成部分，也是我国社会主义市场经济体系的重要构成内容。商品市场和生产要素市场的发展丰富了现代市场体系内涵，资金、劳动力、技术、产权等各类要素市场建设创造了中国经济迈向中高端的物质基础条件，各类市场运动、变化、发展的运行机制和管理调控机制，推进了宏观调控管理创新。

我国市场体系作用从实践和认识都在不断深化，为社会主义市场经济体制改革突破提供了有力支撑。现代市场经济必须借助于完整的市场体系，才能有效地配置资源。从改革开放初期的市场体系发展突破，到党的十四大及十四届三中全会提出市场配置资源基础

性作用的顶层设计，再到党的十八届三中全会提升到决定性作用，都充分证明正是市场体系的作用彰显，为社会主义市场经济理论下的资源配置方式提供了思路和条件。

我国市场体系日益发展的新兴领域，不仅逐渐成为经济的新亮点，还在不断推进社会主义市场经济理论发展创新。随着科技突飞猛进和产品不断推陈出新，一些新兴消费、创新产品和市场模式正在丰富现代市场体系的新内涵。比如，我国共享单车等迅速推广，共享经济的发展正在从理念变成实践，未来共享市场的发展值得期待和探索。我国抓住了以互联网为代表的新一轮信息化革命的机遇，电商市场异军突起，成为引领全球的市场亮点。未来智能化将更加发展，数字经济、虚拟市场等前瞻领域还将促进社会主义市场经济理论的新发展新突破。

三、迈向社会主义现代化建设新阶段，推进建设现代化市场体系依然任重道远

生产力水平在不断发展提高，市场机制作用在不断深化提升，新的创新不断涌现，我国市场体系建设与改革发展尚在路上。党的十九大报告作出社会主义现代化建设的重大战略部署，提出构建现代化经济体系新要求，因此，我国建设现代化市场体系新的内涵、领域和需求会不断显现。

健全全国统一开放市场。要以规范政府行为为核心，进一步打破行政性垄断和地区壁垒。要在明确界定政府在市场准入方面权限的基础上，推进市场准入监管体系改革，提高市场准入程序的公开化和准入透明度。加快完善反垄断法等保护和促进公平竞争的法律制度，废止妨碍公平竞争、设置行政壁垒、排斥外地产品和服务的

各种分割市场的规定。进一步放宽对行政性垄断行业的准入限制，保障各类经济主体获得平等的市场准入机会。适应信息化、智能化快速发展要求，大力推行现代流通方式，促进商品和服务的高效流转，为流通方式的变革与创新提供良好的物质基础、交易平台及制度、技术和人才保障。

推进要素市场建设改革攻坚。继续发展和规范土地市场，改进和完善政府管理土地市场的方式，进一步发挥市场在土地资源配置中的决定性作用。要完善土地管理法律法规，改革征地制度；进一步转变政府职能，使政府管理土地市场的职能切实转变到强化建设用地总量和结构调控上来；通过完善土地税制和土地二级市场的管理，建立资源占用的约束机制；综合运用经济、法律手段，切实保护农民土地财产权。逐步建立城乡统一的劳动力市场。要逐步消除各种阻碍劳动力合理流动的不合理制度，完善社会保障体系，建立多样化的劳动就业和专业技能培训等社会服务体系，建立健全劳动保护法规和争议调解机制等。积极发展技术市场，加强技术市场基础设施建设，规范技术交易行为，加快我国技术市场的统一开放和国际化。积极发展资本市场，规范发展产权交易市场和各类市场中介组织等。

健全更加精准灵敏的市场价格形成机制。完善商品和要素价格形成机制，重点是要加强和改进宏观调控，逐步缩小政府定价商品的范围，优化政府定价商品的价格形成机制，进一步提高要素价格的市场化程度，解决当前一些要素价格扭曲的问题。要积极稳妥推进资源价格改革，完善水、电力、煤炭、石油、天然气、土地等资源性产品价格形成机制，充分发挥市场配置资源的决定性作用，建立反映市场供求状况和资源稀缺程度的价格形成机制。实行有利于

资源节约、环境保护的价格政策，为经济转入高质量发展创造有利的价格体制机制条件。

通过强化事中事后监管规范市场秩序。要严格执法，坚决打击制假售假、商业欺诈、偷逃骗税行为，建立公平竞争的市场环境。完善打击商业欺诈的法律法规体系和执法体系，强化协同监管，逐步形成反商业欺诈长效机制。要完善行政执法、行业自律、舆论监督、群众参与相结合的市场监管体系。

加快补齐社会信用体系短板。充分发挥政府在信用体系建设中的倡导和组织作用，加强对信用体系建设的整体规划，加强舆论引导和舆论监督，建立信用信息公开和保护制度，建立健全失信惩戒的法律法规和制度，最终形成以道德为支撑、产权为基础、法律为保障的社会信用制度。加强联合惩戒机制建设和运用力度，一个完善的社会主义现代市场体系，要让失信者寸步难行，让守信者的诚信成为一笔宝贵的资产。

第四节　社会主义宏观调控理论体系

一、中国特色社会主义宏观调控思想变化的脉络和逻辑

"宏观调控"内涵、目标等表述的演变体现了宏观调控思想演变的脉络。1984年，党的十二届三中全会首次提出"宏观调节"一词，随后"宏观控制"的叫法也被运用，直至党的十三届三中全会才正式提出了"宏观调控"的概念。为适应党的十四届三中全会提出的"建立社会主义市场经济体制"的要求，十四届三中全会进一步明确

要"建立以间接手段为主的完善的宏观调控体系"。此后，宏观调控体系得到不断调整、优化，20世纪90年代中期的分税制改革和中央银行法、商业银行法的颁布和外汇管理体制等改革，使财政政策和货币政策在宏观调控体系中的主体地位逐渐明确。党的十八届三中全会提出："宏观调控的主要任务是保持经济总量平衡，促进重大经济结构协调和生产力布局优化，减缓经济周期波动影响，防范区域性、系统性风险，稳定市场预期，实现经济持续健康发展"，调控体系是"以国家发展战略和规划为导向、以财政政策和货币政策为主要手段"，需要"加强财政政策、货币政策与产业、价格等政策手段协调配合"。"十三五"规划提出：按照总量调节和定向施策并举、坚持短期和中长期结合、坚持国内和国际统筹、坚持改革和发展协调的要求，完善宏观调控，采取相机调控、精准调控措施，适时预调微调，更加注重扩大就业、稳定物价、调整结构、提高效益、防控风险、保护环境，强调要"完善以财政政策、货币政策为主，产业政策、区域政策、投资政策、消费政策、价格政策协调配合的政策体系"。2016年12月14日到16日的中央经济工作会议召开，明确提出要"创新和完善宏观调控"，供给侧结构性改革的一些内容也成为宏观调控体系的构成部分。党的十九大报告进一步提出，"创新和完善宏观调控，发挥国家发展规划的战略导向作用，健全财政、货币、产业、区域等经济政策协调机制"。

体制转轨和经济发展是推动我国宏观调控思想演变的内在逻辑。由于我国正处于从计划体制向市场经济体制的过渡中，为使从社会主义计划经济体制向市场经济体制的过渡进程平稳顺利地完成，宏观稳定是完成改革的必要前提，持续为改革创造稳定的宏观环境就成为宏观调控的基本任务，导致宏观调控思想随体制转轨而演变。

渐进式体制转轨中计划体制轨道与市场体制轨道交错并存运行，使决策层认识到各类计划行政手段和市场化经济手段构成的双轨调控都必不可少，且应随转轨阶段变化而不断调整。再次，宏观调控部门始终认识到无法用一成不变的总量调控工具应对经济发展变化带来的各类结构问题，必须有不同类型政策工具去分门别类地综合解决，所以必须坚持结构性调控与总量调控并重。并且，为应对经济发展阶段变化带来的新矛盾、新情况、新问题，宏观调控实施手段、重点等也应及时调整。

二、我国宏观调控理论演变的时代背景、特征和体制基础

改革开放以来，我国经历了七八轮比较明显的宏观调控。1997年之前是四次以治理经济过热和通货膨胀为主要任务的紧缩性调控，这个阶段下计划体制主导下的"计划者冲动"和"软约束竞争"持续存在并经常倒逼货币、信贷超发，是经济过热的主要原因，一旦出现过热就会使调控当局本能性地以行政手段压缩投资项目和贷款规模，调控当局也发现行政手段在治理过热方面的作用效果立竿见影，市场化的调控工具有限且效果相对差些。这个阶段的中国经济反复出现以"一放就活、一活就乱、一乱就收、一收就死"为特征的剧烈波动，GDP 增长率和通胀率呈现大起大落之势。1997—2012 年，有两次是以扩大内需、刺激增长为主要目标的扩张性调控以及 2007 年的防过热调控，这个阶段的经济呈现高增长、低通胀且波动小的高位平稳化态势。但从东南亚金融危机到全球金融危机的外部冲击对我国经济波动与宏观调控的影响越来越大并直接引起扩张性调控，阶段性出现日益突出的局部民工荒等问题导致计划调控手段的作用效力逐渐下降，使调控部门越来越倚重多样化且效

果不断增强的市场化调控手段，在总量调控的基础上始终不放弃创新结构性调控工具。2013年以来的新一轮宏观调控是在人口红利趋于耗竭等带来的潜在增长率下滑、市场经济体制进入新阶段启动的，调控当局更加注重统筹稳增长、调结构、促改革，力求创新宏观调控方式，更加注重通过改革激发市场活力、提升经济潜在增长率，形成了更加倚重区间调控、定向调控、相机调控的模式：明确经济增长、物价和就业等指标变化的合理区间，引导、改善社会和市场形成稳定政策预期，预调微调，优化支出结构，通过盘活存量、用好增量提高效率，定向支持实体经济重点领域和薄弱环节等。

我国宏观调控部门始终面对的是不断变化着的不定型的双重经济体制和经济结构，形成了与阶段性的时代背景、特征和体制基础相适应的宏观调控模式和调控思想。我国宏观调控思想随着防止经济过热向防止经济过冷变化而演变，随着卖方市场向买方市场的转变而演变，随着计划经济体制主导向双轨体制过渡和市场经济体制主导过渡而演变，在不同的阶段性的时代背景、特征和体制基础下，都形成了一套调控主客体相互作用、工具目标相互作用、调控理念和宏观调控体制相互作用变化等特征较鲜明的宏观调控模式，1997年前后都是重要的节点。1997年后，我国供不应求商品比例下降到5%以下，进入买方市场，经济从供给约束转为需求约束（韩文秀，1998），由此也使宏观调控面对的市场体制主导的体制基础和市场主体等基本形成。并且，通过推行一系列宏观调控体制改革如分税制改革和银行商业化改革等，在1997年后逐步形成国家计委（现国家发改委）、财政部和中央银行、经贸委（现商务部）等相互配合的宏观调控部门体系，同时，微观上市场化运作的经济主体在经济体系

中逐渐占据主导地位。

三、社会主义宏观调控理论的探索、形成发展和贡献

社会主义宏观调控理论是在兼顾深化改革、促进经济发展和维护宏观稳定的实践中形成发展的。实现改革、发展和稳定的统一和相互促进决定了：中国宏观调控具有不断变化的多元目标，双重调控体制并存必然要求实施双轨调控，调控工具既多样化又有特殊性，动态地理解调控主客体相互作用关系并在此基础上不断更新调控工具和操作框架以解决重点突出问题，不断探索形成建立了在不同制度背景、发展阶段上宏观调控工具选择的规则或原则等。

改革开放前中国社会主义宏观调控是确保有计划、按比例地实现综合平衡。改革开放以来的中国特色社会主义宏观调控理论确定的主要目标是维护宏观稳定、深化改革和促进经济发展，本质上是为了确保发展、改革和稳定相统一，改革是手段，发展是目的，稳定是前提保障。由于体制结构和发展阶段的不同，中国特色社会主义宏观调控理论不同于主流宏观经济理论：我国宏观调控根据体制背景、发展阶段、面临的突出矛盾及其演变等不断创新、完善，及时调整宏观调控理念、规则、工具和目标等，确保发展、改革和稳定相统一，不同于西方经济学主要强调波动的宏观调控理论，不同于西方宏观经济理论与政策的重短期轻长期、重总量轻结构、重波动轻发展、重态势轻基础、重对策轻机制等，我国宏观调控理论更注重在实现改革、发展与稳定的进程中同时兼顾短期和长期、总量和结构、波动与发展、对策与机制、经济与社会、人与自然等多方面的协调问题（张晓晶，2015年），体现出决策效率高、执行能力强的政治制度优势，形成了稳中求进的调控理念和方法论。党的十八大以来，中国特色宏观调控理论更加成熟了：

一是区间调控理论。改革开放以来，我国多次明确提出"保8"、"保7"等经济增长目标。党的十八大以来，我国提出要对经济增长进行区间调控。区间调控将宏观调控的目标界定为一个合理区间：当主要经济指标如经济增速和通胀率、失业率等运行接近区间上下限时，则采取反周期的宏观调控政策，当经济运行处于中间状态时，则专注于深化改革和调整经济结构。按照区间调控的思路来调控经济，较好地兼顾了宏观稳定、深化改革和促进经济发展的平衡。二是定向调控理论。改革开放以来，我国在不同时期都针对国民经济重点领域定向施策。党的十八大以来，我国抓住经济发展中的突出矛盾和结构性问题，定向施策、精准发力。货币政策更加注重定向降准和定向再贷款等操作，创新定向政策工具如常备借贷便利工具（SLF）、短期流动性调节工具（SLO）、中期借贷便利工具（MLF）、抵押补充贷款工具（PSL）等；财政政策更加注重定向减税、拓宽小微企业税收优惠范围，为小微企业减负，定向为国民经济重点领域和关键环节提供必要的资金支持。定向调控在提高宏观调控效率的同时也实现了协同推进经济增长与结构调整。三是供给管理与需求管理双侧结合的理论。改革开放以来，我国在不同阶段都注重综合运用产业政策、信贷、土地、建设项目及环保审批等多种手段实施宏观经济调控，从供求两面同时发力。2015年11月，提出推进供给侧结构性改革。用改革的办法从供给侧发力，加快让市场在资源配置中起决定性作用来有效破解产能过剩，增加高品质民生产品和服务的有效供给，以努力实现供求关系的动态均衡，进而促进产业结构升级和提高潜在经济增长率。四是综合协调平衡理论。主要

体现为宏观调控始终注重多重关系平衡。改革开放以来，我国的宏观调控始终强调着眼当前又兼顾长远，政府与市场的调控作用并重，追求合理速度又注重提升经济质量效益，确保经济总量平衡又促进结构优化，促进内需与外需、投资与消费的平衡，注重经济与社会发展同人与自然等多方面的统筹协调等。

（执笔人：杜飞轮、杜秦川、孙长学）

第十一章　中国特色社会主义发展理念

在党的十八届五中全会上，以习近平同志为核心的党中央在深入总结国内外发展经验教训、深刻把握世界发展大势和中国经济社会发展历史方位、不断深化党对经济社会发展规律认识的基础上，针对我国发展中存在的突出矛盾和问题，紧紧围绕"为什么发展、怎样发展、为谁发展"这一基本问题，在继承前人发展思想和发展理念的基础上，提出了"创新、协调、绿色、开放、共享"的新发展理念。党的十九大报告再次强调坚持新发展理念，明确必须坚定不移贯彻创新、协调、绿色、开放、共享的发展理念。

第一节　中国特色社会主义发展理念产生的背景

新发展理念是在国际、国内发展环境发生深刻变化，我国经济发展进入新常态的时代背景下提出的。

国际环境发展深刻变化。一是世界经济长期低迷，原有的增长格局和增长机制受到严重损害，传统增长引擎对经济的拉动作用减弱，世界经济进入动能转换的换挡期，增长动能不足。全球贸易发展也进入低迷期，各国竞争加剧，贸易保护主义、民族主义等抬头，

外部需求不足的状况短期内难以改变。二是新一轮科技革命和产业变革蓄势待发，信息、生物、人工智能、3D打印等领域存在创新机会，我国面临的机遇与挑战并存。三是世界面临的不确定性上升，地区冲突频繁发生，恐怖主义、难民潮等全球性挑战此起彼伏，国际金融市场频繁动荡、资产泡沫积聚。因此，尽管从国际环境来看，和平与发展的时代主题没有变，但是，我国发展面临的国际环境不稳定不确定因素增多，曾经支持我国经济快速发展的经济全球化也面临挑战。

我国经济发展进入新常态。改革开放以来经过40年的快速发展，我国取得了举世瞩目的成就，但是经济发展依托的低成本要素优势逐步减弱，经济发展进入新常态，面临诸多矛盾叠加、风险隐患交汇的挑战。一是创新能力不强，技术进步对经济发展带动偏弱问题凸显，通过创新引领和驱动发展已经成为我国发展的迫切要求。二是发展不平衡、不协调问题突出，区域发展不平衡、城乡发展不协调、产业结构不合理、经济和社会发展"一条腿长、一条腿短"。三是发展不可持续问题严重，资源约束趋紧、环境污染严重、生态系统退化，发展与人口资源环境之间的矛盾日益突出。四是收入差距较大、社会矛盾增多、部分群众生活困难。新常态下，我国经济发展呈现出增长速度由高速转向中高速，发展方式由规模速度型转向质量效率型，经济结构调整由增量扩能为主转向调整存量、做优增量并举，发展动力由主要依靠资源和低成本劳动力等要素投入转向创新驱动等新的特点，如何应对这些新的特点和变化，是"十三五"乃至今后一段时期实现经济社会健康持续发展的关键。

随着国内外形势的变化，迫切需要根据国际国内环境的变化及时调整和深化我国发展的理论指导，明确发展的动力和方向，因此，新发展理念应运而生。

第二节　中国特色社会主义发展理念的内涵

新发展理念由创新、协调、绿色、开放、共享五个方面组成。五个方面既各有侧重又相互支撑，是一个相互影响、相互贯通、相互促进的系统的有机整体，有着深刻的内在逻辑和联系。其中，创新为发展注入活力，协调使发展更具平衡性整体性，绿色使发展更具可持续性，开放为发展拓展更广阔的空间，共享是发展的出发点和落脚点，集中反映了时代的声音、人民的意愿。

创新是引领发展的第一动力。发展动力决定发展速度、效能、可持续性，因此，把创新摆在第一位。习近平总书记指出：抓住了创新，就抓住了牵动经济社会发展全局的"牛鼻子"。抓创新就是抓发展，谋创新就是谋未来。创新是一个复杂的社会系统工程，涉及经济社会各个领域。树立创新发展理念，就必须把创新摆在国家发展全局的核心位置，不断推进理论创新、制度创新、科技创新、文化创新等各方面创新。坚持创新发展，既要坚持全面系统的观点，又要抓住关键，以重要领域和关键环节的突破带动全局。

协调是持续健康发展的内在要求。习近平总书记指出：协调既是发展手段又是发展目标，同时还是评价发展的标准和尺度，是发展两点论和重点论的统一，是发展平衡和不平衡的统一，是发展短板和潜力的统一。树立协调发展理念，就是从当前我国发展中不平衡、不协调、不可持续的突出问题出发，学会运用辩证法，善于"弹钢琴"，处理好局部和全局、当前和长远、重点和非重点的关系，着

力推动区域协调发展、城乡协调发展、物质文明和精神文明协调发展、经济建设和国防建设融合发展。

绿色是永续发展的必要条件和人民对美好生活追求的重要体现。绿色发展，就其要义来讲，是要解决好人与自然和谐共生问题。人类发展活动必须尊重自然、顺应自然、保护自然，否则就会遭到大自然的报复，这个规律谁也无法抗拒。习近平总书记指出：环境就是民生，青山就是美丽，蓝天也是幸福，绿水青山就是金山银山；保护环境就是保护生产力，改善环境就是发展生产力。树立绿色发展理念，就是要树立大局观、长远观、整体观，要坚持节约资源和保护环境的基本国策，像保护眼睛一样保护生态环境，像对待生命一样对待生态环境，推动形成绿色发展方式和生活方式，协同推进人民富裕、国家强盛、中国美丽。

开放是国家繁荣发展的必由之路。习近平总书记指出：实践告诉我们，要发展壮大，必须主动顺应经济全球化潮流，坚持对外开放，充分运用人类社会创造的先进科学技术成果和有益管理经验。树立开放发展理念，就必须顺应我国经济深度融入世界经济的趋势，奉行互利共赢的开放战略，坚持内外需协调、进出口平衡、引进来和走出去并重、引资和引技引智并举，发展更高层次的开放型经济，积极参与全球经济治理和公共产品供给，提高我国在全球经济治理中的制度性话语权，构建广泛的利益共同体。

共享是中国特色社会主义的本质要求。共享理念实质就是坚持以人民为中心的发展思想，体现的是逐步实现共同富裕的要求。共享发展理念内涵主要有四个方面：一是全民共享，这是就共享的覆盖面而言的。共享发展是人人享有、各得其所，不是少数人共享、一部人共享。二是全面共享，这是就共享的内容而言的。共享发展就要共享国家经济、政治、文化、社会、生态各方面建设成果，全面保障人民在各方面的合法权益。三是共建共享，这是就共享的实现途径而言的。共建才能共享，共建的过程也是共享的过程。要充分发扬民主，广泛汇聚民智，最大激发民力，形成人人参与、人人尽力、人人都有成就感的生动局面。四是渐进共享，这是就共享发展的推进进程而言的。共享发展必将有一个从低级到高级、从不均衡到均衡的过程，即使达到很高的水平也会有差别。

第三节　中国特色社会主义发展理念的实践意义

新发展理念是针对我国经济发展进入新常态、世界经济复苏低迷开出的药方，是针对当前我国发展面临的突出问题和挑战提出来的战略指引和行政纲领，是做好新时代经济社会工作的根本遵循，为我国经济社会持续健康发展树立起崇尚创新、注重协调、倡导绿色、厚植开放、推进共享的理念，为全面建成小康社会、实现"两个一百年"奋斗目标提供了理论指导和行动指南，是当今中国发展之道，是关系我国发展全局的一场深刻变革，对破解发展难题、增强发展动力、厚植发展优势具有重大指导意义。

新发展理念是做好新时代经济社会工作的根本遵循。当前，中国特色社会主义进入了新时代，我国社会主要矛盾已经转化为人民日益增长的美好生活需要和不平衡不充分的发展之间的矛盾。我国发展的内在条件和外部环境发生深刻变化。内部看面临着发展不平衡不充分、发展质量和效益不高、创新能力不强、生态环境保护任重道远、民生领域还有不少短板等突出问题。外部看全球贸易进入

低迷期，我国出口优势和参与国际产业分工模式面临新挑战。我国的改革发展面临着前所未有的困难和挑战，到了一个选择方向的关键时刻。新发展理念为我们正确认识中国特色社会主义新时代指明了科学方向，是事关发展全局的行动纲领。

新发展理念是实现中华民族伟大复兴中国梦的行动指南。新发展理念紧紧围绕"为什么发展、怎样发展、为谁发展"这一基本问题，深刻揭示了实现更高质量、更有效率、更加公平、更可持续发展的必由之路，是指导我国未来发展的顶层设计。新发展理念贯穿于"十三五"乃至今后相当长一个时期经济社会发展的全过程和各领域，这一时期是我国全面建成小康社会的决胜阶段，也是实现中华民族伟大复兴的中国梦的关键时期。新发展理念为全面建成小康社会、实现"两个一百年"奋斗目标、开启现代化建设新征程提供了行动指南。

第四节　中国特色社会主义发展理念的理论贡献

新发展理念是对我国社会主义现代化建设实践经验的高度理论概括，深刻反映了中国特色社会主义事业进入新阶段的时代要求，集中体现了社会主义现代化建设事业的内在发展规律，是对马克思列宁主义、毛泽东思想的继承和发展，为马克思主义政治经济学的创新发展贡献了中国智慧，是马克思主义发展观的与时俱进，是习近平新时代中国特色社会主义思想的重要组成部分，丰富和完善了中国特色社会主义理论体系，必将成为中国发展史上的思想丰碑。

新发展理念为马克思主义政治经济学的创新发展贡献了中国智

慧。新发展理念有着深厚的马克思主义政治经济学的理论基础，是对马克思主义、毛泽东思想的继承和发展，体现了世界观与方法论、唯物论与辩证法、历史观与价值观的多重辩证统一。新发展理念的提出，是对辩证法的运用；新发展理念的实施，也离不开辩证法的指导。习近平总书记指出，落实新发展理念，要坚持系统的观点，依照新发展理念的整体性和关联性进行系统设计，做到相互促进、齐头并进，不能单打独斗、顾此失彼，不能偏执一方、畸轻畸重；要坚持"两点论"和"重点论"的统一，善于厘清主要矛盾和次要矛盾、矛盾的主要方面和次要方面，区分轻重缓急，在兼顾一般的同时紧紧抓住主要矛盾和矛盾的主要方面，以重点突破带动整体推进，在整体推进中实现重点突破；要遵循对立统一规律、质量互变规律、否定之否定规律，善于把握发展的普遍性和特殊性、渐进性和飞跃性、前进性和曲折性，坚持继承和创新相统一，既求真务实、稳扎稳打，又与时俱进、敢闯敢拼。需要坚持具体问题具体分析，"入山问樵、入水问渔"，一切以时间、地点、条件为转移，善于进行交换比较反复，善于把握工作的时度效。由此可见，新发展理念坚持和运用了唯物辩证法、系统论、矛盾论等马克思列宁主义、毛泽东思想的基本原理和基本内核，是对马克思列宁主义、毛泽东思想的坚持和发展。

新发展理念是对马克思主义发展观的深化和与时俱进。马克思主义发展观认为无论是自然界、人类社会还是人的思维都是在不断地运动、变化和发展的；事物的发展是具有客观规律性的；人类社会的发展是合规律性和合目的性的统一；发展的实质是事物的前进和上升；人民群众是社会发展的主体，在历史发展中发挥着重大作用。新发展理念是以习近平同志为核心的党中央认真总结国内外改

革发展的经验教训，自觉运用马克思主义发展观分析当代中国实际和未来发展大势的产物。新发展理念的提出对当代中国的发展动力、发展要求、发展条件、发展道路、发展主体、发展目的等重大问题作出了创造性地回答，鲜明回答了为谁发展、靠谁发展、实现什么样的发展、怎样发展的问题，是马克思主义发展理论在当代中国的具体体现和高度凝练，开辟了马克思主义发展观的最新境界，在推动我国经济社会持续健康发展的同时，将马克思主义发展观推进到了一个新的高度。

新发展理念丰富和完善了中国特色社会主义理论体系。改革开放以来，指导我国经济发展的理念由发展是硬道理、科学发展观演进到新发展理念，是一个由浅入深、由简单到复杂、由低级到高级的过程。新发展理念与引领我国经济发展新常态相适应，与实现"十三五"时期全面建成小康社会新的目标要求相契合，与人民群众热切期盼在发展中有更多获得感的新期待相呼应，是对我国改革开放40年来发展经验的深刻总结，也是对我国发展理论的又一次重大创新，丰富和完善了中国特色社会主义理论体系，将中国特色社会主义理论体系提升到一个新的境界，为在新的历史条件下推进中国特色社会主义伟大事业提供了科学理论指导。

（执笔人：李忠、刘保奎、黄征学、卢伟、申兵）

第十二章 供给侧结构性改革的基本理论

2015 年以来，习近平总书记从我国的实践出发，运用马克思主义政治经济学理论，围绕为什么要推进供给侧结构性改革、什么是供给侧结构性改革、如何推进供给侧结构性改革等基本问题，提出了一系列重要论述，初步构建了比较完整的供给侧结构性改革理论体系。

第一节 供给侧结构性改革提出的历史背景

供给侧结构性改革是在国际经济环境发生重大变化，针对我国经济发展新阶段出现的新情况，为解决现实问题而提出来的，有其深刻的历史背景。

一、供给侧结构性改革是我国经济发展进入新常态的必然选择

改革开放以来，我国经济持续快速发展，经济总量已跃居世界第二位，人均收入进入由中等收入国家向中高收入国家迈进的阶段，同时经济运行发生一些阶段性、深层次、趋势性的变化，突出表现

在消费结构不断升级，人民生活由一般的数量满足向追求更高水平更高质量转变。从供给侧看，传统的人口红利弱化，旧的发展动能不断衰减，资源环境约束加剧。从国际上看，我国参与国际分工与合作的低成本优势弱化，新一轮科技革命和产业变革正在孕育兴起。这些变化迫切要求我国加快转变经济发展方式，推动供给体系结构转型和动能转换。但受体制机制制约，目前我国产品结构、企业组织结构和生产要素结构不适应需求变化，必须着力推动供给侧结构性改革，使我国经济向形态更高级、分工更优化、结构更合理的阶段演进。要从供给侧发力，对症下药，以改革创新促产品和服务质量提高，增强供给结构对需求结构的适应性，以优质供给激发并满足人民群众日益增长的物质文化需要。

二、供给侧结构性改革是经济发展新常态下我国宏观经济管理必须确立的战略思路

供给侧和需求侧是管理和调控宏观经济的两个基本手段。经济政策是以供给侧为重点还是以需求侧为重点，要依据宏观经济形势作出抉择。当前，我国经济下行压力很大，主要不是周期性的，而是结构性问题。习近平总书记明确指出，当前和今后一个时期，我国经济发展面临的问题，供给和需求两侧都有，但矛盾的主要方面在供给侧。针对这种情况，用扩张总需求的办法不可能从根本上解决问题。近年来，我国实施积极的财政政策和稳健的货币政策，但经济下行压力未得到根本缓解，还带来需求刺激政策边际效应下降、金融风险积聚等负面效应。实践充分说明，随着我国经济运行的主要矛盾由过去的总量不足转变为结构性矛盾，继续坚持需求侧管理为主的宏观政策，不适应新形势的需要，必须把供给侧结构性改革

作为宏观经济管理的重要内容，着力解决供给侧结构性矛盾和制度障碍，进一步解放和发展生产力，加快新动能成长，重构经济新常态下内外供需平衡、协调发展的新平衡点，加快实现经济社会发展结构转型和发展动能转换。

三、供给侧结构性改革是贯彻落实新发展理念的必然要求

创新、协调、绿色、开放、共享五大发展理念，是"十三五"乃至更长时期我国发展思路、发展方向、发展着力点的集中体现。贯彻落实新发展理念，要求我们必须实现从要素驱动向创新驱动转变，促进区域、城乡协调发展，推进生态文明建设，培育新的国际竞争优势，提高共享发展水平。这些都有赖于深入推进供给侧结构性改革。坚持创新发展，需要大力推进科技体制、教育体制改革，提升企业创新能力和产业创新能力，提高劳动生产率和全要素生产率。坚持协调发展，必须优化生产力布局，着力推进老工业基地、资源枯竭型城市产业转型升级。坚持绿色发展，要加快完善绿色发展的市场机制，严格企业发展环保约束，发展绿色制造。坚持开放发展，要更好地利用国际优质要素、市场空间和规则体系，积极拓展国际发展空间，培育我国经济新的竞争优势。坚持共享发展，要切实推进收入分配体制改革，有效促进居民收入增长与经济发展同步，稳步提高公共服务共建能力和共享水平，切实增强发展动力。

第二节　供给侧结构性改革的核心要义

习近平总书记明确指出，供给侧结构性改革，说到底最终目的

是满足需求，主攻方向是提高供给体系质量和效率，根本途径是深化改革。供给侧结构性改革，就是用改革的办法推进供给结构调整，更好地满足需求，促进经济社会持续健康发展。可以形象地表述为："供给侧结构性改革 = 供给侧 + 结构性 + 改革"。其中，供给侧包括生产要素、生产者和产业三个逐次递进的层次，构成经济增长的供给体系；"结构性"是指生产要素、企业和产业是按照什么比例进行配置的，不同的组合决定了经济增长的质量和效率；"改革"是指通过完善制度建设来调整生产关系，改变生产要素、企业和产业的重大比例关系，既包括数量关系调整，也包括质量提升（见图 12-1）。

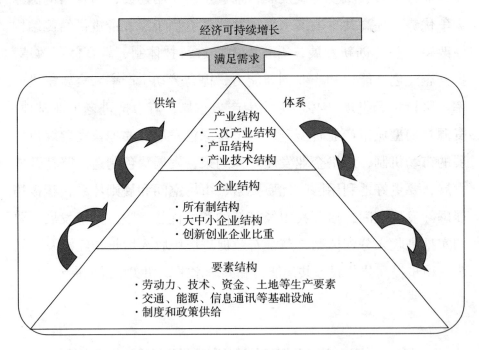

图 12-1　供给侧结构性改革分析框架示意图

一、最终目的是满足需求

供给和需求是市场经济内在关系的两个基本方面，二者既对立又统一。供给决定着需求的对象、方式、结构和水平，是满足需求的前提和基础；而需求又反过来引导供给、为供给创造动力，没有需求，供给就无从实现。马克思的生产和消费的关系实际就是供给和需求的关系，马克思指出，从根本上说是生产决定消费，消费反过来会对生产起作用。作为社会再生产的最终环节，消费是经济活动的最终目的，一切经济活动归根结底都是为了满足需求而进行的。社会再生产的核心问题是社会总产品的实现，即各种产品通过交换后，既要在价值上得到补偿，又要在实物上得到替换。因此，供给侧结构性改革的目的非常明确，就是要以满足各类不断升级的需求为目的，扩大有效供给，更好满足人民群众的需要。

二、主攻方向是提升供给体系质量和效率

供给体系是由生产要素、企业和产品、产业所构成的相互影响、共同发展的系统。其中，劳动力、资金、技术等是生产要素投入，企业是生产要素的组织者，产业是供给体系的最终体现。一个国家和地区的供给水平（产出）取决于多种因素的影响，其中主要的因素有：生产要素、企业和产品的数量、质量和结构，以及整个供给体系的运行效率。从各国发展的经验看，经济的持续增长主要取决于供给体系的质量和效率，即所谓的技术进步，包括劳动者素质的提高、管理水平的提高、生产工艺的改进、企业结构和产业结构的优化等。因此，供给侧结构性改革的主攻方向是提高供给体系的质

量和效率，包括提高劳动力质量、提高劳动生产率、提高全要素生产率，优化企业结构和产品结构等方面。

三、根本途径是深化改革

马克思主义认为，生产力的发展水平决定生产关系，同时生产关系对生产力具有反作用。生产关系适合生产力的发展，就能够推动生产力不断前进，否则就会阻碍生产力的进步。马克思也强调社会再生产是生产关系的再生产，是制度体制的再生产，需要破除旧的生产关系。国内外大量的发展经验也充分证明，制度创新是提高供给水平和能力的关键。习近平总书记明确指出，供给侧结构性改革，重点是解放和发展社会生产力。要切实破除抑制供给结构升级的体制机制，充分调动广大人民群众的积极性和创造性，增强微观主体内生动力，不断推动产业结构升级。

第三节　供给侧结构性改革的基本要求

习近平总书记不仅指出了什么是供给侧结构性改革，而且还提出了供给侧结构性改革的基本要求，强调要正确处理好政府与市场、短期和长期、减法和加法、供给和需求的关系，抓好"三去一降一补"工作，推进农业供给侧结构性改革，振兴实体经济等，这些论断深刻揭示了供给侧结构性改革的内在发展规律，构成了严密逻辑体系（见图12–2）。

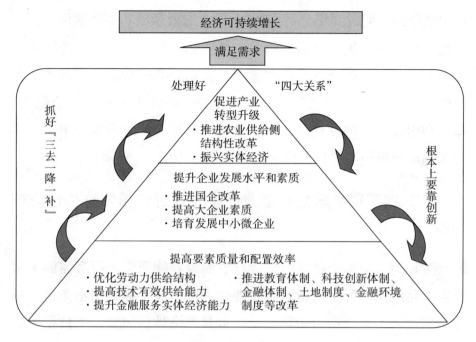

图12-2　供给侧结构性改革的基本要求逻辑关系示意图

一、推进供给侧结构性改革要正确处理"四大关系"

一是处理好政府与市场的关系。既要遵循市场规律、善用市场机制解决问题，使市场在资源配置中起决定性作用；又要更好地发挥政府作用，在尊重市场规律基础上，用改革激发市场活力，用政策引导市场预期，用法治规范市场行为。二是处理好短期和长期的关系。要着力解决当前突出矛盾和问题，降低经济运行风险，保持经济增长稳定。同时，要着力构建长效体制机制，重塑中长期经济可持续增长的动力机制。既要在战略上坚持持久战，又要在战术上打好歼灭战。三是处理好减法和加法的关系。要做好"减法"，减少低端供给和无效供给，深化去产能、去库存、去杠杆，为经济发展

留出新空间。同时要做好"加法",扩大有效供给和中高端供给,补短板、惠民生,加快发展新技术、新产品、新产业,为经济增长培育新动力。四是处理好供给和需求的关系。要把供给侧管理和需求侧管理结合起来,相互配合、协调推进。既要大力推进供给创新,适应和引领需求的变化。也要采取必要的财政、货币等政策,发挥需求侧对稳定经济增长、拉动新兴产业的作用。

二、提高要素质量和配置效率是推进供给侧结构性改革的基石

劳动力、资本、技术、土地、资源等是物质生产所必需的关键要素,是维系国民经济运行及企业生产经营所必需的基本条件。马克思指出,人是生产力中第一位、最具革命性的因素,工具是生产力的标志,供给和需求的对接必须依赖货币作为交易媒介。同时,马克思也强调劳动力、资本、资源等生产要素质量对社会生产的重要作用。世界各国经济发展的大量实证和理论研究也表明,国民财富的增加主要取决于投入生产的劳动力、资本、资源等要素数量和质量,而且从长期看,影响经济增长的主要动因是劳动力素质的提高、知识的存量、资源配置效率和结构的变动等因素。因此,推进供给侧结构性改革,必须着力提高生产要素的质量和配置效率,包括提高劳动力素质,提高技术有效供给能力,提升金融服务实体经济能力,推进土地制度、资源环境制度等改革。

三、提升企业发展水平和素质是推进供给侧结构性改革的关键环节

企业是最重要的市场主体,是生产要素的组织者和产品与服务

的提供者，是创新的发动机，处于供给体系的关键位置。离开了企业，劳动力、资本、技术、土地和基础设施等经济增长的投入难以转化为现实生产力。同样，离开了企业，经济活动的主要过程即生产和流通就中断和停止，也难以形成产业。在经济增长中，不同企业的作用不同，企业结构（包括所有制结构、大中小企业结构等）对整个供给体系的质量和效率有很大影响。一方面，它直接影响了产品和服务的生产能力。另一方面，不同的企业结构对生产要素配置效率有很大影响。因此，推进供给侧结构性改革，必须要紧紧抓住企业这个关键环节，要推进国有企业改革，大力发展集体经济和非公有制企业，优化企业所有制结构。要提升大企业素质，大力发展中小企业，着力提升企业创新能力和竞争力。

四、促进产业转型升级是推进供给侧结构性改革的中心任务

大量研究表明，产业结构必须与经济发展水平相适应，否则就会阻碍经济增长。一个国家和地区成功的经济发展都是在一次次产业结构的合理变动后所取得的。马克思指出，"不同生产部门由于投入其中的资本量的有机构成不同，会产生极不相同的利润率，但资本会从利润较低的部门抽走，投入利润率高的其他部门。通过这种不断的流入和流出，以至不同的生产部门都有相同的平均利润，因而价值也就转化为生产价格"。经济增长的过程就是生产要素从低生产率部门向高生产率部门转移的过程。只有产业供给符合市场需求、产业结构适应需求结构，社会资本的循环周转才能顺利完成，稀缺的要素资源才能得到有效配置和利用，经济才能实现可持续发展。因此，推进供给侧结构性改革必须着力推进产业转型升级，要大力

推进农业供给侧结构性改革，振兴制造业，提高服务供给水平，加快培育壮大新兴产业。

五、推进供给侧结构性改革根本上要靠创新

创新通过加速前沿技术突破和现有技术的应用来提高生产率，是推动供给增长的核心力量。大量的研究和实践表明，创新的水平决定供给的能力。习近平总书记多次强调，创新是引领发展的第一动力。抓创新就是抓发展，谋创新就是谋未来。适应和引领经济发展新常态，推进供给侧结构性改革，根本要靠创新。无论是降低企业成本，促进产业转型升级，提升企业发展水平和素质，还是提高要素质量和配置效率，从根本上讲都必须大力推进以科技创新为核心的全面创新。只有大力推进创新创业，才能不断创造新的产业、创造新的就业机会，才能振兴实体经济、改变国际分工地位，才能破解资源环境的约束、实现经济社会持续发展。

六、抓好"三去一降一补"是近期推进供给侧结构性改革的重要任务

当前我国供给侧的结构性矛盾，突出表现为部分行业产能严重过剩、部分地区房地产库存高企、企业杠杆率偏高、实体经济成本过高、经济社会发展领域一些短板突出。2016年以来，在供给侧结构性改革的带动下，这些问题得到一定程度的缓解，经济运行呈现缓中趋稳、稳中向好的态势，但"三去一降一补"的任务仍然十分艰巨。虽然煤炭、钢铁行业去产能取得了初步进展，但产能过剩的问题仍很突出；总体杠杆率上升速度有所放缓，但仍处高位；房地产整体库存水平有所下降，一二线城市去库存取得重要进展，但

三四线城市库存消化周期仍然较长；2016 年，全年企业成本降低 1 万亿元以上，规模以上工业企业每百元主营业务收入成本下降 0.14 元，但企业成本仍然较高，与美国等发达国家的差距缩小。交通设施、农村能源、创新能力等进一步改善，2016 年全年脱贫 1000 万人，但脱贫攻坚等补"短板"任务依然十分艰巨。为此，从当前看，必须着力推进"三去一降一补"，为我国经济保持中高速增长、迈向中高端水平，奠定坚实基础。

第四节　供给侧结构性改革的理论创新

供给侧结构性改革理论，坚持从中国国情和现实发展阶段出发，既继承和发展了马克思主义政治经济学理论，又充分借鉴了西方经济学的有益成分，是马克思主义中国化、中国特色社会主义政治经济学的新篇章。

一、供给侧结构性改革是基于中国经济发展实践作出的理论创新

马克思指出："一切划时代的体系的真正内容都是由于产生这些体系的那个时期的需要而形成起来的。"习近平总书记关于供给侧结构性改革的新思想新论述，不是来源于原有理论的逻辑推演，而是基于中国经济建设实践作出的理论创新。这与西方供给学派形成的历史背景不同。美英等国家推行供给学派政策主张的时期已完成了工业化，进入高收入发展阶段，经济结构和市场机制步入相对成熟期。而我国供给侧结构性改革是在中国工业化尚未完成，市场机制

还不成熟，人均收入还未达到高收入阶段，针对中国经济发展进入新常态提出来的，具有鲜明的中国特色和实践特征。

二、供给侧结构性改革是马克思主义中国化的重大成果

西方国家供给学派是建立在西方古典经济学理论基础之上的，其主要政策主张是发挥市场配置资源的作用，放松管制等。我国供给侧结构性改革基于马克思的社会再生产理论，同时也借鉴了现代经济增长理论、发展经济学、产业经济学、制度经济学等西方经济学的理论精华，提出要从供给侧发力，优化经济结构，深化经济体制改革。强调要把供给侧管理和需求侧管理联系起来，既不离开需求谈供给，又不离开供给谈需求。明确区分有效供给和无效供给，提出供给侧结构性改革要减少无效供给，扩大有效供给，提高供给结构对需求结构的适应性。这些内容把马克思主义政治经济学中关于生产和消费关系、生产力和生产关系等理论与中国的实际结合起来，是马克思主义中国化的重大理论创新成果。

三、供给侧结构性改革是中国特色社会主义政治经济学的新篇章

供给侧结构性改革是宏观政策和微观政策的结合，也是发展和改革的结合，既包含了发展的要求，也包含了体制改革的要求和统筹国内外两个大局的需要。既区别于凯恩斯主义为代表的需求决定论，也区别于萨伊定律为核心的供给经济学。同时，供给侧结构性改革强调，不仅要调整供给结构的数量关系，而且要推动整个结构系统的转换和升级、质量提升。既包括生产力的调整，也包含生产

关系的变革。既要发挥市场配置资源的决定性作用，也要发挥好政府的作用。这些重大论断，丰富和发展了中国特色社会主义宏观调控理论、社会主义市场经济理论和改革开放理论，谱写了中国特色社会主义政治学的新篇章。

（执笔人：王昌林等）

第十三章　中国特色社会主义区域协调发展理论

　　我国区域协调发展主要是在统筹考虑"效率"和"公平"的基础上形成的具有中国特色的区域协调发展战略。在不同的历史阶段，对"效率"和"公平"的考虑各有侧重，因此，不同历史时期推进区域协调发展的重点也各不相同。新时代，我国区域协调发展战略更侧重打破区域藩篱，全面提高资源配置效率，发挥市场配置资源的决定性作用，并积极推进基本公共服务均等化，构建更有效率、更加公平、更可持续的区域协调发展新格局。

第一节　区域协调发展战略的形成

　　我国区域发展经历了从新中国后注重"公平"，到改革开放初期注重"效率"，再到兼顾"公平"与"效率"的演变，由此推动我国区域发展经历了从"均衡发展"到"非均衡发展"再到"协调发展"的重大转变，尤其是党的十八大以后，中央加强顶层设计，初步构建起有利于全国统一市场建设和政府基本公共服务均等化的"四梁八柱"，通过在生产领域实现效率最大化和分配领域实现基本公共服务均等化较好地实现了"效率"和"公平"的统筹兼顾，进一步丰富和发展了中国特色社会主义区域协调发展理论，区域协调发展战略成为新时代贯彻新发展理念和建设现代化经济体系的有机组成部分。

从新中国成立到改革开放之前，我国在区域发展领域实施均衡发展，重点建设内地。这主要是基于当时特殊的国际国内形势，在优先考虑国防备战的时代背景下，尽可能地将重大项目和投资向内地、向山区以及"三线"地区布局。这种特殊历史背景下的区域均衡发展尽管效率不高，但在客观上促进了我国内地经济社会的快速发展，使得内地与沿海之间的发展差距不大，并初步奠定起内地产业发展基础和框架。推动区域均衡发展是我国在特殊的国际环境背景下以国防备战为优先的重大战略举措，在当时具有重要的现实意义。

20世纪70年代，随着中美关系开始走向正常化，我国面临的国际环境发生了很大变化，国家开始调整"备战、备荒"优先的生产力布局原则，更加注重"效率优先"的生产力布局原则，重大项目和投资开始由内地向沿海地区转移。1978年党的十一届三中全会作出了把工作重点转移到社会主义现代化建设上来的战略决策，确定了中国实行对外开放、对内搞活经济的重大战略方针。在邓小平同志"两个大局"构想中的第一个大局思想指引下，中国区域发展部署上由过去主要强调备战转移到以提高经济效益为中心上来，我国逐步推动实施了以"效率优先"区域非均衡发展的各项战略部署，东部沿海地区凭借其优越的区位条件和国家政策支持获得迅猛发展。"六五"计划明确提出，要积极利用沿海地区的现有基础，充分发挥它们的特长，带动内地经济进一步发展。20世纪80年代初开始，

国家开始推动沿海地区优先发展，国家战略与区域政策向东部沿海地区重点倾斜，在东部沿海地区推动设立特区、开放沿海港口城市、建设沿海经济技术开发区、沿海经济开放区等，在我国东部沿海地区率先推动实施改革开放政策，利用东部沿海地区对外开放优势，面向国际市场，大力发展开放型经济。实践证明，效率优先的区域非均衡发展，实现了东部沿海地区率先发展的战略目标，使东部沿海地区在国民经济发展中起到了重要的支撑和示范引领作用。

到了 20 世纪 90 年代，随着我国改革开放尤其是社会主义市场经济体制改革的深入推进，各种生产要素向东部沿海地区继续集中，东部沿海地区发展进一步加快，地区发展差距特别是东西差距不断扩大，并由此引发了一系列区域矛盾和问题。在这种情况下，国家开始把促进区域协调发展提到重要的战略高度，开始关注促进东部与中西部地区协调发展。国家"八五"计划首次提出，要促进地区经济的合理分工和协调发展，认为生产力的合理布局和地区经济的协调发展是我国经济建设和社会发展中一个极为重要的问题。国家"九五"计划明确把坚持区域经济协调发展、逐步缩小地区发展差距作为今后 15 年经济和社会发展必须贯彻的重要方针之一，并指出从"九五"开始，要更加重视支持内地发展，实施有利于缓解差距扩大趋势的政策，逐步加大工作力度，积极朝着缩小差距的方向努力，要按照"统筹规划、因地制宜、发挥优势、分工合作、协调发展"的原则，积极缩小地区发展差距。1997 年，党的十五大报告中特别强调，要从多方面努力，逐步缩小地区发展差距，促进地区经济合理布局和协调发展。在具体措施上，"八五""九五"计划期间，为加快中西部地区经济发展，中央增加了在中西部地区的投资比重，并积极推动沿海一些加工制造业逐步向中西部资源丰富地区转移。此外，为了尽快消除贫困问题，这一时期国家进一步完善扶贫政策和扶持民族地区发展政策，如，1994年，国务院制定并实施了《国家八七扶贫攻坚计划》，1996年，中共中央、国务院发布了《关于尽快解决农村贫困人口温饱问题的决定》，积极推动全社会扶贫济困。从1992年开始中央财政设立了少数民族发展专项资金，专门用于支持少数民族地区经济发展，促进少数民族地区加快发展致富。20世纪90年代，面对我国地区发展差距尤其是东西差距不断扩大带来的矛盾与问题，中央根据邓小平同志"两个大局"构想中的第二个大局指导思想，初步形成了区域协调发展的战略构想。2000年以来，为促进区域协调发展，国家先后制定实施了西部大开发、东北等老工业基地振兴、促进中部地区崛起等战略，并积极支持革命老区、民族地区、边疆地区、贫困地区等特殊类型地区加快发展，逐步形成了区域发展总体战略格局。党的十八大以来，以习近平同志为核心的党中央提出了创新、协调、绿色、开放、共享的发展理念，实施了京津冀协同发展、长江经济带发展等引领区域协调发展的重大战略，以城市群为主体促进构建大中小城市和小城镇协调发展的城镇格局，坚持陆海统筹，积极推动建设海洋强，推动我国区域协调发展不断开创新局面。党的十九大正式提出"实施区域协调发展战略"，区域协调发展在国家战略中的重要性得到进一步提升，并成为习近平新时代中国特色社会主义思想和基本方略的有机组成部分。

我国区域发展从改革开放后的效率优先到兼顾公平和效率，并制定了相应的区域政策作为支撑，区域协调发展取得重要进展。区域协调发展战略的形成凝聚了我国几代中央领导集体的智慧，是构建中国特色社会主义理论的重要组成部分。在中国特色社会主义道

路旗帜指引下，立足于我国仍处于并将长期处于社会主义初级阶段的基本国情和我国是世界最大发展中国家的国际地位，区域发展既要公平也要效率，区域协调发展就是立足不同区域发展的基础和特色，发挥区域比较优势，促进形成区域合理分工、竞相发展、良性互动的格局，让不同区域都能够实现自我发展的目标，同时还能让区域差距保持在合理的范围之内，确保区域发展的公平性，充分体现社会主义制度的优越性。从区域均衡发展到区域非均衡发展再到区域协调发展，构成了中国特色社会主义区域协调发展的基础理论体系框架。

第二节　深入推进区域发展总体战略

2000 年以来，为促进区域经济协调发展，我国制定实施了强化举措推进西部大开发、深化改革加快东北等老工业基地振兴、发挥优势推动中部地区崛起、创新引领率先实现东部地区优化发展的区域发展总体战略，既促进了我国在区域协调发展进程中进一步探索，也为我国区域发展总体战略的正式形成提供了理论和实践上的准备，表明我国已经进入区域协调发展战略全面实施的新阶段。

世纪之交，为扭转东西差距持续扩大趋势，改变西部地区落后现状，促进地区经济协调发展，党中央在深刻分析国际国内政治经济形势的基础上，敏锐地抓住历史机遇，作出西部大开发的战略决策，把区域经济发展战略重点从"第一个大局"转向"第二个大局"，拉开了构建区域发展新格局的序幕。1999 年 6 月，江泽民同志提出"必须不失时机地加快中西部地区的发展，特别是抓紧研究西部地区大开发"。党的十五届四中全会正式提出了"国家要实施西部大开发战略"。2000 年 1 月国务院决定成立西部地区开发领导小组，西部大开发正式实施。其基本思路是以基础设施建设、生态建设和环境保护、产业结构调整、发展科技教育等重点任务，集中力量在水利、交通、通信、能源、市政、生态、农业、科技、教育和农村基础设施等方面建设一批具有明显带动作用的重点工程，扎扎实实地推进西部大开发，力求通过几代人的艰苦奋斗，到 21 世纪中叶把西部地区建成一个经济繁荣、社会进步、生活安定、民族团结、山川秀美、人民富裕的新西部。西部大开发战略一定程度上扭转了西部地区经济发展的被动局面，这种把落后地区发展上升到国家战略的高度，并通过国家的政策、资金、项目和其他地区及企业的共同参与来推动落后地区发展、以缩小地区差距的路径，是我国在促进区域经济协调发展上进行的理论上和实践上的初步尝试，为此后我国统筹解决其他区域问题提供了重要思路和历史借鉴。因此，某种程度上说，东西协调发展双轮驱动是我国区域总体发展战略的前奏和开端。

在西部大开发战略实施的同时，我国东北地区、中部地区、东部地区的区域经济问题同样引起了国家的重视。东北老工业基地是新中国工业的摇篮，但随着改革开放的不断深入，老工业基地的体制性、结构性矛盾日益显现，经济发展速度逐渐落后于东部沿海地区，进一步发展面临着许多困难和问题。有鉴于此，国家提出了东北地区等老工业基地振兴战略。2002 年 11 月，党的中共十六大报告明确提出："支持东北地区等老工业基地加快调整和改造，支持以资源开采为主的城市和地区发展接续产业"。2003 年 10 月，中共中央、国务院印发《关于实施东北地区等老工业基地振兴战略的若干意见》（以下简称《意见》)，明确提出实施东北地区等老工业基地振

兴战略的指导思想、方针任务和政策措施。《意见》强调，振兴老工业基地，不仅是东北地区等老工业基地自身改革发展的迫切要求，也是实现全国区域经济社会协调发展的重要战略举措，事关改革发展稳定的大局，对全面建设小康社会和实现现代化建设目标有着十分重要的意义。《意见》的出台，标志着加快振兴东北地区等老工业基地的重大战略进入具体实施阶段。2007 年 8 月，国务院正式批复了《东北地区振兴规划》，提出经过 10 年到 15 年的努力，将东北地区建设成为具有国际竞争力的装备制造业基地、国家新型原材料和能源保障基地、国家重要商品粮和农牧业生产基地、国家重要的技术研发与创新基地和国家生态安全的重要保障区，即"四基地一保障区"。

面对东部繁荣、西部开发和东北振兴，中部经济整体发展已经出现了明显的趋缓势头，在发展水平上不如东部，在发展速度上不如西部，"三农"问题越来越严重、产业结构转换越来越困难、资源被拉空现象越来越突出，正所谓中部呈塌陷之势。至此，中部地区也开始进入决策视野，党中央在积极推进西部大开发和确立振兴东北地区等老工业基地的同时，谋划中部地区的快速发展，是探索促进区域协调发展战略的又一重大举措。2004 年 1 月，中央经济工作会议首次出现了"促进中部崛起"的提法。同年 3 月，政府工作报告中提出"促进中部地区崛起"的战略构想，强调加快中部地区发展是区域协调发展的重要方面。同年"两会"期间，胡锦涛在与湖北代表团共同讨论时指出，实现全面建设小康社会的宏伟目标，要求我们促进区域经济协调发展，逐步形成东中西部互联互动、优势互补、协调发展的良好格局。2006 年 4 月，中共中央、国务院发布了《关于促进中部地区崛起的若干意见》，提出将中部地区建设成为全国重要的粮食生产基地、能源原材料基地、现代装备制造及高技术产业基地和综合交通运输枢纽，即"三基地一枢纽"。

随着西部大开发、东北振兴两大战略的相继实施和中部崛起战略的提出，东部地区该如何发展的问题引起了国家的关注。1949—1978 年的区域均衡发展战略，以牺牲沿海地区的发展支持内地发展，其结果是不仅没有使得内地经济腾飞，而且拖累了沿海地区经济发展的速度与质量。因此，2004 年政府工作报告中还提及要"鼓励东部地区加快发展"。2005 年 10 月，党的十六届六中全会《决定》首次提出："落实区域发展总体战略，促进区域协调发展"。指出要继续推进西部大开发，振兴东北地区等老工业基地，促进中部地区崛起，鼓励东部地区率先发展，形成东中西部地区互动、优势互补、相互促进、共同发展的新格局。至此，一个以"西部大开发、振兴东北、中部崛起、东部率先发展"为核心内容，以市场机制、合作机制、互助机制、扶持机制为保障，以实现基本公共服务均等化、推进城镇化发展为着力点，并覆盖东、中、西和东北地区的四大板块共同驱动的区域发展总体战略格局基本形成了。它使我国区域经济协调发展格局从"单极引领"推进到了"四块驱动"的新阶段，充分体现了"全国一盘棋"、各地区共同发展和共同富裕的思想，更有利于我国各区域向着更加协调均衡的方向迈进。

在新的发展阶段，全面促进区域协调发展，是全面建成小康社会、加快推进社会主义现代化建设的重大战略任务，不仅关系到全国各族人民共享改革发展成果、逐步实现共同富裕，而且关系到国家长治久安和中华民族伟大复兴。在区域发展总体战略形成后，党中央把推进主体功能区建设，逐步提升到优化国土开发格局、促进区域协调发展的战略加以构想和实施，并加大了对革命老区、民族

地区、边疆地区、贫困地区以及粮食主产区、矿产资源开发地区、生态保护任务较重等特殊地区的转移支付，精准发力，加快脱贫攻坚步伐，进一步丰富了区域总体战略的思路内涵。区域发展总体战略的提出和形成是中国特色社会主义协调发展理论的完善过程，为我国区域发展战略和政策完善、为形成中国特色社会主义区域协调发展理论丰富了理论内涵和实践经验。

第三节　推动京津冀协同发展

2014年2月，习近平总书记专题听取京津冀协同发展工作汇报时强调，京津冀协同发展意义重大，是面向未来打造新的首都经济圈、推进区域发展体制机制创新的需要，是探索完善城市群布局和形态、为优化开发区域发展提供示范和样板的需要，是探索生态文明建设有效途径、促进人口经济资源环境相协调的需要，是实现京津冀优势互补、促进环渤海经济区发展、带动北方腹地发展的需要，对这个问题的认识要上升到国家战略层面，要坚持优势互补、互利共赢、扎实推进，加快走出一条科学持续协同发展的路子来。党的十九大报告指出，要以疏解北京非首都功能为"牛鼻子"推动京津冀协同发展，高起点规划、高标准建设雄安新区。京津冀协同发展，其本质内涵是要解决首都北京的"大城市病"问题和同质发展竞争问题，探索人口经济密集地区优化开发的新模式。

京津冀协同发展将围绕交通一体化、生态环境保护、产业升级转型等重点领域率先突破。通过规划衔接，打通交通"断头路"，促进交通基础设施的互联互通一体化发展，不断完善体制机制，在已经启动的大气污染防治协作基础上，完善防护林建设、水资源保护、水环境治理、清洁能源使用等领域的合作，促进京津冀生态环保的共保共治共享，加快推进产业对接协作，形成区域间产业合理分布和上下游联动机制。作为京津冀协同发展的两个重要抓手，将重点推进河北雄安新区建设和通州副中心建设，用于分别承接非首都功能和北京市功能的转移。中央决定设立河北雄安新区，这是深入推进京津冀协同发展的一项重大决策部署。雄安新区与规划建设的北京城市副中心通州一道，将在承接适宜功能和人口转移、推动京津冀协同发展方面发挥十分重要的作用。同时，雄安新区将在建设绿色生态宜居城市，实现创新发展、协调发展、开放发展方面提供示范。推动京津冀协同发展，是我国适应经济进入新常态，应对资源环境压力加大、区域发展不平衡矛盾日益突出等挑战，加快转变经济发展方式、培育增长新动力和新的增长极、优化区域发展格局的现实需要，有利于破解首都发展长期积累的深层次矛盾和问题，优化提升首都核心功能，走出一条中国特色的解决"大城市病"的路子，有利于完善城市群形态，优化生产力布局和空间结构，打造具有较强竞争力的世界级城市群；有利于引领经济发展新常态，增强对环渤海地区和北方腹地的辐射带动能力，为全国转型发展和全方位对外开放作出更大贡献。

第四节　推动长江经济带发展

长江通道是我国国土空间开发最重要的东西轴线，在区域发展总体格局中具有重要战略地位。以共抓大保护、不搞大开发为导向

推动长江经济带发展，是党中央准确把握时代变革大趋势，主动适应和引领经济发展新常态，科学谋划中国经济新棋局，作出的既利当前又惠长远的重大决策部署。2013 年 7 月 21 日，习近平总书记在武汉考察时指出，"长江流域要加强合作，发挥内河航运作用，把全流域打造成黄金水道"。随后，习近平总书记要求长江经济带发展必须坚持生态优先、绿色发展，把生态环境保护摆上优先地位，共抓大保护，不搞大开发。2014 年，国务院正式印发了《关于依托黄金水道推动长江经济带发展的指导意见》，2016 年，国家正式印发了《长江经济带发展规划纲要》。长江经济带发展战略是我国新时期在绿色发展理念下统筹区域协调发展的重大战略，其主要目的是在新发展理念下探索产业梯度转移和培育新区域增长极的新模式，走出区域协调发展的新路子。

长江经济带发展战略将坚持生态优先、绿色发展的战略定位，理顺体制机制，加强统筹协调，处理好政府与市场、地区与地区、产业转移与生态保护的关系，以改革激发活力、以创新增强动力、以开放提升竞争力，更好发挥长江黄金水道作用，着力构建综合立体交通走廊，着力培育特色优势产业集群，着力增强区域核心竞争力，着力提高新型城镇化质量，着力打造全方位开放新格局，着力建设沿江绿色生态廊道，着力创新协调发展体制，形成横贯东西、辐射南北、通江达海、经济高效、生态良好的长江经济带，为全国统筹发展提供新的支撑。推动长江经济带发展，有利于挖掘中上游广阔腹地蕴含的巨大内需潜力，促进经济增长空间从沿海向沿江内陆拓展；有利于优化沿江产业结构和城镇化布局，推进经济提质增效升级；有利于形成上中下游优势互补、协作互动格局，缩小东中西部发展差距；有利于建设海陆双向开放新走廊，培育国际经济合作竞争新优势；有利于保护长江生态环境，引领全国生态文明建设，对于全面建成小康社会，实现中华民族伟大复兴的中国梦具有重要的现实意义和深远的战略意义。

第五节　促进欠发达地区加快发展

长期以来，革命老区、民族地区、边疆地区、贫困地区、资源枯竭型地区是我国区域发展的短板，也是我国区域协调发展中需要补短板、强弱项的重点领域。党的十九大报告中专门指出，要加大力度支持革命老区、民族地区、边疆地区、贫困地区加快发展，支持资源型地区经济转型发展，加快边疆发展，确保边疆巩固、边境安全。促进欠发达地区加快发展，其根本目的就是要缩小我国区域发展差距和实现基本公共服务均等化，对于实现全体人民共同富裕和全面建成小康社会具有重大意义。

促进欠发达地区加快发展，需要创新完善区域规划和区域政策，健全区域协调发展机制，瞄准欠发达地区突出问题进行精准突破。一是要坚决打赢脱贫攻坚战，让贫困人口和贫困地区同全国一道进入全面小康社会。要动员全党全国全社会力量，坚持精准扶贫、精准脱贫，坚持中央统筹省负总责市县抓落实的工作机制，强化党政一把手负总责的责任制，坚持大扶贫格局，注重扶贫同扶志、扶智相结合，深入实施东西部扶贫协作，重点攻克深度贫困地区脱贫任务，确保到 2020 年我国现行标准下农村贫困人口实现脱贫，贫困县全部摘帽，解决区域性整体贫困，做到脱真贫、真脱贫。二是要扶持特殊类型地区加快发展。加大对革命老区、民族地区、边疆地区

和困难地区的支持力度。支持革命老区开发建设，完善革命老区振兴发展支持政策，推动赣闽粤原中央苏区等重点贫困革命老区振兴发展。把加快民族地区发展摆到更加突出的战略地位，坚持和完善民族区域自治制度，完善差别化支持政策，推动建立各民族相互嵌入式的社会结构和社区环境，促进民族交往交流交融。推进边疆地区开发开放，加强基础设施互联互通，大力推进兴边富民行动。加强规划引导和政策支持，促进资源枯竭、产业衰退、生态严重退化等困难地区转型发展，研究支持产业衰退地区振兴发展的政策。加大对特殊类型地区的财政金融支持力度，改善基础设施条件，提高基本公共服务能力和水平，支持有序承接产业转移，发展优势产业和特色经济，吸引富余劳动力转移就业，强化生态保护和修复，完善生态补偿机制。

第六节　拓展蓝色经济空间

海域国土是我国国土的重要组成部分，根据《联合国海洋法公约》有关规定和我国主张，我国管辖海域面积约300万平方公里。党的十八大正式提出"提高海洋资源开发能力，发展海洋经济，保护海洋生态环境，坚决维护国家海洋权益，建设海洋强国"。党的十九大进一步提出"坚持陆海统筹，加快建设海洋强国"。建设海洋强国是积极拓展我国发展战略空间的重大战略举措，同时进一步丰富了中国特色社会主义的区域协调发展理论，让陆海统筹成为促进区域协调发展的重要内容之一。

以陆促海、以海带陆，加强陆海基础设施对接、促进陆海产业融合发展、推动陆海生态环境共建共保，不断培育壮大海洋经济发展新增长点，推进海洋主体功能区建设，加强海洋资源环境保护，加快构建陆海统筹开发格局，推动我国过去以陆地国土开发为主逐步走向陆海国土统筹发展。这就把我国区域发展的战略空间从陆地延伸到了海域，进一步拓展了区域协调发展战略的部署空间。此外，统筹运用各种手段维护和拓展国家海洋权益，积极参与国际和地区海洋秩序的建立和维护，推进海上务实合作，推动海洋战略部署走向世界，从建设海洋强国角度以国际化视野和全球开放、世界共享的理念推动区域协调发展。

（执笔人：贾若祥、汪阳红、张燕、王继源）

第十四章　中国特色社会主义"四化同步"理论

　　党的十八大报告提出，坚持走中国特色新型工业化、信息化、城镇化、农业现代化道路，推动信息化和工业化深度融合、工业化和城镇化良性互动、城镇化和农业现代化相互协调，促进工业化、信息化、城镇化、农业现代化同步发展。这是我们党对现代化发展规律和历史经验的科学总结，是对新形势下工农关系、城乡关系的深刻认识，是一个重大的理论和实践创新，标志着我们党"四化同步"理论的形成。准确把握"四化同步"理论提出的时代背景、科学内涵、本质特征和实现成效，具有重要的现实意义和深远的历史意义。

第一节　"四化同步"理论提出的
历史脉络和时代意义

　　在我国现代化建设进入后半程的重要时期，我们党立足全局、着眼长远，与时俱进提出了"四化同步"发展的重大战略决策，具有鲜明的时代特征，符合现代化演变规律，符合中国国情。

一、"四化同步"理论形成具有历史继承性

（一）从新中国成立后至改革开放前：赶超型工业化

新中国成立后，面对特殊的国际国内环境，我国确立了逐步实现工业化的发展战略。完成社会主义三大改造后，逐步工业化战略被超英赶美的赶超型工业化战略替代，为保证战略实施，中央集权的计划经济体制应运而生。中央政府通过计划手段，强制性地将城乡资源要素配置到工业部门，以确保工业快速发展；同时采取各种措施阻止农民进城，以保证工业化过程所需要的资金积累和城市社会稳定。户籍制度与人民公社、统购统销制度一起，催生了城乡二元结构并影响至今。优先发展重工业的赶超型工业化战略，以及过度攫取农业剩余的发展模式，造成工业化超前、城市化滞后。

（二）从改革开放初期至20世纪末：工业化、城镇化并行发展

改革开放后，我国率先推进以联产承包责任制为重点农业经营体制改革，并允许农村发展乡镇企业，农民生产积极性空前高涨，干事创业热情喷涌而出，推动了农村工业快速发展，集聚了形成了一批小城镇，吸引大批农民到小城镇就业居住。同时，随着限制农民向城市流动的限制有所放松，大量农民涌向城市形成了中国特色的"民工潮"现象，由此推动了我国工业化、城镇化加快发展，并使我国城镇化开始走出长期停滞状态，开启了一个起点低、速度快的发展过程，工业化与城市化的关系不断调适，工业化超前、城市化滞后的局面有所改变。到2000年，我国城市化率达到36.2%，比1978年提高18.3个百分点，年均提高1.5个百分点。

（三）21世纪以来至党的十八大以前："三化协调"

进入21世纪，随着工业化、城镇化加快发展，工农业劳动生产率和城乡发展差距越来越大，城乡关系、工农关系发生重要变化，农业成为现代化建设的突出"短板"。工业反哺农业、城市支持农村，实现工业与农业、城市与农村协调发展，成为带有普遍性的趋向。基于对新形势下工农城乡关系的深刻认识，2004年12月召开的中央经济工作会议提出"我国现在总体上已到了以工促农、以城带乡的发展阶段"的重要论断；党的十七届五中全会提出，在工业化、城镇化深入发展中协调推进农业现代化，即"三化协调"。"三化协调"理论是对党的十六大提出的统筹城乡经济社会发展、党的十七大提出的形成城乡经济社会发展一体化新格局、党的十七届三中全会提出的着力构建新型工农、城乡关系等思想的继承和创新，进一步明确了构建新型工农、城乡关系的方向。

（四）党的十八大以来："四化同步"

当前，全球新一轮科技革命正在孕育兴起，大数据、物联网、云计算、移动互联网等信息技术加快发展，深度融合并广泛渗透到人类社会的各个方面，以前所未有的方式改变着人类的生产方式、生活方式和商业模式，信息化成为社会生产力发展的重要标志和驱动力，为工业化、城镇化和农业现代化发展注入了新的活力。抢抓信息技术革命历史机遇，依托信息化提升"三化同步"发展水平，成为加快推进社会主义现代化的必然选择。为此，党的十八大报告明确提出，坚持走中国特色新型工业化、信息化、城镇化、农业现代化道路，推动信息化和工业化深度融合、工业化和城镇化良性互动、城镇化和农业现代化相互协调，促进工业化、信息化、城镇化、农业现代化同步发展，即"四化同步"发展。党的十九大报告提出，到 2035 年基本实现社会主义现代化，到 2050 年建成富强民主文明和谐美丽的社会主义现代化强国，建设现代化经济体系，以城市群为主体构建大中小城市和小城镇协同发展的城镇格局，实施乡村振兴战略。正如习近平总书记指出的，"中国要强，农业必须强；中国要美，农村必须美；中国要富，农民必须富。农业基础稳固，农村和谐稳定，农民安居乐业，整个大局就有保障，各项工作都会比较主动"。从"三化同步"到"四化同步"，是党中央站在新的历史起点上作出的重大战略决策，具有重要的现实意义和深远的历史意义。"四化同步"发展体现了全面、协调、可持续发展的内在要求，符合现代化建设的客观规律，是践行创新、协调、绿色、开放、共享发展理念的主要实施路径，也是解决当前经济社会发展中深层次矛盾和问题的战略举措。

二、"四化同步"符合现代化发展规律

（一）"四化同步"是当代社会现代化建设的客观要求

工业化、城镇化和农业现代化是人类文明进步的标志，是现代化的基本内容。从世界现代化发展规律看，人类进入工业革命时期以来，在经济发展到一定阶段后，能否实现工业化、城镇化和农业现代化同步发展，关系到现代化建设的成败。国内外正反两方面的经验都深刻揭示了这一点。一些国家，如欧美、日本等发达国家，在工业化、城镇化进程中协调推进农业现代化，较快地迈入现代化国家行列；而另一些国家，如拉美、部分东欧国家等，在发展和转型过程中，没有处理好工业化、城镇化与农业现代化关系，导致经

济停滞、社会动荡，现代化进程严重受阻。当前，世界正在进入信息社会，在全球新一波现代化浪潮中，信息化广泛应用和渗透到经济社会发展的方方面面，一些发达国家将信息化提升到国家发展战略高度，利用信息化提升工业化、城镇化与农业现代化发展水平；部分后发国家抢抓新一轮信息技术革命机遇，利用信息化推动工业化、城镇化与农业现代化发展，实现现代化水平的快速提高。

（二）"四化同步"是发展中国家推进现代化的必然选择

在世界经济体系中，大多数发展中国家仍处于从属和依附地位，不少国家沿袭西方发达国家所走的现代化道路，但由于工业化、城镇化与农业现代化发展不协调，现代化之路艰难而曲折。目前，发展中国家经济结构和社会结构大多呈现"二元性"，工业化、城镇化进程相对滞后，农业和信息化发展基础薄弱，唯有协调推进"四化"，依靠"四化"之间的相互支撑、相互促进形成发展合力，才能对经济社会发展中的矛盾和问题集中求解，才能形成可持续发展的长久动力，这一路径已经被越来越多的发展中国家认可和施行。

（三）"四化同步"是中国推进现代化的战略路径

纵览西方发达国家现代化进程，现代化的实现是一个工业化、城镇化、农业现代化、信息化顺序发展的"串联式"过程，发展到目前水平用了二百多年时间。我国是一个人口大国和农业大国，13亿人口的大国实现现代化在人类历史上前所未有，要找回"失去的二百年"实现后来居上，必须主动把握和积极适应经济发展新常态，贯彻创新、协调、绿色、开放、共享发展理念，依靠"并联式"发展同步推进工业化、信息化、城镇化、农业现代化，集中破解经济社会发展中深层次矛盾和问题，走出一条不同于西方发达国家的中国特色社会主义现代化道路。

第二节 "四化同步"理论的内涵、特征及创新

一、"四化同步"理论的内涵

从哲学概念上讲，"同步发展"是指两个或两个以上的随时间变化的量或事物保持一定相对比例的组合关系，由小到大、由低级到高级、由旧物质到新物质的运动变化过程。"四化同步"发展是指中国特色新型工业化、信息化、城镇化、农业现代化按照一定的对应组合关系，保持一定的相对速度，局部和整体都实现由初级到高级、由不发达到发达的演进变化进程。

（一）"四化同步"的内在关系

新型工业化、信息化、城镇化和农业现代化是人类文明进步的重要标志，是新时期我国现代化建设的基本内容。新型工业化坚持以信息化带动工业化，以工业化促进信息化，走科技含量高、经济效益好、资源消耗低、环境污染少、人力资源优势得到充分发挥的工业化道路。新型城镇化注重以人为本、增加发展机会、提高生活质量，通过提升城镇的发展质量和内涵，达到城乡统筹、城乡一体、产城互动、节约集约、生态宜居、和谐发展。信息化是充分利用信息技术，开发利用信息资源，促进信息交流和知识共享，从而提高经济增长质量，推动经济社会发展转型。农业现代化是从传统农业

向现代农业转化的过程，伴随着农民综合素质的全面提升以及农业生产工具、生产方式、管理方法的现代化，最终形成生产技术先进、经营规模适度、市场竞争力强、生态环境可持续的现代农业。

从内在关系来看，"四化同步"是以新型工业化为主导、以信息化为催化剂、以新型城镇化为载体、以农业现代化为基础的新型"四化"建设体系。其中，工业化是动力和条件，是一个国家发展程度的重要标志。工业化为农业现代化提供物质与技术装备，为城镇化发展提供产业支撑，为信息化奠定基础条件。信息化是手段和途径，是现代化建设的节拍器。信息化贯穿、渗透于工业化、城镇化、农业现代化的全过程，是发展智能工业、智慧城市、精细农业的关键。城镇化是支撑和载体，是实现现代化的必由之路。城镇化是工业化和信息化的空间载体，也是农业现代化的发展引擎和目标依托，为工业化、信息化和农业现代化提供充分的生产要素支持。农业现代化是基础和根基，是"四化"中的难点和短板。农业现代化为工业化、城镇化提供物质基础和人力支撑，也是工业化、城镇化反哺和支持的对象，还为信息化的实现提供广阔的平台和足够的空间。

（二）"四化同步"的主要任务

一是推动工业化与信息化深度融合。我国特殊的国情条件，决定了我国不能走西方国家先工业化后信息化的老路，而是必须同时推进工业化与信息化深度融合。一则信息化带动工业化，充分发挥信息化的作用，通过广泛应用信息设备、信息产品、信息技术，从技术上改造传统产业、管理上革新传统经济，并培育发展新兴产业，从而提高产业和经济的整体素质。二则工业化促进信息化，工业化为信息化提供物质基础，为信息化扩大市场容量、积累建设资金、输送专业人才。因此，工业化与信息化深度融合是中国特色新型工业化的核心内容，"两化"融合有助于提高科技进步对经济增长的贡献率，加快生产率提高和发展方式转变，是高质量地实现工业化和现代化的必然选择。

二是推动工业化和城镇化良性互动。现阶段我国城镇化尤其是人口城镇化明显滞后于工业化，工业化与城镇化良性互动正是拉动内需增长、推动产业转型升级的切入点，也是实现资源节约和环境保护的有效途径。工业化导致城镇经济结构调整、非农产业扩张，推动城镇产业的集聚和优化，通过拉动就业、增加收入、改变土地利用形态等方式促进城镇化发展。城镇化逐步推进，伴随着城镇需求规模的扩大和层次的提升，为各种生产要素集聚和商品交易流通创造平台市场，能够有效促进产业结构优化升级，从而推动工业化进程。因此，工业化与城镇化良性互动就是经济社会发展中产业结构和空间结构动态调整、有序升级的过程，也是时间上同步演进、空间上产城融合、布局上功能协同的过程。

三是推动城镇化和农业现代化相互协调。城镇化是农业人口转化为非农人口、乡村生活生产方式转化为城镇生活生产方式的过程。城镇化快速推进为农业现代化创造条件、提供市场，发挥"大市场"带动"大生产"的作用，源源不断地为农业生产带来新的动力和活力。同时，我国作为一个农业大国，片面发展城镇化很难从根本上改变农村的落后面貌，需要加快推进农业现代化，实现产业结构、就业方式、人居环境、社会保障等一系列由"乡"到"城"的重要转变，打造农业发展新的发展模式、空间格局和生产生活方式。因此，城镇化与农业现代化相互协调是实现城乡一体发展的关键所在，其目的就在于构建以工促农、以城带乡、工农互惠、城乡一体的新型工农城乡

关系，让广大农民平等参与现代化进程、共同分享现代化成果。

二、"四化同步"的主要特征

首先，"四化同步"具有全面完整性。新型工业化、信息化、新型城镇化、农业现代化相互作用构成一个统一体，基本上涵盖了经济社会发展的所有重要领域。作为紧密联系、不可分割的有机整体，"四化同步"强调全面共同发展，既不能过于偏重某一方面，也不能使哪一方面成为短板。脱离任何一个方面的现代化都是不全面、不完整、不牢固的。因此，推进"四化同步"要把握其共同发展、全面发展的整体性要求，统筹考虑、整体布局、综合施策，最终实现现代化水平的整体优化提升。

其次，"四化同步"具有同步协调性。"四化同步"的逻辑起点在于同步，关键在于协调。"四化同步"不是将工业化、信息化、城镇化和农业现代化四层面简单叠加，不意味着"四化"中的"单化"之间都必须保持同一相对比例、同一发展速度，关键在于"四化"之间的有机内在结合，依托四者间的相互渗透、相互推进、相互融合，逐步提高耦合协调性，形成联动发展、同步共进的良性格局。"四化同步"尤其强调聚焦短板、以长补短，通过发挥工业化和信息化的带动、支撑作用，促进农业现代化和城镇化两个发展中的短板、薄弱环节实现较大提升。

再次，"四化同步"具有动态创新性。"四化同步"具有鲜明的时代特征，既契合了新一轮科技革命和产业变革的新趋势，也契合了我国经济社会发展阶段性变化的新要求。不同于传统现代化路径，新型工业化、新型城镇化和农业现代化将我国的国情实际与现代发展理念相结合，在发展理念上既有继承和延续，又有进一步的超越和创新，使之赋予新内涵、给出新路径、构建新机制、形成新特色。信息化则立足新一轮信息技术革命带来的发展机遇，创新性地将信息化放到"四化同步"的重要战略位置，使人类科技发展的最新成果转化成为支撑经济社会跨越发展的新引擎。

最后，"四化同步"具有可持续性。"四化同步"是新条件下要素配置模式的重要创新，实质上是要走内涵式、集约型、可持续的科学发展之路。新型工业化、信息化、新型城镇化、农业现代化分别着力于资源环境的可持续利用、科技的可持续创新、人口的可持续生存发展和农产品的可持续供给，有助于平衡增长动力、改变要素约束系数、提升要素配置模式，在集约、高效、绿色、低碳等约束条件下求最优解的社会生产函数，更好地推动经济社会健康持续发展。

三、"四化同步"的理论创新

（一）"四化同步"丰富了工农城乡关系的理论内涵

"四化同步"从经济、社会、生态、文化等维度进一步阐释并确立了新形势下互惠互动的新型工农、城乡关系，是党在新时期对"四化"关系特别是对农业现代化的最新理解，更加注重工业化、信息化、城镇化对农业现代化的拉动和影响，也更加注重农业现代化对工业化、信息化和城镇化的联动和支撑。"四化同步"立足于破除工农、城乡二元结构，消除制约城乡发展一体化的主要障碍，健全城乡发展一体化的体制机制，形成以工促农、以城带乡、工农互惠、城乡一体的新型工农城乡关系，让广大农民平等参与现代化进程、共同分享现代化成果。统筹推进"四化同步"发展，有助于在城乡地理空间上形成共享公平的发展环境，构建城乡要素平等交换和资

源均衡配置的新机制，重塑合理有序的利益分配格局，推进乡土观念与现代城市文明有机融合，从而促进城乡社会发展一体化。

（二）"四化同步"提供了现代化路径的中国方案

"四化同步"是从中国现阶段的发展实际出发勾画出的中国经济发展新路径，是对现代化进程中出现的一系列挑战和问题的集中求解，是对中国特色现代化道路的新部署。"四化同步"作为中国特色社会主义现代化道路的有机组成部分，反映了中国现代化建设理论创新和实践创新的最新成果，反映了我们党从理论层面上对现代化建设一般规律的准确把握。"四化同步"发展广泛吸收了国际上现代化建设的经验教训，既突破了传统农业与现代工业的对立，弥合了先进城市与落后农村间的分割，也摆脱了西方在工业化完成的基础上推行信息化的"先工业化、后信息化"发展路径。因此，"四化同步"突破了时序递进、片面关联的传统现代化路径，在更高起点上推进"四化"协同跨越式发展，不仅对我国现代化建设具有重大意义，对广大后发工业化国家也具有重要的借鉴意义。

（三）"四化同步"是践行新发展理念的重要实践

党的十八届五中全会立足长远、谋划全局的战略考量，着眼于正确处理发展中的重大关系，提出了协调发展理念，以提升发展的整体效能、实现经济社会持续健康发展。"四化同步"是协调发展的主要内容，协调是"四化同步"的固有属性。当前，我国经济社会发展的核心在于破除结构性问题，而结构性问题的关键是不平衡、不协调问题。"四化同步"的首要意义在于协调，"四化同步"发展、相互推动、进程协调、系统发力，有助于处理好城乡、经济、产业、区域等重大关系，做到消除短板、破除瓶颈、无所偏废。因此，"四化同步"是实践全面、协调、可持续发展的必然要求，只有"四化同步"才能推进社会生产力和生产关系的跨越式发展，为实现全面小康和中华民族的伟大复兴打下坚实的物质基层。

第三节　党的十八大以来"四化同步"发展取得的主要成效

党的十八大以来，坚持中国特色新型工业化、信息化、城镇化、农业现代化"四化同步"，积极推进信息化和工业化深度融合、工业化和城镇化良性互动、城镇化和农业现代化相互协调，经济发展向中高端水平迈进，经济社会质量效益显著提升，城乡统筹发展新格局逐步形成，有力推进了中国特色社会主义现代化建设进程。

一、信息化与工业化深度融合，经济发展向中高端水平迈进

习近平总书记强调，世界经济加速向以网络信息技术产业为重要内容的经济活动转变，要做好信息化与工业化深度融合这篇大文章。党的十八大以来，信息化与工业化深度融合，产业转型升级成效显著，有力推动中国走向制造强国和信息化大国。

一是"互联网+"行动深入实施，产业智能化、数字化水平显著提高。适应新一轮科技革命和产业变革新趋势，围绕重塑国家竞争新优势，加快提升产业智能化、数字化水平。国家智能制造标准体系逐步建立健全，一批数字化工厂和车间、基于互联网的制造业

"双创"平台大量涌现。2016 年数字化研发设计工具普及率、关键工序数控化率分别达到 61.8%、45.4%，比 2013 年分别提高了 18 个百分点和 23 个百分点。通过信息化与工业化深度融合，产业转型升级步伐明显加快。目前，我国机械、船舶、汽车、轨道交通装备等行业数字化设计工具普及率超过 85%，石化、有色、煤炭、纺织、医药等行业关键工艺流程数控化率超过 65%、大中型企业 ERP 装备率超过 70%。

二是信息产业快速发展，新业态新模式不断涌现。目前，我国网民数量、网络零售交易额、电子信息产品制造规模已居全球第一，一批信息技术企业和互联网企业进入世界前列，形成了较为完善的信息产业体系。国家对信息消费、"互联网 +"支持力度不断加大，云计算、大数据、人工智能等产业方兴未艾，工业互联网体系架构逐步形成，平台经济、分享经济、协同经济等新模式广泛渗透，协同研发、个性化定制、服务型制造等新业态快速发展。

三是信息网络基础设施不断完善。"宽带中国"战略加快实施，全球最大规模的宽带通信网络基本建成。截至 2016 年底，全国光缆线路长度达到 3041 万公里，建成了世界最大的 4G 网络，所有地市基本建成光网城市。2016 年，互联网普及率达到 53.2%，比 2012 年提高 11.1 个百分点。移动互联网业务蓬勃发展。2016 年移动互联网接入流量达 93.6 亿 G，手机上网人数达 6.95 亿人。随着信息网络基础设施不断完善，信息化与工业化融合进一步加快。

二、新型工业化与城镇化良性互动，经济社会质量效益显著提升

党的十八大以来，工业化和城镇化"两轮"相互促进，协调发展，

经济社会发展方式加快转变，有力地保障了国民经济持续健康发展，共同推动社会主义现代化进程向更高水平迈进。

一是新型工业化升级发展，新型城镇化扎实推进。随着工业化进程的深入推进，我国工业结构转型升级加快。装备制造业和高技术产业增长明显快于传统产业，2016 年，装备制造业和高技术产业现价增加值占规模以上工业增加值的比重分别达到 32.9% 和 12.4%，比 2012 年分别提高 4.7 个和 3 个百分点。新型工业化增强了城镇就业吸纳和软硬件配套能力，带动以人为核心的城镇化水平持续提高。2016 年末，常住人口城镇化率为 57.35%，比 2012 年末提高 4.78 个百分点；2016 年末，我国户籍人口城镇化率为 41.2%，比 2012 年末提高 6.2 个百分点，与常住人口城镇化率的差距缩小 1.4 个百分点。新型城镇化不仅带动了投资和消费需求的规模增长，也促进了投资和消费的结构升级，从而推动新型工业化向更高层级发展。

二是产业与城镇布局协调推进，城镇发展格局更加优化。在新型工业化背景下，适应经济社会发展新需求，城镇网络体系不断完善。初步形成以北京、上海、广州、深圳等特大城市为龙头，以省会城市和地级市等大型城市为主体，以中小城市和小城镇为补充，以广大乡镇为底基的多层次、广覆盖的城镇网络体系。随着传统省域经济和行政区经济逐步向城市群经济过渡，城市集聚效应日益凸显。2015 年，京津冀、长江三角洲、珠江三角洲三大城市群，以 5.2% 的国土面积集聚了 23.0% 的人口，创造了 39.4% 的国内生产总值，成为带动我国经济发展的主要平台。东部、中部、西部地区的若干城市群等都保持较快发展，对我国新型城镇化进程起到巨大的推动作用。

三是城市经济实力显著增强，发展方式加快转变。推进城市可

持续发展，城市公共服务能力明显提升，城市社会事业全面进步，城市居民生活质量进一步改善。经济规模持续扩大。2015年，地级以上城市地区生产总值428359亿元，按可比价格计算比2012年增长33.0%，年均增长10.0%。规模以上工业总产值611754亿元，比2012年增长22.9%。随着经济总量的扩大，城市财力明显增强，用于民生的支出迅速增加。2015年，地级以上城市公共财政收入49671亿元，比2012年增长43.8%；公共财政支出66851亿元，增长49.7%。

三、城镇化与农业现代化相互协调，城乡统筹发展新格局逐步形成

党的十八大以来，从聚焦"走出一条新路"到明确城市发展"路线图"，从解决"三个1亿人"到新型城镇化试点，以人为核心的新型城镇化步伐不断加快，城镇化与农业现代化相互依托，城乡统筹发展新格局逐步形成。

一是城镇吸纳就业大幅增加，农业转移人口市民化步伐加快。产业发展向城市集中，大大增强了城镇吸纳就业的能力。随着户籍制度改革和居住证制度全面推进，土地、财政、教育、就业、医疗、养老、住房保障等领域配套改革不断推进，农业转移人口市民化进程加快，农业转移人口与城镇居民的基本公共服务均等化水平不断提高。2015年末，地级以上城市户籍人口44639万人，比2012年末增加4321万人，年平均增长率3.5%，远高于同期全国5‰左右的人口自然增长率。2016年，全国人户分离的人口2.92亿人，比上年减少0.02亿人。

二是城乡差距明显缩小，发展协调性增强。2016年，按常住地分，城镇居民人均可支配收入33616元，比2012年增加9489元，

年均实际增长 6.5%；农村居民人均可支配收入 12363 元，比 2012 年增加 3974 元，年均实际增长 8.0%。农村居民收入增速连续 7 年高于城镇居民，城乡居民收入差距持续缩小。2016 年，城乡居民人均可支配收入倍差为 2.72，比 2012 年下降 0.16。农民居住条件进一步改善。2016 年全国城镇、农村居民人均住房建筑面积分别比 2012 年增长 11.1%、23.3%，年均增长 2.7%、5.4%。城镇地区通公路、通电、通电话、通有线电视已接近全覆盖，农村地区"四通"覆盖面不断扩大。2016 年农村地区有 99.7% 的户所在自然村均已通公路、通电、通电话，分别比 2013 年提高 1.4 个、0.5 个和 1.1 个百分点。

三是农业现代化水平明显提高，农村脱贫取得显著成效。随着一系列强农惠民政策落实，农业综合生产能力不断提高，确保了国家粮食安全和重要农产品有效供给。2016 年粮食产量为 61625 万吨，连续 10 年稳定在 1 万亿斤以上。科技创新和机械化步伐加快，主要作物良种基本实现全覆盖。近年来，我国谷物、肉类、花生、茶叶产量稳居世界第 1 位。一批重大水利工程开工建设，耕地灌溉面积占耕地面积比重回升到 50% 左右。精准扶贫精准脱贫深入实施，扶贫工作机制和模式不断创新，脱贫攻坚战取得新胜利。按照每人每年 2300 元（2010 年不变价）的农村贫困标准计算，2016 年农村贫困人口 4335 万人，比 2012 年减少 5564 万人；贫困发生率下降到 4.5%，比 2012 年下降 5.7 个百分点。贫困地区农民收入增长幅度高于全国。2016 年，贫困地区农村居民人均可支配收入 8452 元，扣除价格因素，比 2012 年实际年均增长 10.7%，比全国农村居民收入年均增速快 2.7 个百分点。

（执笔人：黄汉权、付保宗、涂圣伟、徐建伟）

第十五章　中国特色社会主义生态文明
建设和绿色发展理论

　　资源环境是人类持续生存和发展的基本条件，是人类文明演进的重要基础。人类社会从原始文明、农耕文明发展到工业文明，不断在探索利用自然、改造自然以及与自然和谐相处的发展方式，推动了科学技术的持续进步和生产力的巨大飞跃。我国人口众多，人均资源保有量小，自然生态环境脆弱，与发达国家相比，人口、经济、资源环境协调发展面临更严峻的挑战。改革开放以来，我国一直把资源环境作为关系长远发展的全局性战略问题，持续探索适合国情的可持续发展道路。特别是党的十八大以来，我国把生态文明建设纳入中国特色社会主义事业"五位一体"总体布局，作为关系中华民族永续发展的千年大计，在理论和实践方面都取得了长足进步。

第一节　正确处理经济发展与资源环境的关系

一、资源环境是关系我国长远发展的全局性战略问题

　　资源环境问题关系民生福祉和民族未来，是贯穿我国小康社会

和现代化建设全过程的全局性战略问题。改革开放40年来，我国经济发展取得了举世瞩目的成就，1978—2017年我国GDP年均增长近10%，远高于同期世界经济3.3%左右的增速，综合国力大大增强，人民生活显著改善。但伴随经济快速增长，我国也付出了巨大的资源环境代价。我国主要污染物排放超过环境承载的能力，水、大气、土壤等污染普遍存在，固体废物、汽车尾气、持久性有机物等污染问题也很突出。发达国家上百年工业化过程中产生的环境问题，在我国快速发展中集中出现，呈现明显的复合型、结构性、压缩性的特点。资源环境问题不仅成为一个重要的民生问题，更成为影响我国可持续发展、影响经济稳定与国家安全的重要问题。

我国资源环境生态矛盾突出，主要源于长期形成的粗放、高碳经济社会发展模式。2015年，我国一次能源消费总量达43.0亿吨标准煤，煤炭消费总量达39.3亿吨，占一次能源消费比重达64%。能源利用效率水平整体偏低，单位GDP能源消耗是世界平均水平的2倍，是发达国家水平的4—6倍。与发达国家普遍进入油气时代、部分发达国家开始步入可再生能源时代相比，我国能源发展仍然建立在低质、高碳、粗放基础上。从国际视野看，2015年，我国人均GDP仅8016美元，不足美国、日本、德国、英国等发达国家水平的1/4；人均能源消费仅3.1吨标准煤，远低于发达国家水平。未来一段时期，我国人口数量还将持续增长，人均GDP水平将不断上升，能源消费继续增加的趋势不会转变，如果延续目前传统发展道路，无论从资源保障、生态环境，还是能源安全、经济代价看都难以支撑。转变能源发展模式，已经成为我国经济社会可持续发展的迫切内在要求。

二、持续探索实践适合国情的可持续发展战略

作为世界上最大的发展中国家，我国在经济社会发展过程中，针对如何破解发展与人口资源环境之间的矛盾，持续结合国情和发展阶段不断进行探索创新。20世纪80年代初，我国提出绝不能走"先污染、后治理"的老路，1983年将环境保护确定为基本国策。20世纪90年代初期，我国提出实施可持续发展战略。21世纪初期，我国首次确立主要污染物排放总量减少的目标。党的十六大将"可持续发展能力不断增强，生态环境得到改善，资源利用效率显著提高，促进人与自然的和谐，推动整个社会走上生产发展、生活富裕、生态良好的文明发展之路"列为全面建设小康社会的四大目标之一。党的十六届五中全会提出把资源节约作为基本国策。"十一五"规划首次将能源消耗强度和主要污染排放总量减少作为约束性指标，并提出推进主体功能区建设。党的十七大提出建设生态文明的总体要求，基本形成节约资源和保护生态环境的产业结构、增长方式、消费模式，主要污染物排放得到有效控制，生态环境质量明显改善，生态文明观念在全社会牢固树立。党的十八大提出把生态文明建设放在突出地位，融入经济建设、政治建设、文化建设、社会建设各方面和全过程，努力建设美丽中国，实现中华民族永续发展。

在这一系列重大战略思想的指导下，我国生态文明理念逐步确立，生态文明建设扎实展开，资源节约与环境保护全面推进。全社会贯彻绿色发展理念的自觉性和主动性显著增强，忽视生态环境保护的状况明显改变。单位国内生产总值能耗和二氧化碳排放强度大幅下降，主要污染物排放总量显著减少。重大生态保护和修复工程进展顺利，森林覆盖率持续提高。生态文明制度体系加快建设，主体功能区布局框架初步形成。

第二节　把生态文明建设纳入"五位一体"总体布局

党的十八届三中全会通过《中共中央关于全面深化改革若干重大问题的决定》，把生态文明建设纳入中国特色社会主义事业"五位一体"总体布局，提出紧紧围绕建设美丽中国深化生态文明体制改革，加快建立生态文明制度，健全国土空间开发、资源节约利用、生态环境保护的体制机制，推动形成人与自然和谐发展现代化建设新格局。

一、以主体功能定位为依据，加快优化国土空间开发格局

我国国土空间呈现明显的多样性、非均衡性、脆弱性特征，是生态文明建设的重要空间载体。改革开放以来，我国经济布局、人口流动向沿海一些条件好的区域集聚，形成了一些比较发达的人口经济密集区。但与此同时，许多地方忽视国土空间的资源环境特点，存在过度开发、盲目开发、无序开发等问题，造成空间开发秩序较乱、空间开发模式不合理，这是我国生态环境恶化的重要因素。

未来一段时期，我国将有数亿的农村人口逐步定居城镇，能源资源保障和生态环境保护压力很大。要坚定不移地按照人口资源环境相均衡、经济社会生态效益相统一的原则，统筹人口、经济、国土资源、生态环境，科学谋划开发格局，促进生产空间集约高效、生活空间宜居适度、生态空间山清水秀。加快实施主体功能区战略，

通过合理调控工业化城镇化进程，引导经济向条件好的区域集中布局，引导人口分布与经济发展趋势相适应，引导人口、经济分布与资源环境承载力相适应，使绝大部分国土成为农业发展空间和生态保护空间，推动整个社会走上生产发展、生活富裕、生态良好的文明发展道路。

二、以调整优化产业结构为抓手，有效减轻经济活动对资源环境带来的压力

我国一直把产业结构优化作为加快发展方式转变的优先任务，出台了一系列有利于促进产业结构优化升级、资源节约和环境保护的法律法规及政策措施，钢铁、水泥、有色、化工等资源能源消耗多的重点行业的产业结构得到调整和优化，一批节能环保关键技术取得新突破，再制造产业发展步伐加快，资源节约和节能降耗取得较大进展。但同时，产业发展过度依赖资源能源消耗、污染排放严重、"两高一资"行业产能过快增长等现象仍然突出，"重发展、轻节约，重经济、轻环境"的问题还比较普遍，粗放的发展方式还没有根本改变，产业发展引发的生态问题频发，激化社会矛盾，制约了生态文明建设。

从源头上缓解经济增长与资源环境之间的矛盾，必须抓好转方式、调结构、促转型，加快形成有利于生态文明建设的现代产业体系。在优化存量方面，要按照尊重规律、分业施策、多管齐下、标本兼治的原则，消化一批，转移一批，整合一批，淘汰一批，充分发挥市场机制作用和政府引导作用，逐步化解产能过剩矛盾。在调整增量方面，要大力发展战略性新兴产业、先进制造业，改造提升传统产业，推动服务业特别是现代服务业发展壮大。要抑制高耗

能高污染行业过快增长，加快淘汰落后产能，防止落后产能向中西部地区转移。加快传统产业升级改造。支持优势企业兼并重组，提高产业集中度。鼓励企业到国外资源、能源丰富地区开展国际合作，引导技术成熟的高耗能生产能力向境外有序转移。同时，充分发挥科技创新对生态文明建设的支撑作用，积极运用高技术对农业、工业、服务业进行生态化改造，通过清洁生产实现资源节约、环境保护，在支撑生态文明建设的同时，不断培育产业竞争新优势。

三、以全面加强资源节约为突破口，推动资源利用方式转变

节约资源是保护生态环境的根本之策。必须在全社会、全领域、全过程都加强节约，采取有力措施大幅降低能源、水、土地等资源消耗强度，努力用合理的资源消耗支撑经济社会发展。在能源资源方面，我国制定了能源消耗强度和总量"双控"目标，逐级分解落实到各级政府和重点企业，纳入政府绩效评价考核内容，要求确保完成。在水资源方面，我国实施了最严格的水资源管理制度，严把水资源开发利用控制、用水效率控制、水功能区限制纳污"三条红线"，加快建设节水型社会。在土地方面，我国坚持最严格的耕地保护制度，严守18亿亩耕地红线和粮食安全底线，积极推进土地集约节约利用。

四、以加强污染治理为着力点，切实提高生态环境质量和水平

在大气污染防治方面，我国把加强大气污染防治作为改善民生

的重要着力点，作为建设生态文明的具体行动，及时研究出台了《大气污染防治行动计划》，明确提出经过 5 年努力，全国空气质量总体改善，重污染天气较大幅度减少；京津冀、长三角、珠三角等区域空气质量明显好转。在水污染治理方面，我国全面加强饮用水保护，全面排查饮用水水源地保护区、准保护区及上游地区的污染源，强力推进水源地环境整治和恢复，不断改善饮用水水质。积极修复地下水，划定地下水污染治理区、防控区和一般保护区，强化源头治理、末端修复。大力治理地表水，进一步提高生活污水的处理能力和工业污水的排放标准，对企业污水超标排放"零容忍"，继续加强对重点水域、重点流域综合治理。

在环境保护与发展中，坚持把保护放在优先位置，切实解决好大气、水、土壤污染等突出环境问题，不断提升环境质量，在发展中保护、在保护中发展；在生态建设与修复中，坚持人工修复生态与生态自然恢复相结合，以自然恢复为主，对重点生态破坏地区尊重其生境的自然规律，采取科学的生态修复保护措施。

五、以健全法律法规、创新体制机制为核心，加快生态文明制度建设

加快推进生态文明体制改革，实行最严格的源头保护制度、损害赔偿制度、责任追究制度，完善环境治理和生态修复制度，用制度保护生态环境。进一步健全促进生态文明建设的法律法规。要加快"立改废"进程，尽快完善生态环境、土地、矿产、森林、草原等方面保护和管理的法律制度，全面清理修订现有法律法规中与生态文明建设要求不一致的内容，研究制定生物多样性保护、土壤污染防治、核安全等法律法规。与此同时，要改革生态环境保护管理

体制，建立和完善严格监管所有污染物排放的环境保护管理制度，独立进行环境监管和行政执法，提高执法工作的权威性。对造成生态环境损害的责任者严格实行赔偿制度，依法追究刑事责任。

进一步完善发展成果考核评价体系。按照生态文明建设要求，将资源消耗、环境损害、生态效益指标全面纳入地方各级党委政府考核评价体系并加大权重。对限制开发区域和生态脆弱的国家扶贫开发工作重点县取消地区生产总值考核。对已有的自然资源和生态保护、环境影响评价、节能评估审查、土地和水资源管理等制度规定，进行全面修订完善。要加强监督、严格奖惩，使各项制度成为硬约束。对领导干部实行自然资源资产离任审计，建立生态环境损害责任终身追究制。

进一步健全市场体制机制和经济政策。对水流、森林、山岭、草原、荒地、滩涂等自然生态空间进行统一确权登记，形成归属清晰、权责明确、监管有效的自然资源资产产权制度。健全国家自然资源资产管理体制，统一行使全民所有自然资源资产所有者职责。加快自然资源及其产品价格改革，全面反映市场供求、资源稀缺程度、生态环境损害成本和修复效益。坚持使用资源付费和谁污染环境、谁破坏生态谁付费原则，逐步将资源税扩展到占用各种自然生态空间。坚持谁受益谁补偿原则，完善对重点生态功能区的生态补偿机制，推动地区间建立横向生态补偿制度。发展环保市场，推行节能量、碳排放权、排污权、水权交易制度，建立吸引社会资本投入生态环境保护的市场化机制，推行环境污染第三方治理。

六、把生态文明建设融入经济、政治、文化、社会建设

生态文明建设融入经济建设，就是要改变以 GDP 增长率论英雄

的发展观，更加注重发展的质量和效益，使经济增长建立在资源能支撑、环境能容纳、生态受保护的基础上，与生态文明建设相协调。融入政治建设，就是要把生态文明建设作为各级党委政府的政治责任，建立完善体现生态文明建设要求的政绩考核和责任追究制度。融入文化建设，就是要将培育生态文化作为推进生态文明建设的重要支撑，确立人与自然和谐的生态伦理道德观，纳入社会主义核心价值体系，提高全社会生态文明意识。融入社会建设，就是要完善公众参与制度，引导各类社会组织健康有序发展，形成政府、企业、民间组织、公众共同推动的工作格局。

第三节　坚持在发展中保护、在保护中发展

处理好经济发展与节能环保、创新转型的关系，是我国经济社会发展长期面临的艰巨任务。发达国家在工业化过程中，依靠廉价的资源能源投入，并且普遍经历了"先污染、后治理"的发展历程。我国作为人口最多的发展中国家，始终探索在发展中保护、在保护中发展，不断开创适合我国国情的绿色低碳发展道路。

一、把节能保护作为加快转变发展方式的重要手段

我国发展中面临的不平衡、不协调、不可持续矛盾突出。一方面，伴随经济社会发展进入新常态阶段，各种矛盾和风险明显增多，环境问题成为制约进一步发展的突出问题，成为关系人民群众生命健康和社会稳定的重要因素；另一方面，我国仍处于并将长期处于社会主义初级阶段，城乡区域存在明显发展差距，整体发展不足的

问题十分突出，跨过"中等收入陷阱"仍然面临艰巨挑战。

要创新发展理念和发展模式，切实转变依靠大量投入资源能源的传统粗放型发展方式，强化资源环境等约束性指标对转方式调结构的促进作用，引导各级政府和干部树立科学发展的政绩观。要推动以节能减排为重点的企业技术改造，把企业增效与节能环保结合起来，加快淘汰"两高一资"落后产能，依靠节能环保水平提升，有效降低实体经济用能成本，不断提升企业经济效益和市场竞争力。

二、在发展中增强节能环保可持续能力

高效的能源服务、优美的环境质量是重要的公共产品，也是最基本的民生需求，是政府必须确保的公共服务。经过多年经济高速发展，我国取得了举世瞩目的发展成就，但也积累了一系列突出生态环境问题。要满足人民群众对现代能源服务和美丽中国的迫切愿望，必须努力不欠新账、多还旧账，不断增强可持续发展能力。

要加大政府环保投入、推进环保科技攻关、实施一批国家重点生态环保工程的同时，注重发挥市场机制的力量，大力发展节能环保技术装备、服务管理、工程设计、施工运营等产业，增强保护与改善环境的能力。要在强化环保责任、把住环境准入门槛的同时，完善相关激励和约束政策，使企业能够在节能环保中增效益、有动力，实现经济效益和社会效益、环境效益的多赢。

三、培养节能环保经济发展新动能

我国经济发展主要依靠投资和出口等传统动能，造成产能过剩问题突出、资源环境代价过大，在新的国内外发展形势下，经济增长面临长期下行压力，亟待培育新的增长动力。同时，伴随收入水

平普遍提高和消费结构加速升级，供给和需求不平衡、不协调的矛盾和问题日益凸显，推进供给侧结构性改革，用改革的办法矫正供需结构错配和要素配置扭曲，扩大有效和中高端供给，是促进要素流动和优化配置、实现更高水平的供需平衡的重要前提。

节能环保在培育经济发展新动能方面具有巨大潜力。通过大规模推进能源资源节约和环境污染治理，能够对节能环保技术、装备、服务等创造巨大的市场需求，催生规模可观的新兴产业。在改造升级传统产业、发展高技术产业和先进制造业的同时，大力支持服务业发展，形成有利于节约和环保的产业体系，实现经济结构、增长内容和方式显著优化。我国能源消费存量和增量规模巨大，在孕育新技术、催生新业态、创造新供给等方面具有很大潜力。要把能源和环境领域作为创新增长的重要依托，加强现代信息技术、材料技术、物联网等与节能环保技术融合发展，推动能源利用效率和环境质量水平持续进步，为创新培育新动能提供不竭动力。

第四节 探索中国特色的绿色循环低碳发展道路

生态文明源于对发展的反思，也是对发展的提升。建设生态文明，是一场涉及生产方式、生活方式、思维方式和价值观念的革命性变革。从人类文明演进历程来看，生态文明传承和发扬了中国"天人合一"等传统发展智慧，是马克思主义生态环境理论的继承和创新。我国要树立马克思主义生态文明观，把推进生态文明建设作为继农业文明、工业文明之后创新文明形态的重要历史使命，通过完善生态文明制度建设，不断探索中国特色的绿色循环低碳发展道路，实现经济社会发展的"生态红利""法治红利"。

一、强化节能降耗，实现"效率革命"

当前，我国能源供大于求问题突出，能源价格持续低位，生态环境等外部成本尚没有完全内部化，仅仅依靠市场价格信号，还很难形成推动全社会强化节能减排、保护环境的内生动力。在经济新常态背景下，进一步强化节能减排工作，是从源头上减少污染物排放、保障能源资源和生态环境安全、倒逼发展质量和效益提升的关键。

在资源开发与节约中，坚持把节约放在优先位置，大幅提高资源利用效率，推动资源节约循环高效利用，以最小的资源消耗支撑经济社会发展。要推动发展方式加快转变，促进工业、建筑、交通运输、商用和民用、农业和农村等重点领域节能环保水平显著提升。围绕万家重点用能单位，深入开展节能低碳行动，实施重点产业能效提升计划，促进企业节能环保水平和市场竞争力加快升级。严格执行建筑节能标准，加快既有建筑节能和供热计量改造，积极推动绿色建筑，从标准、设计、建设等方面大力推广可再生能源在建筑中的应用，推行建筑产业化。以公共交通和轨道交通为重点，加快构建便捷、安全、高效的综合交通运输体系，积极推广节能与新能源交通运输装备，发展甩挂运输。发挥政府公共机构示范作用，开展节约型公共机构示范单位创建活动。加大结构、工程、管理减排力度，大幅削减主要污染物排放，促进环境质量改善。

二、大力发展循环经济，建设资源节约型、环境友好型社会

循环经济是对"大量生产、大量消费、大量废弃"传统增长

方式和消费模式的根本变革，能够实现资源永续利用，源头预防环境污染，有效改善生态环境，促进经济发展与资源、环境相协调。"十一五"时期，我国将发展循环经济作为经济社会发展的一项重大战略，通过加强宏观指导、开展试点示范、制定法律法规、完善经济政策、鼓励技术创新、广泛宣传动员等一系列措施，循环经济从理念变为行动，取得了显著成效。在省、市、县、园区、企业等多层面，在再制造、"城市矿产"开发、餐厨废弃物资源化利用和无害化处理、再生资源回收体系建设等多领域，开展循环经济试点示范，初步形成了具有中国特色的循环经济发展模式。

今后一段时期，我国经济总量将不断扩张，消费结构不断升级，工业化、城镇化进一步加快，重化工业仍将保持较快增长势头，资源需求将不断增加，废弃物产生量不断加大，循环经济发展依然面临艰巨任务。从我国国情出发，要明确减量化优先发展方针，推动循环经济。要按照"减量化、再利用、资源化，减量化优先"的原则，以提高资源产出率为目标，加快建立循环型工业、农业、服务业等现代产业体系，推进循环链接和共生耦合，形成新的内需增长点。要实施好循环经济"十百千"示范行动，建设一批资源综合利用、产业园区循环化改造、再生资源回收体系、"城市矿产"基地、再制造产业化等循环经济示范工程，加大推广力度，推动资源循环利用产业做大做强。要开展循环经济示范行动，大力推广循环经济典型模式，加快推动产业之间、生产与生活系统之间的循环式布局、组合和流通，加快构建覆盖全社会的资源循环利用体系。

三、积极应对气候变化，探索低人均排放现代化道路

气候变化是人类在不断发展过程中不能回避的一个重大环境和

发展问题。我国已经向世界承诺，到 2020 年，单位国内生产总值二氧化碳排放比 2005 年下降 40%—45%，非化石能源占一次能源消费的比重达到 15% 左右，森林面积比 2005 年增加 4000 万公顷，森林蓄积量比 2005 年增加 13 亿立方米；到 2030 年，二氧化碳排放达到峰值并争取尽早实现，2030 年单位国内生产总值二氧化碳排放比 2005 年下降 60%—65%，非化石能源占一次能源消费比重达到 20% 左右，森林蓄积量比 2005 年增加 45 亿立方米左右。积极应对气候变化既是我国可持续发展的内在要求，是根据自身国情、发展阶段、可持续发展战略作出的重大战略部署，也是我国作为负责任大国在全球治理中的责任担当，是维护全球生态安全、构建人类命运共同体的重要义务。

近年来，我国单位 GDP 二氧化碳排放强度实现了显著降低，但温室气体排放总量增长迅速。目前，我国已经成为世界第一排放大国，排放总量超过美国和欧盟的总和；人均排放量超过世界平均水平，已接近欧盟人均排放水平，并且还在进一步增长。在积极应对气候变化方面，要加强顶层设计，坚持减缓和适应并重方针，明确低碳发展战略目标、阶段任务、实现途径、政策体系、保障措施等，以低碳发展的理念和低碳经济的目标引领统筹国民经济和社会发展的各方面政策措施。要深化低碳试点示范，积极探索具有本地区特色的低碳发展模式，率先形成有利于低碳发展的政策体系和体制机制。要发挥市场机制作用，加强碳市场机制的顶层设计，从源头上把好风险管理关，加强碳排放交易支撑体系建设，发挥碳排放交易市场在优化配置资源中的基础性作用。要积极优化能源结构，严格控制煤炭产能规模，全面提高煤炭开发利用全过程的节能环保标准，大幅提高煤炭清洁利用水平，推动煤炭消费尽早达到峰值并逐步下

降。切实解决清洁低碳能源发展面临的政策、机制障碍，推动清洁低碳能源进口成为我国新增能源供应主体。要积极开展国际合作，把应对气候变化摆到国家外交总体格局的重要位置，坚持"共同但有区别的责任"原则，全面有效参与应对气候变化多边、双边交流和战略对话，积极参与各种国际规则的制定，推动建立公平合理和科学有效的应对全球气候变化国际机制，营造有利的外部发展环境。

第五节　小结

党的十八大以来，我国在全世界首次提出生态文明建设治国方略，并将其纳入中国特色社会主义事业"五位一体"总体布局。通过建立绿色发展观、绿色政绩观、绿色生产方式、绿色生活模式等，彻底改变以 GDP 增长率论英雄的传统发展观，对传统工业化、城市化和现代化发展模式不断进行创新。通过把生态文明顶层设计作为全面深化改革优先任务，健全国土空间开发、资源节约利用、生态环境保护的体制机制，形成了人与自然和谐发展现代化建设新格局。通过把资源消耗、环境损害、生态效益纳入经济社会发展评价标准，构建生产发展、生活富裕、生态良好的国土功能开放格局，树立资源环境生态底线思维和红线意识等，创新了大量卓有成效的制度机制。

党的十九大提出，人民日益增长的美好生活需要和不平衡不充分的发展之间的矛盾，是中国特色社会主义新时代的主要矛盾。到21 世纪中叶，要把我国建成富强民主文明和谐美丽的社会主义现代化强国，必须树立和践行"绿水青山就是金山银山"的理念，坚持节约资源和保护环境的基本国策，坚定走生产发展、生活富裕、生态良好的文明发展道路，全面提升生态文明建设水平。生态文明传承和发扬了我国"天人合一"等传统发展智慧，是马克思主义生态环境理论的继承和创新，也孕育着继原始文明、农业文明、工业文明之后更高级的文明形态。我国在提高能效、发展可再生能源、应对气候变化方面的贡献居于全球前列，要进一步探索在发展中保护、在保护中发展，不断培育节能环保新动能，释放绿色发展新红利，将为全球可持续发展作出更大贡献。

（执笔人：戴彦德、田智宇、朱跃中）

第十六章　中国特色社会主义和谐社会和共享发展理论

中国特色社会主义和谐社会理论与共享发展理论是相互关联、一以贯之的理论体系中的两个重要环节。和谐社会是最高追求，共享发展是最紧迫的现实。和谐社会理论和共享发展理论既一脉相承、接续关联，又有着共同的核心诉求，都是在全面建成小康社会过程中实现人民群众根本利益的核心保障，且与我国经济建设、社会治理及保障和改善民生等重要任务密切相关。

第一节　和谐社会建设与经济建设的关系

和谐社会建设离不开经济建设。在社会主义初级阶段，必须坚持以经济建设为中心不动摇。如果没有必要的物质基础，和谐社会建设只能是镜中月、水中花。同时，经济建设也离不开和谐社会建设。社会稳定和谐又充满活力，是经济持续稳定健康发展的强有力保障。

一、经济建设与社会建设的历史发展背景

1987年，中国共产党第十三次全国代表大会提出了党的基本路

线，即坚持以经济建设为中心，坚持四项基本原则，坚持改革开放，为把我国建设成为富强、民主、文明、和谐的社会主义现代化国家而奋斗。由此开创了我国以经济建设为中心，加快推进改革开放的发展进程。1992 年，邓小平南方谈话提出了"一手抓经济建设，一手抓民主法制；一手抓改革开放，一手抓惩治腐败；一手抓物质文明，一手抓精神文明"等一系列"两手抓，两手都要硬"[①] 的战略方针，成为我国社会主义现代化建设的指导方针。在以经济建设为中心的背景下，提出"两手抓，两手都要硬"是具有时代前瞻性的。2003 年爆发的"非典"事件，从我国公共卫生防治严重落后这一角度揭示出我国社会建设严重滞后于经济发展的发展失衡问题。"非典"过后，从党中央、国务院到社会各界开始认真反思经济社会统筹发展的重要性和必要性，并将社会建设推向前台。

在这一背景下，2004 年 9 月 19 日，中国共产党第十六届中央委员会第四次全体会议上正式提出了"构建社会主义和谐社会"的概念，"坚持最广泛最充分地调动一切积极因素，不断提高构建社会主义和谐社会的能力"。[②]党的十六届四中全会首次将构建社会主义和谐社会作为我们党的执政目标，这是在党的文件中第一次把和谐社会建设放到同经济建设、政治建设、文化建设并列的突出位置，从而使我们党关于全面建设小康社会、开创中国特色社会主义新局面的奋斗目标，由发展市场经济、民主政治和先进文化这样"三位一体"的总体布局，扩展为包括和谐社会在内的"四位一体"的总体布局。

---

① 1992 年，邓小平南方谈话。
② 2004 年 9 月 19 日，中国共产党第十六届中央委员会第四次全体会议。

2005 年以来，"和谐"的理念不断成为建设"中国特色的社会主义"过程中的价值取向。2006 年 10 月，党的十六届六中全会审议通过的《中共中央关于构建社会主义和谐社会若干重大问题的决定》中全面深刻地阐明了中国特色社会主义和谐社会的性质和定位、指导思想、目标任务、工作原则和重大部署。2007 年 10 月，党的十七大再次强调了构建社会主义和谐社会的重要性，并对改善民生为重点的社会建设作了全面部署，指出"民主法治、公平正义、诚信友爱、充满活力、安定有序、人与自然和谐相处"[①] 是和谐社会的主要内容。

二、和谐社会建设与经济建设互为保障

经济建设是构建和谐社会的前提，和谐社会是保障经济健康发展的基石。要保持经济社会协调健康发展，必需以经济建设和构建和谐社会为基点，妥善协调好经济社会结构变动中的各种利益关系，调动一切积极因素，正确处理各方面的社会矛盾，为经济社会发展创造一个长期稳定和谐的环境。构建和谐社会是经济发展的前提条件，而经济发展是构建和谐社会的基础和保障，二者是具有内在联系的统一整体。

经济发展是构建和谐社会的基础。构建和谐社会，根本还是要以经济建设为中心，不断解放和发展生产力。和谐社会思想是在经济建设取得突出成效的基础上提出的，具有坚实的经济基础。如果没有新中国成立近 70 年我国经济的长足发展，没有改革开放以来经

[①] 胡锦涛：《高举中国特色社会主义伟大旗帜　为夺取全面建设小康社会新胜利而奋斗——在中国共产党第十七次全国代表大会上的报告》，《人民日报》2007 年 10 月。

济快速发展，也就没有和谐社会思想的提出。

从经济发展来看，随着经济总量增加，不断增加社会供给总量，更大程度地满足社会需求，从而实现各尽其能、各得其所的社会满足状态，才能不断实现社会和谐。从社会基础来看，由于个人财富的增加和私人财产的形成，受到法律制度的有效保护，以财产为基础的社会诉求更倾向于经济稳定与社会和谐。当然，在建设和谐社会过程中也会出现一些社会不平等、社会冲突等现象，只有不断推动生产力的发展，通过物质的再分配不断满足需求，扩大分配与消费，才能不断弥合社会不平等，减少社会冲突，实现更大程度的社会和谐。

社会和谐是经济健康发展的保障。和谐社会的主要特征是社会秩序稳定、居民安居乐业。如果没有稳定的社会秩序，社会动荡不安，人民群众心态不稳，则难以保持正常的生产生活。我国历史上也经历过通过暴力对抗的形式来实现社会更迭的过程，对经济社会的平稳发展造成了巨大的阻隔和破坏。

但是，在社会运行过程中，人与自然的和谐、人与人的和谐还是会不断遭遇挑战，若持续保持经济的快速健康可持续发展，必须着手解决经济社会不和谐的问题，协调各种社会矛盾、平衡利益关系，使社会绝大多数成员普遍享有发展成果，共同促进生产力的进步和社会的发展，不断推动经济社会的进步。

三、社会主义和谐社会理论的时代创新

社会主义和谐社会理论在党的十六大以后得到了广泛的发展。为贯彻党的十六大精神，中央召开七次全会，分别就深化机构改革、完善社会主义市场经济体制、加强党的执政能力建设、制定

"十一五"规划、构建社会主义和谐社会等关系全局的重大问题作出决定和部署，提出并贯彻科学发展观等重大战略思想，推动党和国家工作取得新的重大成就。

党的十八大以来，党中央全面提出了中国特色社会主义包括和谐社会建设在内的"五位一体"的建设内容，指出"中国特色社会主义道路，就是在中国共产党领导下，立足基本国情，以经济建设为中心，坚持四项基本原则，坚持改革开放，解放和发展社会生产力，建设社会主义市场经济、社会主义民主政治、社会主义先进文化、社会主义和谐社会、社会主义生态文明，促进人的全面发展，逐步实现全体人民共同富裕，建设富强民主文明和谐的社会主义现代化国家"。①党的十八届三中全会指出了全面深化改革与建设和谐社会的关系，不断深化和谐社会理论。公告指出，"全面深化改革的总目标是完善和发展中国特色社会主义制度，推进国家治理体系和治理能力现代化。必须更加注重改革的系统性、整体性、协同性，加快发展社会主义市场经济、民主政治、先进文化、和谐社会、生态文明，让一切劳动、知识、技术、管理、资本的活力竞相迸发，让一切创造社会财富的源泉充分涌流，让发展成果更多更公平惠及全体人民"。②

在新的历史时期下，社会主义和谐社会理论蕴含几方面涵义：

第一，构建社会主义和谐社会是中国特色社会主义事业"五位一体"总体布局的重要组成部分，及时对构建社会主义和谐社会作

---

① 胡锦涛：《坚定不移沿着中国特色社会主义道路前进　为全面建成小康社会而奋斗——在中国共产党第十八次全国代表大会上的报告》，《人民日报》2012 年 11 月。

② 2013 年 11 月 12 日，中国共产党第十八届中央委员会第三次全体会议通过《中共中央关于全面深化改革若干重大问题的决定》。

出部署，有利于全面推进中国特色社会主义事业。

第二，使社会更加和谐是全面建成小康社会的重要目标，切实做好构建社会主义和谐社会的各项工作，有利于充分调动社会各方面的积极性，抓住和用好我国发展的重要战略机遇期，切实维护和促进改革发展稳定的大局，确保实现全面建成小康社会的目标。

第三，促进社会和谐是中国最广大人民的根本利益所在，把构建社会主义和谐社会的各项任务落到实处，有利于进一步解决好人民群众最关心、最直接、最现实的利益问题，实现好、维护好、发展好最广大人民的根本利益。

第四，社会和谐是应对外部挑战的重要条件，保持国内安定和谐的社会政治局面，有利于增强民族凝聚力和抗风险能力，更好地维护国家主权、安全和发展利益。

总之，构建社会主义和谐社会，是中国特色社会主义事业的有机组成部分。中国共产党第十九次全国代表大会报告指出，"新时代中国特色社会主义思想，明确坚持和发展中国特色社会主义，总任务是实现社会主义现代化和中华民族伟大复兴，在全面建成小康社会的基础上，分两步走在本世纪中叶建成富强民主文明和谐美丽的社会主义现代化强国"。这意味着，构建社会主义和谐社会是贯穿我国"两个一百年"奋斗目标的发展任务和发展蓝图，是我国推进全面建成小康社会的重大战略举措，也是我国实现社会主义现代化强国的坚实根基。构建社会主义和谐社会关系到最广大人民的根本利益，关系到巩固党执政的社会基础、实现党执政的历史任务，关系到全面建成小康社会的全局，关系到党的事业兴旺发达和国家的长治久安。我国要把中国特色社会主义伟大事业推向前进，必须坚持以经济建设为中心，把构建社会主义和谐社会摆在更加突出的地位。

第二节　共享发展理论是和谐社会理论的
时代传承

共享发展既是中国特色社会主义的本质要求，也是社会主义和谐社会建设的根本要求。共享发展是和谐社会建设的基本前提，必须贯彻经济社会发展全过程，认真做好起点共享、过程共享和结果共享。共享发展也是和谐社会建设在新时代的新要求，不强调共享发展、共同富裕，和谐社会建设必定缺少社会共识。

一、社会主义共享发展理论的形成背景和形成过程

社会主义共享发展理论经历了一个从提出"共享"的思路，到形成"共享理念"的发展过程。党的十七大提出"科学发展观"："第一要义是发展，核心是以人为本，基本要求是全面协调可持续，根本方法是统筹兼顾。"[1]其中，以人为本就是要"保障人民各项权益，走共同富裕道路，促进人的全面发展，做到发展为了人民、发展依靠人民、发展成果由人民共享"[2]。这是首次提出"共享"的思路。党的十八大指出，"必须更加自觉地把以人为本作为深入贯彻落实科学发展观的核心立场，始终把实现好、维护好、发展好最广大人民根本利益作为党和国家一切工作的出发点和落脚点，尊重人民首创

---

[1]　胡锦涛：《高举中国特色社会主义伟大旗帜　为夺取全面建设小康社会新胜利而奋斗——在中国共产党第十七次全国代表大会上的报告》，《人民日报》2007 年 10 月。

[2]　胡锦涛：《高举中国特色社会主义伟大旗帜　为夺取全面建设小康社会新胜利而奋斗——在中国共产党第十七次全国代表大会上的报告》，《人民日报》2007 年 10 月。

精神，保障人民各项权益，不断在实现发展成果由人民共享、促进人的全面发展上取得新成效"。[1]还提出"实现发展成果由人民共享，必须深化收入分配制度改革"[2]等论述。"不断实现发展成果由人民共享"的提出，相当于提出"共享成为发展目标"的共享理念了。

党的十八届五中全会正式提出五大新发展理念，其中，"共享发展"揭示了发展的价值取向，揭示了当代中国发展的根本出发点和落脚点。《中共中央关于制定国民经济和社会发展第十三个五年规划的建议》指出："共享是中国特色社会主义的本质要求。必须坚持发展为了人民、发展依靠人民、发展成果由人民共享，作出更有效的制度安排，使全体人民在共建共享发展中有更多获得感，增强发展动力，增进人民团结，朝着共同富裕方向稳步前进。"[3]这就表明，着力践行以人民为中心的发展思想，体现了我们党全心全意为人民服务的根本宗旨，体现了人民是推动发展的根本力量的唯物史观，体现了社会主义制度的优越性。

二、社会主义共享发展理论的核心观点和基本要求

让人民群众共享改革发展成果，是中国特色社会主义的本质要求，也是社会主义制度优越性的集中体现。共享发展理念思想深刻、内涵丰富，2016 年 1 月 18 日，在省部级主要领导干部学习贯彻党的十八届五中全会精神专题研讨班上，习近平总书记从四个方面阐

---

① 胡锦涛：《坚定不移沿着中国特色社会主义道路前进　为全面建成小康社会而奋斗——在中国共产党第十八次全国代表大会上的报告》，《人民日报》2012 年 11 月。

② 胡锦涛：《坚定不移沿着中国特色社会主义道路前进　为全面建成小康社会而奋斗——在中国共产党第十八次全国代表大会上的报告》，《人民日报》2012 年 11 月。

③ 2015 年 10 月 29 日，中国共产党第十八届中央委员会第五次全体会议通过《中共中央关于制定国民经济和社会发展第十三个五年规划的建议》。

述了共享发展理念的主要内涵①。

一是全民共享。习近平指出："共享发展是人人享有、各得其所，不是少数人共享、一部分人共享。"他还指出："我国经济发展的'蛋糕'不断做大，但分配不公问题比较突出，收入差距、城乡区域公共服务水平差距较大。在共享改革发展成果上，无论是实际情况还是制度设计，都还有不完善的地方。为此，我们必须坚持发展为了人民、发展依靠人民、发展成果由人民共享，作出更有效的制度安排，使全体人民朝着共同富裕方向稳步前进，绝不能出现'富者累巨万，而贫者食糟糠'的现象。"实现全民共享，就是要把不断做大的"蛋糕"分好，让社会主义制度的优越性得到更充分体现，让人民群众有更多获得感。特别是要加大对困难群众的帮扶力度，坚决打赢农村贫困人口脱贫攻坚战。

二是全面共享。习近平指出："共享发展就要共享国家经济、政治、文化、社会、生态各方面建设成果，全面保障人民在各方面的合法权益。""共享"不仅仅拘泥于经济领域，举凡政治、文化、社会、生态等各种领域都应包含在内。当今的中国充满活力，人民对生活品质的要求不仅限于物质财富领域，而是对社会生活的多个领域都有各种各样的诉求。在政治和社会领域共享。进一步维护公平正义，保障人民平等参与、平等发展的权利，让人民有更多的获得感，保障人人共享发展成果。党的十八大提出"逐步建立以权利公平、机会公平、规则公平为主要内容的社会公平保障体系"，党的十八届四中全会进一步提出要"强化规则意识""加快完善体现权利公平、机会公平、规则公平的法律制度"。这些都是从政治和社会领域为每一

---

① 参见《习近平阐释共享发展理念的四个内涵》，中国干部学习网。

个人设置一个公平竞争的规则，让每一个人都不会输在起跑线上。

三是共建共享。共建共享是共享实现的途径。习近平指出："共建才能共享，共建的过程也是共享的过程。要充分发扬民主，广泛汇聚民智，最大激发民力，形成人人参与、人人尽力、人人都有成就感的生动局面。""共建"是"共享"的基础和前提，"共享"是"共建"的目的和方向。坚持共享发展，既追求人人享有，也要求人人参与、人人尽力，人人都为国家发展、民族振兴和个人幸福贡献自己的力量。全面小康的美好蓝图，需要共同付出艰苦的努力。所以，要在全社会营造人人参与、人人尽力、人人享有的良好环境，以共享引领共建、以共建推动共享，厚植发展优势，凝聚发展合力，提升发展境界。

四是渐进共享。渐进共享是对共享发展的进程而言的。习近平指出："一口吃不成胖子，共享发展必将有一个从低级到高级、从不均衡到均衡的过程，即使达到很高的水平也会有差别。我们要立足国情、立足经济社会发展水平来思考设计共享政策，既不裹足不前、铢施两较、该花的钱也不花，也不好高骛远、寅吃卯粮、口惠而实不至。"党的十九大指出，保障和改善民生要抓住人民最关心最直接最现实的利益问题，既尽力而为，又量力而行，一件事情接着一件事情办，一年接着一年干。坚持渐进共享，就要做到正确处理当前和长远的关系，既尽力解决当前必须解决和能够解决的民生问题，又充分考虑各方面的条件和可承受能力，滴水穿石，久久为功，积小胜为大胜，不断提升人民群众的获得感。

三、社会主义共享发展理念是社会主义和谐社会理论的发展传承

党的十八届五中全会指出，"共享是中国特色社会主义的本质要

求。必须坚持发展为了人民、发展依靠人民、发展成果由人民共享，作出更有效的制度安排，使全体人民在共建共享发展中有更多获得感，增强发展动力，增进人民团结，朝着共同富裕方向稳步前进"。[①]"坚持创新发展、协调发展、绿色发展、开放发展、共享发展，是关系我国发展全局的一场深刻变革"。[②]可以看出，共享发展已经成为我国经济发展和社会建设的根本目标，尤其指引着社会建设和社会进步的方向，强调全民共享、全面共享、共建共享、渐进共享。共享发展理念作为新理念的提出，也意味着社会主义和谐社会理论不断发展，进而形成与社会主义共享发展理论的时代传承。

共享发展既是中国特色社会主义的本质要求，也是社会主义和谐社会建设的根本要求。构建社会主义和谐社会，就是建立民主法治、公平正义、诚信友爱、充满活力、安定有序、人与自然和谐相处的社会，其中增进民生福祉是推进社会和谐的应有之义。党的十九大指出，增进民生福祉是发展的根本目的，一定要保证全体人民在共建共享发展中有更多获得感。共享发展是原则，社会和谐是目标。共享发展是中国特色社会主义发展理论的最新成果，共享发展理论的提出契合了中国改革开放40年来发展的时代命题，是中国特色社会主义经济社会发展实践的理论升华。共享发展是马克思主义公平思想的实际运用和发展，落实共享发展需要健全公平参与、公平分享的实现机制。发展要依靠人民，发展的成果也要由人民共享，这是中国特色社会主义的本质要求。共享发展是中国特色社会

---

① 2015年10月29日，中国共产党第十八届中央委员会第五次全体会议通过《中共中央关于制定国民经济和社会发展第十三个五年规划的建议》。
② 2015年10月29日，中国共产党第十八届中央委员会第五次全体会议通过《中共中央关于制定国民经济和社会发展第十三个五年规划的建议》。

主义的必然选择，对发展中国家也具有借鉴意义。

第三节　创新社会治理，建设和谐社会

创新社会治理是和谐社会建设的重要内容。社会治理的目标是使社会稳定和谐有活力，社会稳定和谐有活力的实现途径是要通过创新社会治理实现社会运行有序、顺畅，社会自组织平稳、到位。所以说，社会治理也是保障和谐社会建设的根本抓手。

一、社会治理创新提出的背景和深化过程

2006 年，十届全国人大四次会议批准通过了我国"十一五"规划纲要，规划中提到，"建设社会主义和谐社会，必须加强社会建设和完善社会管理体系，健全党委领导、政府负责、社会协同、公众参与的社会管理格局"[①]。这也是第一次在我国的国民经济和社会发展五年规划中明确提出了"社会管理"和"社会管理体制"的概念，并形成了关于社会管理和社会管理体制的相关规划，提出了社会管理体制创新性改革的具体内容。

党的十六届六中全会通过的《中共中央关于构建社会主义和谐社会若干重大问题的决定》首次明确，"社会管理"包括政府职能转变、社会组织发展、社区治理、纠纷处理、社会治安、应急管理体制等内容，在社会管理创新发展史上无疑具有开创性意义。党的十七大报告明确地将社会管理体制改革列为"以改善民生为重点的

---

① 2006 年，十届全国人大四次会议批准通过了我国"十一五"规划纲要。

社会建设"内容，"必须在经济发展的基础上，更加注重社会建设，着力保障和改善民生，推进社会体制改革，扩大公共服务，完善社会管理，促进社会公平正义，努力使全体人民学有所教、劳有所得、病有所医、老有所养、住有所居"。[①] 2008 年，我国在社会管理创新上迈出了重要的一步，十一届全国人大一次会议举行第四次全体会议提出，"以改善民生为重点加强与整合社会管理和公共服务部门。在推进改革的过程中，要紧紧抓住转变政府职能这个核心，着力理顺部门职责关系，精简和规范议事协调机构及其办事机构，抓紧进行地方政府机构改革，适时推进事业单位分类改革"。[②]

2011 年 3 月 16 日，《中华人民共和国国民经济和社会发展第十二个五年规划纲要》的发布，标志着我国的社会管理体制改革走上了新的台阶。从作为"和谐社会"的蓝图构成、"科学发展观"的体现与"社会建设"的民生重点，发展至今，"十二五"规划纲要把"标本兼治 加强和创新社会管理"单独作为一个篇幅与其他篇章并立为改革的重要内容，而且与第八篇"改善民生 建立健全基本公共服务体系"区分开来。规划纲要还第一次提出"创新社会管理体制机制，加强社会管理能力建设，建立健全中国特色社会主义社会管理体系"。其中涉及的社会管理创新幅度及广度、条目的清晰度都有所推进，由此可见，国家已将社会管理体制改革作为独立的主体，下决心进行改革和创新。

---

① 胡锦涛：《高举中国特色社会主义伟大旗帜 为夺取全面建设小康社会新胜利而奋斗——在中国共产党第十七次全国代表大会上的报告》，《人民日报》2007 年 10 月。
② 2008 年，十一届全国人大一次会议举行第四次全体会议公告。

二、新时期我国社会治理创新的时代要求

党的十八大提出，加强社会建设，是社会和谐稳定的重要保证。"必须从维护最广大人民根本利益的高度，加快健全基本公共服务体系，加强和创新社会管理，推动社会主义和谐社会建设"。[①] "加强社会建设，必须加快推进社会体制改革。要围绕构建中国特色社会主义社会管理体系，加快形成党委领导、政府负责、社会协同、公众参与、法治保障的社会管理体制，加快形成政府主导、覆盖城乡、可持续的基本公共服务体系，加快形成政社分开、权责明确、依法自治的现代社会组织体制，加快形成源头治理、动态管理、应急处置相结合的社会管理机制"。[②] 党的十八大首次在我国社会管理体制中加入了"法治保障"的环节，为社会管理体制纳入法制化、科学化轨道提出了更高要求。

2014 年 10 月，党的十八届四中全会通过的《中共中央关于全面推进依法治国若干重大问题的决定》明确指出，"依法治国，是坚持和发展中国特色社会主义的本质要求和重要保障，是实现国家治理体系和治理能力现代化的必然要求。必须坚持法治国家、法治政府、法治社会一体建设，而在社会治理中必须推进多层次多领域依法治理"。[③] 党的十八届五中全会特别强调，要"坚持人民主体地位"，依靠人民作为"推动发展的根本动力"，实现社会治理的"全民共建

---

① 胡锦涛：《坚定不移沿着中国特色社会主义道路前进　为全面建成小康社会而奋斗——在中国共产党第十八次全国代表大会上的报告》，《人民日报》2007 年 11 月。

② 胡锦涛：《坚定不移沿着中国特色社会主义道路前进　为全面建成小康社会而奋斗——在中国共产党第十八次全国代表大会上的报告》，《人民日报》2012 年 11 月。

③ 2014 年 10 月，党的十八届四中全会通过的《中共中央关于全面推进依法治国若干重大问题的决定》。

共享"，同时强调"党委领导、政府负责、社会协同、公众参与、法治保障"的社会治理体制。只有构建形成这样一个适应于社会利益群体高度分化的现代市场经济体制的社会治理体制，才能不断增强社会发展活力，提升社会治理水平。

三、创新社会治理与建设和谐社会的理论关联

创新社会治理是建设和谐社会的必然要求和根本保障。2006年，党的十六届六中全会通过的《中共中央关于构建社会主义和谐社会若干重大问题的决定》（以下简称《决定》）指出，我国已进入改革发展的关键时期，经济体制深刻变革，社会结构深刻变动，利益格局深刻调整，思想观念深刻变化。这种空前的社会变革，给我国发展进步带来巨大活力，也必然带来这样那样的矛盾和问题。因此，社会主义和谐社会的构建被摆在了更加突出的地位。在《决定》中，"推进经济体制、政治体制、文化体制、社会体制等各项具体制度的改革和创新"，是构建和谐社会应遵循的一项原则，或者说"加强和改进社会管理是构建社会主义和谐社会的一项重大任务"。"和谐社会"作为对公平、正义、美好社会的构想，是我们所希望达到的一种社会状态，社会管理体制改革与创新是从属于构建和谐社会的基本要求，从而成为蓝图构想的一部分。如何实现社会管理体制改革的诉求，及进一步明确它的涵义，成为以后改革的重要方向。

党的十七大明确提出了深入贯彻和落实科学发展观的主题，就是为了解决经济与社会发展的不平衡，在社会领域表现为社会公平、正义和稳定，报告中关于社会建设内容的部署很好地体现了这一点。相比前一阶段的社会管理政策，这一阶段的政策取得了一定的突破：一是社会管理成为科学发展观的一个子系统，得到深入贯

彻和落实。党的十七大的一个重要特色是强调"民生"，将社会管理归为"以改善民生为重点的社会建设"的内容，无疑大大增强了对社会管理的关注度和执行力度，这一点可以从这一阶段众多重要政策文献中得到证实。二是社会管理迈出了重要的创新步伐。以改善民生为重点加强与整合社会管理和公共服务部门。精简机构、转变政府职能、理顺部门职责关系等触及现实中难以回避的行政管理体制问题。

"十二五"规划纲要使社会管理体制改革成为独立的主体被提上议事日程，标志着我国社会管理体制创新进入了新的历史发展阶段。规划纲要内容细致、条目清晰地提出了社会管理创新的方向：党委领导、政府负责、社会协同、公众参与的社会管理格局，源头治理、动态管理和应急处置相结合的社会管理机制，以及加强社会管理基层基础建设，提高基层群众自治组织自我管理、自我服务、自我教育、自我监督能力，加强社会组织管理和服务体系建设，提高社会管理信息化水平等。中共中央不断重申和强调加强和改进社会管理创新对推动党和国家事业发展、促进社会公平与正义、实现全面建成小康社会宏伟目标所具有的重大战略意义。

至此，加强和改进社会管理的方向出现以下重大的变化：一是形成多元、统一和富有层次的社会管理主体。确立了党委领导、政府负责、社会协同、公众参与的社会管理格局。二是综合的社会管理机制。构建源头治理、动态管理和应急处置相结合的社会管理机制。从源头上减少矛盾，包括两个方面，其一是推进经济社会发展；其二是强化政府社会管理和公共服务职能。在动态管理上更加注重平等沟通和协商。有效应对和妥善处置突发公共事件。三是社会管理的科学化水平，建设中国特色社会主义社会管理体系。深刻认识

和准确把握社会管理规律，加强调查研究。四是完善社会矛盾调解机制。党的十六届六中全会提出要形成科学有效的利益协调机制、诉求表达机制、矛盾调处机制、权益保障机制，协调各方面利益，妥善处理社会矛盾的改革任务。加强人民调解、行政调解、司法调解联动，整合各方面力量，有效防范和化解劳动争议、征地拆迁、环境污染、食品药品安全、企业重组和破产等引发的社会矛盾。完善群众工作制度，依靠基层党政组织、行业管理组织、群众自治组织，充分发挥工会、共青团、妇联的作用，共同维护群众权益。五是公共安全体系建设被提上了重要高度。

新时期，社会管理更加注重管理主体和方式的科学化，提出了社会治理的新概念。党的十八届三中全会指明了创新社会治理与建设和谐社会的关系。公告指出，创新社会治理必须着眼于维护最广大人民根本利益，最大限度增加和谐因素，增强社会发展活力，提高社会治理水平，全面推进平安中国建设，维护国家安全，确保人民安居乐业、社会安定有序。

党的十九大将创新社会治理纳入平安中国建设的框架，提出了"打造共建共治共享的社会治理格局"的根本任务。同时，在新形势、新技术引领下，对社会治理的方式和手段提出了更高的要求，"加强社会治理制度建设，完善党委领导、政府负责、社会协同、公众参与、法治保障的社会治理体制，提高社会治理社会化、法治化、智能化、专业化水平"。同时，还提出了"加强社会心理服务体系建设，培育自尊自信、理性平和、积极向上的社会心态"的任务要求，这表明创新社会治理不断从制度框架设计走向实质内涵的完善，从完善外部治理体系走向构建内部治理体系。我国社会治理格局和社会治理体系通过新技术手段、新服务标准等的整体提升，通过政府、社会和居民自身的良性互动，将为社会主义和谐社会建设，为实现"两个一百年"奋斗目标，构建健康、柔性发展的社会环境。

第四节　保障和改善民生，实现共享发展

保障和改善民生是我国和谐社会建设的重要内容，是关乎人民群众幸福生活的根本途径。保障和改善民生，既是党和政府对人民的庄严承诺，也是经济社会发展的最终目标。保障困难群众的民生需求，不断提高公共服务水平，体现了新时期共享发展理念在民生领域得到广泛运用。

一、保障和改善民生提出的背景和发展过程

党的十六届六中全会《中共中央关于构建社会主义和谐社会若干重大问题的决定》中尚未提出"保障和改善民生"的提法，而是分别论述社会事业各领域的发展。指出，"要坚持协调发展、加强社会事业建设，扎实推进社会主义新农村建设，落实区域发展总体战略，实施积极的就业政策，坚持教育优先发展，加强医疗卫生服务，加快发展文化事业和文化产业，加强环境治理保护。"[①]

党的十七大首次提出了"改善民生"的提法，专章提出"加快推进以改善民生为重点的社会建设"，开启了保障和改善民生系列任务。报告指出，"社会建设与人民幸福安康息息相关。必须在经济发

---

① 2006 年 10 月，党的十六届六中全会通过《中共中央关于构建社会主义和谐社会若干重大问题的决定》。

展的基础上，更加注重社会建设，着力保障和改善民生，推进社会体制改革，扩大公共服务，完善社会管理，促进社会公平正义，努力使全体人民学有所教、劳有所得、病有所医、老有所养、住有所居，推动建设和谐社会。"①改善民生的任务包括：优先发展教育，建设人力资源强国；实施扩大就业的发展战略，促进以创业带动就业；深化收入分配制度改革，增加城乡居民收入；加快建立覆盖城乡居民的社会保障体系，保障人民基本生活；建立基本医疗卫生制度，提高全民健康水平；完善社会管理，维护社会安定团结等内容。

党的十七届五中全会通过了"十二五"规划纲要，在"加强社会建设，建立健全基本公共服务体系"一章中提出，"着力保障和改善民生，必须逐步完善符合国情、比较完整、覆盖城乡、可持续的基本公共服务体系，提高政府保障能力，推进基本公共服务均等化。加强社会管理能力建设，创新社会管理机制，切实维护社会和谐稳定。"②

二、新时期我国保障和改善民生政策和理论体系构成

习近平总书记指出："人民对美好生活的向往，就是我们的奋斗目标。"党的十八大以来，"保障和改善民生"被提到前所未有的历史高度，成为党中央、国务院狠抓实抓的一项民生工程。从制度建设到财力保障，从托底保障到提质增效，保障和改善民生的任务在各个领域、各个环节中加以体现，切实为增强人民群众的获得感做

---

① 胡锦涛：《高举中国特色社会主义伟大旗帜　为夺取全面建设小康社会新胜利而奋斗》，《人民日报》2007年10月。

② 2010年10月18日，中国共产党第十七届中央委员会第五次全体会议通过《中共中央关于制定国民经济和社会发展第十二个五年规划的建议》。

出了努力。

党的十八大指出了保障和改善民生与社会主义和谐社会建设的关系。"加强社会建设，是社会和谐稳定的重要保证。必须从维护最广大人民根本利益的高度，加快健全基本公共服务体系，加强和创新社会管理，推动社会主义和谐社会建设。加强社会建设，必须以保障和改善民生为重点。提高人民物质文化生活水平，是改革开放和社会主义现代化建设的根本目的。要多谋民生之利，多解民生之忧，解决好人民最关心最直接最现实的利益问题，在学有所教、劳有所得、病有所医、老有所养、住有所居上持续取得新进展，努力让人民过上更好生活。"[1]党的十八届三中全会指出，保障和改善民生，是建设和谐社会的关键。"紧紧围绕更好保障和改善民生、促进社会公平正义深化社会体制改革，改革收入分配制度，促进共同富裕，推进社会领域制度创新，推进基本公共服务均等化，加快形成科学有效的社会治理体制，确保社会既充满活力又和谐有序。"[2]

党的十八届五中全会提出了共享发展与保障和改善民生的关系。全会指出，坚持共享发展，着力增进人民福祉。按照人人参与、人人尽力、人人享有的要求，坚守底线、突出重点、完善制度、引导预期，注重机会公平，保障基本民生，实现全体人民共同迈入全面小康社会。围绕坚持共享发展、着力增进人民福祉，党的十八届五中全会提出"增加公共服务供给""实施脱贫攻坚工程""提

---

[1] 胡锦涛：《坚定不移沿着中国特色社会主义道路前进　为全面建成小康社会而奋斗——在中国共产党第十八次全国代表大会上的报告》，《人民日报》2012 年 11 月。

[2] 2013 年 11 月 12 日，中国共产党第十八届中央委员会第三次全体会议通过《中共中央关于全面深化改革若干重大问题的决定》。

高教育质量""促进就业创业""缩小收入差距""建立更加公平更可持续的社会保障制度""推进健康中国建设""促进人口均衡发展"等任务。

党的十九大指出，我国社会主要矛盾已经转化为人民日益增长的美好生活需要和不平衡不充分的发展之间的矛盾。人民群众的美好生活需要日益增长，从需求侧推动供给侧，要求我国民生建设要更上一个新水平。党的十九大提出，要"坚持在发展中保障和改善民生。在幼有所育、学有所教、劳有所得、病有所医、老有所养、住有所居、弱有所扶上不断取得新进展，深入开展脱贫攻坚，保证全体人民在共建共享发展中有更多获得感，不断促进人的全面发展、全体人民共同富裕"。党的十九大提出的民生事项更为丰富，包括：优先发展教育事业、提高就业质量和人民收入水平、加强社会保障体系建设、坚决打赢脱贫攻坚战、实施健康中国战略、打造共建共治共享的社会治理格局以及有效维护国家安全。民生建设不仅意味着传统社会事业领域公共服务以及居民收入、脱贫攻坚，还包含了社会治理体系建设和维护国家安全，从更大的领域和层次凸显了民生的内涵及保障改善民生的高站位、高要求。保障和改善民生，不断满足人民群众对美好生活的需要和期待，既是全面建成小康社会的重点任务，也是我国分两个阶段实现社会主义现代化的根本目标。由此，我国保障和改善民生政策体系进入了一个新的历史时期，民生建设与国家安全、民族发展紧密地联系在一起。

三、保障和改善民生与共享发展之间的理论关联

改革开放以来，尤其是党的十八大以来，在保障和改善民生政

策制度体系的全面影响下，我国民生状况得到了极大改善。城乡居民收入持续稳步增长、世界上最大的社会保险体系初步建构，医疗保障覆盖人口逐步扩大，人民群众健康水平显著提高，教育改革不断向前推进，人民群众的幸福指数不断提高。这些成就的达成与党和国家对民生的高度关注密不可分。党的十八届三中全会部署的60项改革中，有18项是关乎民生的，包括医疗、教育、就业、住房等等。民生领域每一项改革都是与人民群众的生活直接相关的，都体现了我国经济发展与全民共享、全面共享、共建共享之间的关联。党的十九大指出，"坚持人人尽责、人人享有，坚守底线、突出重点、完善制度、引导预期，完善公共服务体系，保障群众基本生活，不断满足人民日益增长的美好生活需要，不断促进社会公平正义，形成有效的社会治理、良好的社会秩序，使人民获得感、幸福感、安全感更加充实、更有保障、更可持续。"这表明，民生建设与共享发展理念是紧密关联，相互依托的。

共享发展理念实质就是坚持以人民为中心的发展思想，注重的是解决社会公平正义问题，体现的是逐步实现共同富裕的要求。其核心就是加强和改善民生，使得全体人民共同迈向小康生活，并为实现社会主义现代化而不断努力。所以，在加强民生领域建设时，也必须坚持人民的主体地位，坚持共享发展的理念，按照人人参与、人人尽力、人人享有的要求，坚守底线、突出重点、完善制度、引导预期，注重机会公平，保障基本民生，把以人民为中心的发展思想体现在经济社会发展各个环节，自觉做到发展为了人民、发展依靠人民、发展成果由人民共享，绝不能出现"富者累巨万，而贫者食糟糠"的现象，实现全体人民共同迈入全面小康社会。这就是民生建设和共享发展的协调统一。

　　习近平总书记也强调，要实现经济发展和民生改善良性循环。只有实现了这两方面的良性循环，才能实现人与人、人与经济活动、人与环境和谐共存的良好局面，从而让老百姓真正感受到我国民生改善的红利。这也体现了经济建设为了持续共享，不断加强民生建设才能持续共享的逻辑统一。

（执笔人：杨宜勇、李璐）

第十七章 中国特色社会主义经济的精神动力、智力支撑和文化源泉理论

中国特色社会主义文化是反映先进生产力发展规律及其成果的文化，是源于人民大众实践又为人民大众服务的文化，是继承人类优秀精神成果的文化，具有科学性、时代性和民族性。中国特色社会主义文化以马克思主义、毛泽东思想、邓小平理论、"三个代表"重要思想和科学发展观为理论基础，以马克思主义基本原理与当代中国实际相结合的当代中国文化实践为现实依托，是中国特色社会主义经济的精神动力、智力支撑和理论源泉，是新时代中国特色社会主义思想的重要组成部分。增强中国特色社会主义文化的吸引力和感召力，是中国共产党领导人民全面建成小康社会、开创中国特色社会主义事业新局面、基本实现社会主义现代化的必然要求。

第一节 文化建设与经济建设的关系

从历史的角度看，纵观文化与经济发展的关系起源，可以将文化建设与经济建设的关系概括为中国传统文化向现代文化转变与农耕文明向现代城市文明转变的匹配互动关系。随着人类社会不断进

步，文化发展与经济发展两个系统内的生产力和生产关系出现了多重维度的相互交织和多个方向的相互作用，文化建设与经济建设表现出多种多样的互动关系形式。这些表现形式在宏观上主要体现为文化建设和经济建设在国家框架内的地位和作用，中观上主要体现为文化建设与区域经济发展的关系，微观上则是文化建设与企业经营活动的关系。

一、文化与经济发展的关系起源

文化和经济是社会有机体的两个子系统，二者既有相互促进的作用，又有相互排斥的效应。生产力越发达，经济与文化的关系就越密切。文化因素是影响经济发展的一种非制度性安排，它根植于经济发展的全过程，对经济发展起到至关重要的推动或牵制作用。文化与经济发展自古相连，五千年的中国传统文化在"正德""崇道"之下重视"利用""厚生"[1]，通过"以农以本"的农耕文明和"工商皆本"的市场精神实现了与现代经济的关联，也体现了经济发展的转型轨迹。进入 21 世纪，文化与经济相互交融，在综合国力竞争中的地位和作用越来越突出，文化已成为推动市场发展和市场革新的内在动力，文化竞争力是综合竞争力的重要组成部分之一，全民深刻认识文化建设的战略意义，推动社会主义文化大发展、大繁荣。这一时期，经济学家们的研究领域开始从正式制度转向文化等非正式制度的功能效用方面，文化要素在经济学研究中的地位和作用越来越突出。

---

① 李存山：《中国传统文化与现代经济发展》，《哲学研究》1994 年第 9 期。

二、文化建设与区域经济发展的关系

文化与经济的内在关联决定了中观层面上文化建设与区域经济发展的关系。区域经济作为整个社会经济的基本空间构成，通常包括了区域特色资源、特色产业、特色产品、独特技术、特色人文历史、特色环境等多种属性，这些特殊的区域要素属性构成了区域特色文化。地域文化的差异性是区域经济错位发展的动能，地域文化价值观、信仰和文化差距影响地区市场经济行为。区域特色文化渗透到区域经济运行的各个方面，形成独特的区域经济模式。作为影响区域经济发展的一个不可忽视的因素，区域文化直接影响着人们的思维、观念、价值取向和精神面貌等，对区域经济发展有着重要意义。文化建设与区域发展之间存在着相互渗透、相互促进、共生互动的关系，文化建设是区域发展不可或缺的前提和精神动力支撑[①]。但是，由于区域文化具有内生性，也受到区域经济发展的反向关联。

三、文化建设与企业经营活动的关系

具体到微观方面，文化建设与企业经济活动关系密切。首先，企业作为独立的经济实体和文化共同体，在其长期的生产和经营活动中，必然会形成与企业自身发展战略相契合的价值理念，也就是企业的本位文化价值，其文化价值会对企业的经营方向、管理模式等产生直接影响，并影响企业资本结构、企业伦理、经营并购活动、

---

① 参见刘敏、李健美：《我国区域文化协调发展的基本思路》，《全球化》2017年第3期。

风险决策和分红政策等。文化建设是企业组织建设和企业家精神的重要组成内容，企业家精神和工匠精神是企业经营能力的综合表达，对于企业文化建设具有直接的导向作用、指引作用和核心价值作用，文化建设是企业发展的软实力。

四、中国特色文化建设与经济建设的互动实践与时代创新

要实现中国特色文化建设与经济建设互动，首先要求文化建设与经济发展同步。着眼于全面建成小康社会、实现社会主义现代化和中华民族伟大复兴，党的十八大报告对推进中国特色社会主义事业作出"五位一体"总体布局，将经济建设、政治建设、文化建设、社会建设、生态文明建设形成了一个有机整体，文化建设成为中国特色社会主义科学发展、创新发展、协调发展、开放发展、融合发展的根本要求之一。中国特色文化建设与经济建设的互动主要表现在以下几个方面：一是市场经济条件下对文化建设与经济建设关系的重新审视，通过深化文化体制改革、大力发展文化产业、文化产业与公共文化服务融合发展等举措，促进文化在经济建设中的市场主体地位的充分形成和展现。二是各地充分利用文化建设调结构、促转型，通过不断完善的引导政策、快速涌现的文化业态、丰富多彩的文化活动、培育壮大的文化品牌等，推动文化建设在区域经济发展中持续发挥动能作用，提升文化要素在产业集聚中的根植力，激活文化资源配置活力。三是突出中国特色文化载体建设，促进企业文化价值、企业家精神、工匠精神与经济建设互动，为深化国有企业改革、社会资本举办企业主体和"大众创业、万众创新"提供支撑。

第二节　精神动力：大力发展社会主义先进文化

社会主义先进文化主要包括社会主义主体文化、我国优秀的传统文化、外来文化的优秀发展成果，以及在新的实践过程中不断涌现出的新文化因素和文化理念。社会主义先进文化的建立本身就是创新与改革的成果，社会主义核心价值体系代表了社会主义先进文化的精髓，发展社会主义先进文化的根本任务是培养高素质人民，体现了中国特色社会主义的奋斗目标。同时，发展社会主义先进文化也对中国特色社会主义提出了新的理论和实践要求，社会主义先进文化的优秀成果要经得起时间检验，经得起未来推敲。

一、社会主义先进文化的建立是创新与改革的成果

社会主义先进文化是在优秀传统文化基础上建立起来并不断完善的，在五千多年文明发展中孕育的优秀传统文化凝聚着中华民族自强不息的精神追求和历久弥新的精神财富，是发展社会主义先进文化的深厚基础。马克思主义与中国实践相结合，产生了毛泽东思想、邓小平理论、"三个代表"重要思想、科学发展观和党的十八大以来党中央治国理政新理念、新思想、新战略等理论创新成果，产生了新时代中国特色社会主义思想，都对中国文化产生了极其深远的影响。马克思主义是社会主义先进文化的指导思想。马克思主义在中国的持续理论实践和创新代表了社会主义先进文化的发展历程、特征和方向。社会主义先进文化的建立，是对旧的新民主主义文化的革新与扬弃，使许多原本濒临消失的文化得以保留，还赋予了其

新的生命活力，其本身就是创新与改革的成果，体现了社会主义制度优越性，是文化自信的表现。党的十五大首先提出了建设中国特色社会主义的经济、政治、文化，奠定了社会主义先进文化的基调。随着一系列文化政策方针的调整，社会主义精神文明的提出和战略高度的提升，文化建设的深入发展，文化生产力得到进一步解放和发展，社会主义先进文化在改革创新中进一步发挥作用。

二、社会主义核心价值体系是社会主义先进文化的精髓

社会主义核心价值体系是在吸收人类文明成果的基础上，马克思主义意识形态理论在社会主义核心价值判断、形成和演化中的体系化呈现和实践。社会主义核心价值观是当代中国精神的集中体现，凝结着全体人民共同的价值追求。党的十七届六中全会第一次明确提出，社会主义核心价值体系是社会主义先进文化的精髓，这个论述彰显了社会主义核心价值体系处于社会主义先进文化的主导和支配地位。党的十九大指出，必须推进马克思主义中国化、时代化、大众化，建设具有强大凝聚力和引领力的社会主义意识形态，使全体人民在理想信念、价值理念、道德观念上紧紧团结在一起。坚持马克思主义指导地位、坚定中国特色社会主义共同理想、弘扬以爱国主义为核心的民族精神和以改革创新为核心的时代精神、树立和践行社会主义荣辱观四个方面决定了社会主义先进文化的指导思想、发展方向、根本目的等，也决定了社会主义核心价值体系的本质。中国特色社会主义文化的发展，对于物质文明、精神文明、政治文明的全面进步，具有深层次的动力支撑作用，社会主义核心价值观对国民教育、精神文明创建、精神文化产品创作生产传播具有引领作用，把社会主义核心价值观融入社会发展各方面，转化为人们的

情感认同和行为习惯是建设社会主义核心价值体系的必然要求。精神文化包括哲学、文学、科学、技术、艺术、宗教、价值观念和伦理道德等，可以归为科学文化和人文文化[①]，加强精神文化建设，深入挖掘中华优秀传统文化蕴含的思想观念、人文精神、道德规范，推动文明的道德文化、法律文化、科学文化、媒介文化和网络文化养成，结合时代要求继承创新，强化教育引导和制度保障，是培育和实践社会主义核心价值体系的关键。

三、社会主义先进文化的根本任务和重大支撑

社会主义先进文化首先是坚持唯物史观的表现，经济的发展、社会的进步、综合国力的增强，都有赖于科学技术的发展，有赖于文化发展水平及其综合影响力。文化建设通过科学技术的创新和转化对社会主义生产力持续发挥促进作用，形成社会主义先进文化新的生产力。先进科学技术生产力需要高素质的人来支撑，通过思想道德建设和科学文化建设提高人的素质，为社会的发展提供思想动力和智力支持。因此，发展社会主义先进文化要求紧紧围绕全面建成小康社会的需要，保障公民享有接受良好教育的平等机会，培养一代又一代适应社会主义现代化要求的有理想、有道德、有文化、有纪律的高素质公民，提高整个中华民族的思想道德素质和科学文化素质，提高人的综合素质，实现人的全面发展和价值提升，形成全民学习、终身学习的学习型社会。

弘扬诚信文化，构建包含以社会诚信制度为核心的维护经济活

[①] 参见黄晓炎：《推动社会主义文化大发展大繁荣要把握"四个协调"》，《理论前沿》2007 年第 24 期。

动、社会生活正常秩序和促进诚信的社会机制的现代社会诚信体系，是发展社会主义先进文化的重大支撑和基石。"人无信不立，国无信不存"，包含现代诚信文化、有效的产权制度、民主政体、健全的法制及社会信用服务组织等内容的诚信文化代表着社会主义先进文化的方向。诚实守信是社会主义核心价值观体系的重要构成内容，是人民群众最基本的道德规范，是中国特色社会主义建设发展的基础。

四、社会主义先进文化的理论深化和重要实践

当今世界，文化与经济、政治相互交融、相互渗透，文化不仅是综合国力的重要标志，而且是综合国力的重要组成部分，是经济发展和社会进步的强大精神动力，是充分体现社会主义制度的优越性的重要支撑，建设中国特色社会主义先进文化是增强综合国力的需要。党的十八大为进一步推进社会主义文化大发展大繁荣吹响了新的号角，国家深入推进开展以简政放权为最大特点的文化体制改革，加快转变文化行政部门职能，推动市场在资源配置中起决定性作用和更好发挥政府作用，不断建立健全文化市场体系，鼓励各类市场主体公平竞争、优胜劣汰，不断深化文化金融合作，促进文化企业跨地区、跨行业、跨所有制并购重组和文化资源在全国范围内流动，为中国特色社会主义文化大发展大繁荣提供支撑。党的十九大进一步深化指出了社会主义先进文化的实践方向，即：深化马克思主义理论研究和建设，加快构建中国特色哲学社会科学，加强中国特色新型智库建设；高度重视传播手段建设和创新，提高新闻舆论传播力、引导力、影响力、公信力；加强互联网内容建设，建立网络综合治理体系，营造清朗的网络空间；落实意识形态工作责任制，加强阵地建设和管理，注意区分政治原则问题、思想认识

问题、学术观点问题，旗帜鲜明反对和抵制各种错误观点。社会主义先进文化在中国的有益实践，是对端正马克思主义意识形态、传播社会主义核心价值体系、提高新时代人民的素质水平的有益探索。

第三节　文化源泉：文化事业、文化产业和文化软实力

1990 年 3 月，美国哈佛大学教授约瑟夫·奈在其一篇名为《衰落的误导性隐喻》的论文里，第一次将"软实力"一词阐释为是通过吸引而非强迫或收买的方式来达到自己目的的能力，它源自一个国家的文化、政治观念和政策的吸引力，由此可见，国家文化软实力是体现国家利益的手段和工具，是主流文化自身的积极建构。文化产业、文化事业及其之间的和谐互利关系，即为国家文化软实力的主要构成部分。其中，文化产业包括新闻出版发行服务、广播电视电影服务、文化艺术服务、文化信息传输服务、文化创意和设计服务、文化休闲娱乐服务、工艺美术品的生产、文化产品生产的辅助生产、文化用品的生产，共九大类[①]；文化事业主要包括公共文化服务设施、资源和服务内容，以及与之相对应的人才、资金、技术和政策保障机制等。

———————

① 参见国家统计局《文化及相关产业分类 2012》。

一、国家文化软实力的提出和战略着眼点

党的十七大报告提出要"提高国家文化软实力",习近平总书记在 2013 年中央政治局第十二次集体学习时指出,提高文化软实力,关系"两个一百年"奋斗目标和中华民族伟大复兴中国梦的实现。培育国家文化软实力,是针对全球范围内和平发展的新议题和经济发展的新特征,基于当代中国和世界发展环境快速深刻变革的背景下提出的。夯实国家文化软实力根基,努力传播当代中国价值理念,展示中华文化独特魅力、树立中国文化安全观,提高国际话语权是建设社会主义文化强国、提高国家文化软实力的根本指引。培育国家文化软实力是增强国家综合国力的重要组成部分,是实现中华民族伟大复兴的战略着眼点,其一着眼于加强对中华优秀传统文化的挖掘和阐发,努力实现中华传统美德的创造性转化、创新化发展,扩大国际影响力;其二着眼于进一步吸收世界各国优秀的文明成果及各国人民共同接受的基本价值;其三着眼于创新公共文化服务方式和管理体制,构建现代公共文化服务体系;其四着眼于把文化产业培育成我国国民经济的支柱产业,增加商品和服务的文化含量,提高自主创新能力,努力打造具有核心竞争力的文化产品和品牌。

二、增强国家文化软实力需要处理好三个关系

增强国家文化软实力需要处理好三个关系:一是要处理好公共文化服务资源与要素配置的关系,二是要处理好文化产业发展与经济增长的关系,三是要处理好文化事业与文化产业发展的关系。

紧紧把握公共文化服务资源供给和需要的匹配能力,处理好公

共文化服务资源和要素配置的关系，是增强文化软实力的核心要义之一。国家加快构建现代公共文化服务体系，不断推进基本公共文化服务标准化、均等化，持续保障人民群众基本文化权益，都充分体现了国家着力提升公共文化服务水平的决心。从实践层面看，促进公共文化服务设施、数量等资源要与区域经济发展水平、人口素质规模等相适应，提高公共文化要素禀赋配置效率，主要包括了两个方面的内容，一是促进城乡基本公共文化服务标准化、均等化发展，加大城市对农村文化建设的帮扶力度；二是结合国家扶贫开发总体规划，实施精准的文化扶贫，推动老少边穷地区基本公共文化服务实现跨越式发展关系。

文化因素在现代经济发展中的越来越具有重要的、主导的甚至决定性的作用，处理好文化产业发展与经济增长的关系，是增强文化软实力的核心要义之二。一方面，区域经济发展状况影响着文化产业发展的格局，区域经济发展为文化产业发展提供物质条件，决定着文化产业发展的结构、类型和特质及发展水平的高低。另一方面，文化产业的迅速发展能够对区域文化资源进行升级和重塑，有效提升当地区域历史和艺术文化资源的吸引力，通过对区域形象的提升，吸引投资，促进区域经济的增长。区域间文化产业的集聚发展可以产生规模效益，实现产业效率的外溢。美国、日本和韩国的经验表明，当文化与其他产业形成共栖、融合和衍生的良性互动关系时，将形成强大的经济竞争力。

处理好文化事业与文化产业融合发展的关系，是增强文化软实力的核心要义之三。在政府行政力量和市场力量的共同作用下，文化事业与文化产业由共生、共存走向共融。主要体现在三个方面：一是文化事业与文化产业的内容发生了交叉和融合，能否市场化不

再作为区分文化事业与文化产业的硬性标准，文化事业可以配套文化产业和变成文化产业；二是与资本化运营手段的不断创新相适应，文化事业与文化产业的投入模式已具备一定的相似性，公共文化服务领域的政府向社会组织购买服务和文化产业领域的 PPP 融资就充分体现了二者的融通性；三是文化事业与文化产业的协调与融合是区域文化协调发展的重要内容，二者融合产生新的经济形态，加之相关领域人才、资本、技术等的相互协调与融合，以加速实现文化发展效率的倍增。

三、国家文化软实力的落脚点和内涵升华

党的十九大报告指出，我国社会主要矛盾已经转化为人民日益增长的美好生活需要和不平衡不充分的发展之间的矛盾。当前及未来很长一段时间，人民群众的精神文化需求持续旺盛，但是我国的文化水平还不高，与日益增长的人民群众的精神文化需求不相适应，要求以全社会崇德向善为根基和落脚点，推动国家文化软实力持续增强并发挥效力。文化是人类的精神活动及其产品的总称，文化是衡量社会文明程度的重要标志，文化的进步体现着社会的文明进步。培育国家文化软实力，一是要培育以爱国主义为核心的民族精神、以改革创新为核心的时代精神和全民族奋发向上的团结精神；二是要倡导富强、民主、文明、和谐，倡导自由、平等、公正、法治，倡导爱国、敬业、诚信、友善的社会风气；三是要加强社会公德、职业道德和家庭美德教育，不断提升国民道德素质，提炼和发扬城市精神，激发全社会向善的力量；四是要以文化人、以文育人，不断增大国家文化软实力的光域，增强人民的精气神儿和骨气。

四、提高国家文化软实力的实践进展和理论创新

国家的发展和强盛，民族的独立和振兴，人民的尊严和幸福，都离不开强大文化的支撑。习近平总书记指出，提高国家文化软实力，关系我国在世界文化格局中的定位，关系我国国际地位和国际影响力，关系"两个一百年"奋斗目标和中华民族伟大复兴的中国梦的实现。到 2020 年全面建成小康社会的宏伟目标，既需要物质文明的殷实富足，也需要精神文化的丰富多彩；到 21 世纪中叶基本实现社会主义现代化的战略目标，同样既包括经济、政治、社会、生态方面的现代化，也包括精神文化方面的现代化。实践方面，各地加快发展文化事业和文化产业，不断提高我国文化的总体实力和国际竞争力。不断丰富和创新文化内容形式，花大力气提高文化传播力，把提升主流媒体影响力作为提高文化传播力的战略重点，加大投入，完善扶持政策，充实总体实力。充分发挥人民群众在文化建设中的主体作用，调动社会各方面的力量参与支持文化建设，激发全社会的文化创造力。在公共文化服务领域出台引领行业发展、体现国家指导方针的一系列政策、法规、质量体系与评价标准。倡导以人民为中心的创作导向，发扬学术民主、艺术民主，坚持思想精深、艺术精湛、制作精良相统一，推动文化艺术的发展，促进艺术创作的繁荣，积极发展社会主义文艺。

第四节　智力支撑：人力资源、人力资本和人才建设

中国特色社会主义文化可以为社会主义现代化建设提供智力支

持。依托先进的教育、科学等，发展中国特色社会主义文化，给人以知识，能够有效提高劳动者的科学文化素质，开发人的智力资源，推进人才队伍建设，使之成为一种智慧的力量，引领人民群众有效地参与社会主义现代化事业。智力水平的高低，集中反映着一个国家公民素质的总体水平，现代生产的发展，主要依托智力水平的提高，智力水平的发达程度同社会物质生产和经济生活的发展程度直接相关，并常常反作用于生产力的发展。社会主义要创造比资本主义更高的劳动生产率，就要有智力水平的高度发展，有人力资源的发展、人力资本的积累和人才队伍的建设。人力资源，主要是指劳动力资源，指能够推动整个经济和社会发展、具有劳动能力的人口总和。人力资本，是指附着于自然人之上的具有经济价值的知识、技术能力与健康等质量因素之和。人才建设，是指按照客观实际要求和预期需求，储备高质量、多层次的人才队伍梯队，做好人才储备，以匹配未来人才供需。

一、中国特色社会主义智力支撑的政策起源和理论基础

1995 年 5 月，中共中央、国务院作出《关于加速科技进步的决定》，确定实施科教兴国战略，科教兴国战略是中国现代化建设的战略方针；2015 年 4 月 28 日，习近平总书记在"五一"国际劳动节暨表彰全国劳动模范和先进工作者大会上发表重要讲话时强调，我们要始终高度重视提高劳动者素质，培养宏大的高素质劳动者大军，人力资源、人力资本和人才建设是国家发展的长远大计。人力资源是生产活动中最主要的资源禀赋，作为"活资本"的人力资本，具有创新性、创造性，具有有效配置资源、调整企业发展战略等市场应变能力，是一切资源中最主要的资源指引。早在 20 世纪 60 年代，

美国经济学家舒尔茨创造了人力资本理论，明确提出人力资本是当今时代促进国民经济增长的主要原因，认为"人口质量和知识投资在很大程度上决定了人类未来的前景"，这一论述体现了人力资本的重要性。我国是世界上人力资源最丰富的国家之一，特别是改革开放以来，随着科技兴国、提高国民素质成为社会共识和基本国策，国家人力资源的充分开发与有效管理，人力资源开发与管理水平不断提高，极大程度地促进了组织目标的达成和个人价值的实现，是中国特色社会主义实现可持续发展的重要手段，是国家兴旺发达的重要保证。

二、人力资本投资在经济增长和市场经济中发挥重要作用

20世纪60年代，美国经济学家舒尔茨和贝克尔首先创立了比较完整的人力资本理论体系。在这一体系中，主要包含两个核心观点：一是对经济增长中人力资本作用的论述，人力资本大于物质资本的作用；二是提高人口质量是人力资本理论的核心，教育投资是人力资本投资的主要部分。由于人力资本投资快于物质资源的增长速度，所以人力资本的积累对经济增长和社会发展的贡献大于物质资本、劳动力数量的贡献。人力资本是将人力作为投资对象，通过对教育和劳动力流动投资形成的，其核心是提高人口质量，其中，教育是最重要的人力资本形成的途径，以人力价格的浮动为衡量符号的教育投资是人力资本的主要部分。人力资本投资贯穿于个人从进入到退出人力资本市场的全过程，就个人而言，从进入劳动力市场到进入劳动力市场后接受职业技能训练再到整个劳动生命周期内的健康维护，都是人力资本的投资行为。

三、人才建设是国家创新的根基、核心要素和持续驱动力

《国家中长期人才发展规划纲要（2010—2020年）》明确指出，人才是指具有一定的专业知识或专门技能，进行创造性劳动并对社会作出贡献的人，是人力资源中能力和素质较高的劳动者。人才建设是国家创新的强大驱动力，我国要建设现代科技强国，关键是要建设一支规模宏大、结构合理、素质优良的创新型人才队伍，突出培养创新型科技人才，重视培养领军人才和复合型人才，大力开发经济社会发展重点领域亟须紧缺专门人才，统筹抓好党政人才、企业经营管理人才、专业技术人才、高技能人才、农村实用人才以及社会工作人才等人才队伍建设，激发各类人才的创新活力和潜力。要在创新实践中发现人才、在创新活动中培育人才、在创新事业中凝聚人才，有识才的眼光、用才的胆识、容才的雅量、聚才的良方和发挥人才作用的体制机制，弘扬人才队伍的劳模精神和工匠精神，创造人尽其才的中国特色社会主义人才建设政策环境，培养更多新时代大国工匠。

四、人力资源开发与管理、人力资本投资和人才建设的若干实践

中国特色社会主义文化建设引领人力资源开发与管理职能演进。虽然人力资源开发与管理仍主要针对较为微观的企业主体，但与传统的人力资源开发和管理不同，现代人力资源管理不再是命令式的直线管理职能和协调职能，更加强调决策层参谋助手的作用，坚持"以人民为中心"的发展思想，充分尊重人格，注重个人的潜能和创造性，注重满足个人的自我需求和价值实现。在企业的生产经营中，人力资源的开发与管理更加注重发挥每个员工的作用，让全体员工

都来关心企业，参与企业的管理决策。

人才是我国经济社会发展的第一资源，党和国家历来高度重视人才工作，新中国成立以来特别是改革开放以来，提出了一系列加强人才工作的政策措施，培养造就了各个领域的大批人才。进入新世纪新阶段，党中央、国务院作出了实施人才强国战略的重大决策，人才强国战略已成为我国经济社会发展的一项基本战略，人才发展取得了显著成就。科学人才观逐步确立，以高层次人才、高技能人才为重点的各类人才队伍不断壮大，有利于人才发展的政策体系进一步完善，市场配置人才资源的基础性作用初步发挥，人才效能明显提高。

但是，我国的教育发展受到资源投入不足的严重困扰，与世界发达国家横向比较仍存在重大差距，沿海与内地的分布和效率严重不均，制约了教育规模的扩大和人力资本投资质量的提高。当前，我国推行学前教育、初等教育、中等教育、高等教育的学校教育制度，以中等职业教育为代表的中等教育、以高等职业教育和大学教育为主要内容的高等教育是人力资本投资的关键领域。

2014 年以来，"大众创业，万众创新"持续推进，我国经济发展进入新常态，要素的规模驱动力作用逐步减弱，传统的高投入、高能耗、粗放式的经济发展方式难以为继，需要从要素驱动、投资驱动转向创新驱动、科技驱动，政府通过不断转变职能、建设服务型政府，积极营造公平竞争有序的创业就业环境，使有梦想、有意愿、有能力的科技人员、高校毕业生、农民工、退役军人、失业人员等各类市场创业就业主体能够充分享受政策红利，人力资源转化为人力资本的潜力逐步释放。

（执笔人：杨宜勇、刘敏）

第十八章　中国特色社会主义对外开放理论

第一节　对外开放的进程和趋势

我国波澜壮阔的对外开放历程肇始于 20 世纪 70 年代末，迄今已 40 年。深刻认识开放的时代背景，科学设计开放的阶段性任务，前瞻把握开放的发展趋势，系统总结开放的宝贵经验，既是我国对外开放从成功走向成功的必要保证，也是中国特色社会主义对外开放理论的重要组成部分。

一、对外开放的时代背景

20 世纪 70 年代末、80 年代初，我国从封闭走向开放，是对国际政治经济格局深刻变化的主动回应，是党和国家工作重心转移到社会主义现代化建设的必然选择，是天时地利人和等各方面条件聚合下作出的正确战略决策。

国际形势发生深刻变化，这是对外开放的"天时"。从政治格局看，20 世纪 70 年代末、80 年代初，冷战虽然仍在持续，但世界局势总体趋于缓和，争取较长时间和平的可能性增加，党和国家领导人作出了和平与发展是时代主题的重大判断。历史证明，这个判断具有极强的战略性和前瞻性，成为我国实施对外开放的最重要依据。

从经济格局看，国际产业正在经历第三轮转移浪潮，劳动密集型加工制造业从亚洲"四小龙"逐渐迁出，寻找新的成本洼地，这为我国吸引外商直接投资、解决资金和技术缺口、学习国外先进管理经验创造了难得的历史机遇。

拥有毗邻港澳台的区位优势，这是对外开放的"地利"。长期封闭导致国际社会对我国缺乏全面深入了解。实施对外开放，首先面临境外企业愿不愿意来、敢不敢来的严峻问题。我国第一批经济特区设在深圳、珠海、汕头、厦门，正是利用其毗邻港澳台的区位优势，准确把握港澳台众多企业家根在内地、情系大陆、愿意回乡投资的心理特质，推动对外开放迈出了第一步也是最重要的一步。历史证明，港澳台特别是香港地区成为我国对外开放的重要桥梁和纽带，在我国向世界展示开放决心、融入全球经济体系方面发挥了不可替代的重要作用。

党和国家工作重心转移，这是对外开放的"人和"。党的十一届三中全会后，社会主义现代化建设成为党和国家最重要的任务。要搞现代化建设，就要承认与发达国家的差距，尽可能利用两个市场、两种资源、两类规则发展自己，加速赶超世界先进水平。邓小平同志1978年10月就指出，"要实现四个现代化，就要善于学习，大量取得国际上的帮助。要引进国际上的先进技术、先进装备，作为我国发展的起点"。习近平同志指出，"开放是国家繁荣发展的必由之路"。"以开放促改革、促发展，是我国发展不断取得新成就的重要法宝。""关起门来搞建设不可能成功"。"只有坚持对外开放，深度融入世界经济，才能实现可持续发展"。

二、对外开放的历史进程

经过 40 年对外开放，我国已成长为开放型经济大国，对外贸易、利用外资和对外投资规模居于世界前列，在国际商品和金融市场发挥着举足轻重的作用，掌握、运用、影响国际经贸规则的能力显著增强，成为推动世界经济增长、改革全球经济治理、塑造国际经济新秩序的主要力量之一。

党的十一届三中全会到 20 世纪 90 年代初，对外开放处于渐进探索阶段。这个阶段的开放集中在沿海地区，先后设立经济特区、沿海开放城市、沿海经济开放区等，1990 年开发开放上海浦东新区。以邓小平同志南方谈话和党的十四大为标志，对外开放步入全方位多层次整体开放阶段，沿海沿江内陆沿边全方位开放格局形成，对外贸易、利用外资、人民币汇率等体制机制改革深化，通过加工贸易开始深度参与国际分工体系。2001 年加入 WTO 后，对外开放迈入融入世界经济体系和国际经贸规则阶段，国际市场显著扩大，出口持续高速增长，我国与 WTO 成员在货物贸易、服务贸易、投资等宽领域实现双向开放；大幅修订相关法律法规，对外开放的法治化水平显著提高。

党的十八大以来，对外开放进入全面提升开放型经济发展水平的新阶段。从"引进来"为主向"引进来"和"走出去"并重转变，商品、资本、货币走出去在全球配置资源的能力大幅提高。实施更加积极主动的开放战略，形成"一带一路"建设为统领、国际产能合作和自由贸易区为两翼的对外开放新格局。设立自由贸易试验区，对标高标准贸易投资规则，建设国际化、法治化、便利化营商环境。推动经济全球化、积极参与全球经济治理，在 G20、APEC 等国际经济合作平台发挥着越来越大的影响力。

三、对外开放的未来趋势

经过 40 年发展，我国对外开放的基础和条件发生重大变化，与世界经济的关系发生重大变化，对外开放的目标、重点、着力点等也发生重大变化。习近平同志指出，"我国经济正在实行从'引进来'为主到'引进来'和'走出去'并重的重大转变，已经出现了市场、资源能源、投资'三头'对外深度融合的新局面"。"中国将在更大范围、更宽领域、更深层次上提高开放型经济水平"。"我们将实行更加积极主动的开放战略，完善互利共赢、多元平衡、安全高效的开放型经济体系"。

从开放基础看，从低要素成本向综合竞争优势转变。过去，低廉的劳动力、土地、能源资源等要素成本是我国参与国际分工和经贸合作的比较优势。今后，这个优势将逐步弱化和消失，而包括产业、市场、营商环境等在内的综合竞争优势正在形成和巩固。这就要求我国加快创新驱动发展，大力培育技术、品牌、质量、服务等国际合作竞争新基础；同时，继续挖掘中西部欠发达地区要素成本潜力，深入实施实体经济降成本。习近平同志指出，"要主动适应经济发展新常态，以创新驱动和扩大开放为动力，坚持巩固传统优势，加快培育竞争新优势"。

从开放模式看，从不平衡不协调向平衡协调转变。过去，我国开放型经济发展和国际收支长期处于不平衡状态，这是发展战略的客观需要，也是对外开放的必经阶段。今后，开放型经济要朝着更加平衡协调的方向转变，提高开放质量和效益。习近平同志指出，"我国对外开放进入'引进来'和'走出去'更加均衡的阶段"。"我

国对外开放从早期'引进来'为主转为大进大出新格局"。"我们必须更加积极地促进内需和外需平衡、进口和出口平衡、引进外资和对外投资平衡，逐步实现国际收支基本平衡，构建开放型经济新体制"。

从治理地位看，从国际经贸规则的适应遵循者向参与制定者转变。过去，我国对国际经贸规则以学习、适应和遵循为主，在全球经济治理中发挥的作用相对有限。今后，随着国际力量对比发生深刻变化和我国综合国力显著增强，我国在推动经济全球化中将发挥更加重要的作用，更多掌握全球经济治理的制度性权力。习近平同志指出，"我们不能当旁观者、跟随者，而是要做参与者、引领者，善于通过自由贸易区建设增强我国国际竞争力，在国际规则制定中发出更多中国声音、注入更多中国元素，维护和拓展我国发展利益"。

从营商环境看，从优惠政策为主向制度规范为主转变。过去，外资企业主要看重我国税收、土地等方面的优惠政策。今后，我国吸引国际优质要素将更多依靠规范的开放型经济体制机制，依靠国际化、法治化、便利化的营商环境。习近平同志指出，"要创新和改善利用外资环境，高度重视保护外资企业合法权益，高度重视保护知识产权，对内外资企业要一视同仁、公平对待，努力保持我国利用外资在全球的领先地位"。"要改善投资和市场环境，加快对外开放步伐，降低市场运行成本，营造稳定公平透明、可预期的营商环境，加快建设开放型经济新体制，推动我国经济持续健康发展"。

四、对外开放的经验总结

在40年的对外开放历程中，我国既有效实现了以开放促改革促发展促创新的战略目标，又有效抵御了各种外部风险、维护了国家安全，获得了社会主义发展中大国如何搞好对外开放的若干宝贵经验。这些经验是中国特色社会主义对外开放理论的重要组成部分，既为我国推进高水平开放提供了重要指导，也为开放型世界经济发展贡献了中国智慧。

处理好改革与开放的关系。改革与开放相互促进、共同发展，是我国跃升为开放型经济大国的基本经验，是社会主义现代化建设的活力之源，也是当代中国最鲜明的特色。习近平同志指出，"改革和开放相辅相成、相互促进，改革必然要求开放，开放也必然要求改革"。新的历史条件下，要"以扩大开放促进深化改革，以深化改革促进扩大开放，为经济发展注入新动力、增添新活力、拓展新空间"。

处理好开放和安全的关系。既不能因为害怕风险而闭关锁国、固步自封，也不能因为急于求成而无序盲目开放、损害国家安全。新的历史条件下，开放越是深入，就越需要重视各种风险、筑牢安全底线。习近平同志指出，"要顺应我国经济深度融入世界经济的趋势，发展更高层次的开放型经济，积极参与全球经济治理，促进国际经济秩序朝着平等公正、合作共赢的方向发展。同时，我们要坚决维护我国发展利益，积极防范各种风险，确保国家经济安全"。

处理好渐进开放和整体开放的关系。拿不准整体开放收益和风险的情况下，先在局部地区、局部领域进行探索试验，取得成功经验后再大范围复制推广，这是我国积极稳妥推进对外开放的重要经验。比如，先在深圳等四个经济特区试点开放，逐步扩展到沿海其他地区、内陆和沿边，形成全方位对外开放格局。人民币可兑换方面，先经常项目后资本项目，先直接投资后证券投资，先长期资本后短期资本。先在上海试点自由贸易试验区，再逐步向其他省市复

制推广等等。

处理好自主开放和倒逼开放的关系。一方面，要积极推进开放进程，主动融入世界经济，不断改善营商环境，掌握开放的主动权，提高统筹利用两个市场、两种资源的能力。另一方面，也要积极参与各种多边、双边、区域、次区域经济组织，对标高标准国际经贸规则，形成倒逼压力，推动国内改革开放进程。

第二节　坚持对外开放作为我国的基本国策

"开放带来进步，封闭导致落后。"这是习近平同志对坚持把开放作为我国基本国策最精练的论述。在深入把握世界发展大势的基础上，坚持扩大开放不动摇，并立足于经济发展的新常态实行更加积极主动的开放战略，完善互利共赢、多元平衡、安全高效的开放型经济体系，是中国特色社会主义对外开放理论的重大创新。

一、开放是顺应世界发展大势的必然要求

开放是实现国家繁荣富强的根本出路。大航海时代以来，远洋航行技术、电力技术、信息技术等重大科技突破大幅度降低了跨越空间时间障碍开展经济合作的成本，推动经济全球化迅速发展，基本形成了世界各国"你中有我、我中有你"的融合发展格局。荷兰、英国、德国、美国等发达国家通过拓展海外市场、构建全球规则体系和深化国际分工，大大增强了在全球范围内配置生产要素的能力，成为全球化的主要推动者和受益者。改革开放以来的实践也表明，不断扩大对外开放，提高对外开放水平，以开放促改革、促发展，

是我国发展不断取得新成就的重要法宝。

经济全球化正面临波折，但深入发展的大趋势不会改变。近期，由于全球经济增长动能不足、全球经济治理改革滞后、全球发展失衡加剧等原因，多哈回合贸易谈判长期停滞不前，全球多边贸易体系面临严峻挑战，英国脱欧、特朗普政府退出巴黎协定等发达国家国内的逆全球化行为层出不穷，贸易投资保护主义倾向明显抬头。从近期看，随着特朗普政府内顾倾向和保护主义强化，"去全球化"或"逆全球化"思潮在一定时期内上扬的风险依然存在，全球化短期内可能出现停滞和倒退。但要看到，生产力发展和科技进步的步伐不会停止；全球资本追逐利润的动力不会消失；全球治理体系的改革与创新不会停滞。未来经济全球化核心动力仍在，全球化深入发展的长期趋势不会逆转。习近平同志指出，"经济全球化是社会生产力发展的客观要求和科技进步的必然结果，符合经济规律，符合各方利益"。"世界多极化、经济全球化、社会信息化、文化多样化深入发展，全球治理体系和国际秩序变革加速推进，各国相互联系和依存日益加深"。

进一步扩大开放是中国推动引领世界潮流的必由之路。改革开放40年来，我国已经成为经济全球化的积极参与者、坚定支持者、重要建设者和主要受益者。当前，新一轮科技和产业革命正孕育兴起，国际分工体系加速演变，全球价值链深度重塑，为我国在更高层次上参与全球价值链分工，成为经济全球化的重要推动者提供了重大的机遇。在当前经济全球化遭遇波折的背景下，我国更应进一步扩大开放，充分吸收人类社会创造的一切有益的文明成果，积极提高经济合作水平，推动贸易和投资规则自由化，全面改善全球经济治理，着力解决公平公正问题，引领经济全球化向着更有活力、

更加包容、更可持续的方向发展，增强全世界民众的参与感、获得感和幸福感。

二、开放是实现"两个一百年"奋斗目标的必由之路

实现"两个一百年"奋斗目标离不开开放。"两个一百年"奋斗目标是中华民族的最高利益和根本利益。建设富强民主文明和谐的社会主义现代化国家，必须深度参与全球创新链、产业链和价值链，为经济可持续、包容增长注入中长期动力；必须将自身的比较优势和世界的发展需求紧密结合，统筹利用好国际国内两个市场、两种资源；必须学习和借鉴别的民族、别的国家的优秀文明成果，不断丰富有中国特色社会主义文明的内涵；必须促进国际经济秩序向着平等公正、合作共赢的方向发展，为经济发展创造良好的外部环境。正如习近平同志所指出的，"实现中华民族伟大复兴的中国梦，必须以更加积极有为的行动，推进更高水平的对外开放，加快实施自由贸易区战略，加快构建开放型经济新体制，以对外开放的主动赢得经济发展的主动、赢得国际竞争的主动。"

深化改革与扩大开放辩证统一、不可分割。在我国社会主义现代化建设进程中，改革和开放如同鸟之两翼、车之双轮，相辅相成、相互促进。深化改革为扩大开放创造体制基础和内在条件，扩大开放为深化改革提供重要经验借鉴和活力源泉。现阶段，深化改革与扩大开放的关系更加密切，两者共同形成一个有机统一、不可分割的整体。我国对外开放的重心已经转向构建一个互利共赢、多元平衡、安全高效的开放型经济新体制，以支持更大范围、更高水平、更宽领域的全方位开放，本身就是深化改革的题中应有之义；我国在当前深化改革的过程中，积极推动国内相关规制与国际高标准相

衔接，为扩大开放提供了重要的体制机制支撑。习近平同志指出，"以开放促改革、促发展，是我国改革发展的成功实践。改革和开放相辅相成，相互促进，改革必然要求开放，开放也必然要求改革。要以扩大开放促进深化改革，以深化改革促进扩大开放，为经济发展注入新动力、增添新活力、拓展新空间。"

三、全面提升开放型经济发展水平

当前，我国经济与世界经济关系已经发生了深刻的变化，呈现出深度融入世界经济的新趋势。经历了 40 年的改革开放，我国开放型经济发展取得了巨大的成绩，已经成为全球第二大贸易国、第一大出口国、第二大进口国、第二大吸收外资国、第三大对外投资国、第一大外汇储备国，对外开放的基础和条件已经发生了根本性变化。同时，我国开放型经济质量偏低的问题仍很突出，在全球价值链中处于中低端环节的根本态势没有改变，发展更高层次的开放型经济已经成为当务之急。为此，必须坚持内外需协调、进出口平衡、"引进来"和"走出去"并重、引资和引技引智并举，实行更加积极主动的开放战略，完善互利共赢、多元平衡、安全高效的开放型经济体系。

加快建设贸易强国。我国对外贸易规模已稳居世界前两位，但贸易大而不强的态势仍然明显，主要依靠土地、劳动力等生产要素低成本等传统优势参与国际竞争的态势并未根本改变。为此，要抓住以下重点推进贸易强国建设：实施优进优出战略，推动外贸向优质优价、优进优出转变；积极促进货物贸易和服务贸易融合发展，大力发展生产性服务贸易；巩固提升传统出口优势，促进加工贸易转型升级、创新发展；优化对外贸易布局，推动出口市场多元化，

提高新兴市场比重，巩固传统市场份额；把握新技术革命大趋势，积极培育贸易新业态新模式；积极扩大进口，优化进口结构，更多进口先进技术装备和优质消费品。

积极开展国际产能合作。和很多新兴经济体相比，我国在资本、适用性技术方面的比较优势已经显现，特别是在钢铁、有色、机械等领域具备明显的优质产能优势。在此背景下，必须积极"走出去"开展国际产能合作，实现更高层次上的双向开放。为此，要以我国具有独特产能优势的行业为重点，采用境外投资、工程承包、技术合作、装备出口等方式，积极开展国际产能和装备制造合作，推动装备、技术、标准、服务输出；建立企业、金融机构、地方政府、商协会等共同参与的统筹协调和对接机制，有效支持企业扩大对外投资，深度融入全球产业链、价值链、物流链，形成面向全球的贸易、投融资、生产、服务网络；加快拓展多双边产能合作机制，积极与发达国家合作共同开拓第三方市场。

提升利用外资综合质量。当前我国经济已经进入高质量发展阶段，加快建设创新型国家，促进产业整体迈向全球价值链中高端已经成为建设新时期中国特色社会主义的重要任务，我国对技术、管理经验、高素质人才等高端生产要素的需求将迅速增长，迫切要求通过引技、引智、引资改善国内要素禀赋，弥补国内高端技术和服务供给不足。为此，要大幅度放宽市场准入，积极有效引进境外资金和先进技术；扩大服务业对外开放，逐步放开制造业、采矿业等领域外资准入限制，支持外资参与创新驱动发展战略实施、制造业转型升级和海外人才在华创业发展；鼓励外资更多投向先进制造、高新技术、节能环保、现代服务业等领域和中西部及东北地区；加强创新能力开放合作，支持外资设立研发中心。严格遵守凡是在我国境内注册的企业，都要一视同仁的原则，保护外资企业合法权益，习近平同志指出，"中国开放的大门不会关闭，只会越开越大"。"中国利用外资的政策不会变，对外商投资企业合法权益的保障不会变，为各国企业在华投资兴业提供更好服务的方向不会变"。

完善对外开放区域布局。由于历史原因，内陆沿边地区的开放水平明显低于沿海地区。将内陆沿边地区具有的巨大的市场潜力、良好的产业基础和丰富的人才资源融入全球大市场，是促进国内国际要素有序流动、资源高效配置、市场深度融合的关键一环。为此，必须创新开放模式，促进沿海内陆沿边地区开放优势互补，形成陆海内外联动、东西双向互济的开放格局。沿海地区要全面参与全球经济合作和竞争，发挥环渤海、长三角、珠三角地区的对外开放门户作用，率先对接国际高标准投资和贸易规则体系，培育具有全球竞争力的经济区。内陆沿边地区要加强口岸和基础设施建设，加大西部开放力度，开辟跨境多式联运交通走廊，提高边境经济合作区、跨境经济合作区发展水平，发展外向型产业集群，形成各有侧重的对外开放基地。

四、构建对外开放新体制

构建对外开放新体制是扩大开放的核心环节。从国内看，随着我国深度融入世界经济，我国对外合作的新业态、新模式不断出现，传统的对外开放体制已经不完全适应开放型经济的发展；从国际看，新技术、新产业不断出现，带动国际贸易投资不断创新发展，从而推动国际经贸规则变革。我国必须以更加积极和自信的姿态，加快形成同国际贸易投资规则相适应的体制机制，增强体制机制竞争优势，在国际竞争中赢得主动。习近平同志指出，"建设对外开放新体

制，就是要通过开放促进我们自身加快制度建设、法规建设，改善营商环境和创新环境，降低市场运行成本，提高运行效率，提升国际竞争力"。

营造优良的营商环境是构建开放型经济新体制的关键。我国的低要素成本优势已经明显削弱，企业更看重我国营商环境的法治化、便利化，期望在市场准入、行业竞争、法律实施等方面实现内外资平等待遇，要求降低制度性交易成本以更好开拓内需市场，本土企业还期望提高对外投资的管理效率以便于在国际竞争中快速决策。为此，必须营造公平竞争的市场环境、高效廉洁的政务环境、公正透明的法律政策环境和开放包容的人文环境；统一内外资法律法规，制定外资基础性法律，对外资全面实行准入前国民待遇加负面清单管理制度，完善外商投资国家安全审查制度，创新外资监管服务方式；建立便利跨境电子商务等新型贸易方式的体制，全面推进国际贸易单一窗口、一站式作业、一体化通关和政府信息共享共用、口岸风险联防联控；加强知识产权保护和反垄断执法，深化执法国际合作；健全备案为主、核准为辅的对外投资管理体制，健全对外投资促进政策和服务体系，提高便利化水平。

推进自由贸易试验区建设和综合试点试验是构建开放型经济体制的重大举措。构建对外开放新体制是一场系统性的重大工程，涉及多个部门、多个领域，甚至要修改法律法规，也不可避免地会触及一些"深水区"，通过先行先试总结经验再加以推广是十分必要的。推进自由贸易试验区建设和综合试点试验，既能够率先形成与国际经贸通行规则相互衔接的基本制度框架，成为我国进一步融入经济全球化的重要载体；更能为全面深化改革和扩大开放探索新思路和新途径，形成可复制、可推广的经验，为下一步深化改革开放打好基础，更好地服务全国发展。开放型经济新体制综合试点和推进自由贸易试验区建设相互联系、相互补充又各有侧重。自贸试验区开放力度更大，试验程度更深，更强调对接国际高标准经贸规则；而开放型经济新体制综合试点更加多样性，更多考虑不同地域的客观发展水平，更突出新体制，更侧重与开放配套的改革。习近平同志指出，"自由贸易试验区建设的核心任务是制度创新。要赋予自由贸易试验区更大改革自主权，探索建设自由贸易港"。

有序扩大金融业双向开放是构建对外开放经济新体制不可或缺的关键环节。金融是国民经济的血液，有序推进金融业双向开放和人民币国际化，对于降低外汇风险、提升我国在国际货币体系和经济体系中的影响力、提升我国在全球范围内配置资源的能力意义重大。然而，金融安全是国家安全的关键，在推动金融开放的同时，必须有效防范金融风险。因此，必须有序实现人民币资本项目下可自由兑换，提高可兑换、可自由使用程度，稳步推进人民币国际化，推进人民币资本"走出去"；逐步建立外汇管理负面清单制度，放宽境外投资汇兑限制和跨国公司资金境外运作限制；推进资本市场双向开放，提高股票、债券市场对外开放程度，放宽境内机构境外发行债券，以及境外机构境内发行、投资和交易人民币债券；统一内外资企业及金融机构外债管理，稳步推进企业外债登记制管理改革，健全本外币全口径外债和资本流动审慎管理框架体系。

第三节　坚持互利共赢的开放战略

互利共赢的开放战略是中国特色社会主义对外开放理论的重要

内容。新的历史条件下，坚持互利共赢的开放战略，要以打造人类命运共同体为旨归，以构建合作共赢为核心的新型国际关系为根本，以推动经济全球化健康发展为重点，以积极参与全球经济治理为途径，构建全球伙伴关系，为中国特色社会主义对外开放理论注入更加丰富的内涵。

一、打造人类命运共同体

人类命运共同体理论是当代中国外交政策和习近平总书记外交思想的精髓，是中国特色大国外交最鲜明的特征，是中国为人类发展贡献的独特智慧，也是互利共赢开放战略的最终落脚点。它植根于古今中外优秀文明成果，随着人类社会发展和时代进步应运而生，涵盖国家关系、民族关系、群体关系、文明关系、人与自然关系等诸多关系，富有独特而深刻的内涵特征。

主权之间要对话协商、实现持久和平，这是人类命运共同体的重要基础。人类命运共同体要求遵循国家主权平等原则，核心是国家不分大小、强弱、贫富，主权和尊严必须得到尊重，内政不容干涉，都有权自主选择社会制度和发展道路。要遵循国家和平共处原则，核心是国家之间要构建对话不对抗、结伴不结盟的伙伴关系。大国要尊重彼此核心利益和重大关切，管控矛盾分歧，努力构建不冲突不对抗、相互尊重、合作共赢的新型国家关系。大国对小国要平等相待，真正践行正确的义利观，义利相兼、义重于利。

国家之间要共建共享、实现普遍安全，这是人类命运共同体的强大保障。人类命运共同体要求全世界树立共同、综合、合作、可持续安全的新观念，统筹应对传统与非传统安全威胁。对于传统安全威胁，核心是充分发挥联合国及其安理会在止战维和方面的核心作用，敦促各方通过协商谈判解决冲突。对于全球恐怖主义、难民危机、重大传染性疾病、气候变化等非传统安全威胁，核心是全面加强安全、经济、社会、生态等领域的国际合作，加强相关国际组织功能，建立安全统一战线。

群体之间要合作共赢、实现共同繁荣，这是人类命运共同体的关键支撑。人类命运共同体要求通过加强创新驱动和深化结构性改革，实现新一轮科技革命和产业变革的新突破，推动世界经济摆脱疲弱态势，实现强劲、可持续、平衡、包容增长；更要求解决经济全球化中的公平正义问题，缩小发达经济体与发展中国家之间、富裕人群与贫困人口之间的发展差距，让经济发展成果惠及更多国家、更广人群。

文明之间要交流互鉴、实现开放包容，这是人类命运共同体的牢固纽带。人类命运共同体要求促进文明之间交流互鉴、兼收并蓄，实现相互理解、相互尊重，从精神层面提供牢固纽带。充分利用经济全球化、社会信息化带来的便利条件，促进文明之间对话和交流，挖掘不同文明中包含的对全人类发展繁荣具有重要作用、能够为全人类普遍接受的基本价值理念，使之成为文明互鉴、相互融合的基础，推动人类文明实现更大的创造性发展。

人与自然之间要和谐相处、实现永续发展，这是人类命运共同体的应有要义。人与自然是共生共存的关系。人类可以利用自然、改造自然，但归根结底是自然的一部分。实现人与自然和谐相处，让人类具备永续发展的条件，这是人类最大的命运所在，是人类命运共同体的题中之义。要牢固树立尊重自然、顺应自然、保护自然的意识，坚持走绿色、低碳、循环、可持续发展之路。发达国家要承担历史性责任，兑现减排承诺，并帮助发展中国家减缓和适应气

候变化。

二、构建以合作共赢为核心的新型国际关系

构建以合作共赢为核心的新型国际关系，扩大同各国的利益交汇点，是我国坚定不移走和平发展道路的必然选择，是为我国发展争取良好国际环境的必然要求，也是实施互利共赢开放战略的根本途径，涉及周边、大国、发展中国家和多边等各方面关系。

打造周边命运共同体。周边是我国安身立命之所、发展繁荣之基。习近平同志指出，"要谋大势、讲战略、重运筹，把周边外交工作做得更好"。"努力使周边同我国政治关系更加友好、经济纽带更加牢固、安全合作更加深化、人文联系更加紧密"。要按照亲诚惠容的周边外交理念，坚持与邻为善、以邻为伴，坚持睦邻、安邻、富邻，深化同周边国家的互利合作和互联互通，推动上海合作组织、亚洲相互协作与信任措施会议、澜沧江—湄公河合作等机制化合作走深走实。坚定不移推进朝鲜半岛无核化进程，维护半岛和平稳定。

构筑总体稳定、均衡发展的大国关系框架。大国是影响世界和平的决定性力量。切实运筹好大国关系、构建健康稳定的大国关系框架至关重要。要同美国加强沟通协调，妥善管控分歧，拓展务实合作，积极发展不冲突不对抗、相互尊重、合作共赢的合作伙伴关系。要与俄罗斯发展全面战略协作伙伴关系，深化两国发展战略对接和重大项目合作。要与欧洲发展和平、增长、改革、文明伙伴关系，扩大在全球治理及新兴领域的沟通交流。要与金砖国家发展团结合作的伙伴关系，打造具有国际影响力的南南合作重要平台。

深化与发展中国家务实合作。广大发展中国家是我国走和平发展道路的同路人，也是我国实施互利共赢开放战略的合作者和受益者。要坚持贯彻正确义利观，本着弘义融利、以义为先的理念，不断加强同广大发展中国家团结合作。按照亲诚惠容理念同周边国家深化互利合作，秉持真实亲诚对非政策理念同非洲国家共谋发展，推动中拉全面合作伙伴关系实现新发展，切实做好对外援助工作，把我国发展与广大发展中国家共同发展更紧密地联系起来。

切实推进多边合作。多边是我国宣传、践行开放理念与开放战略的重要舞台。要坚定维护以联合国为核心的国际体系，坚定维护以联合国宪章宗旨和原则为基石的国际关系基本准则，坚定维护联合国权威和地位，坚定维护联合国在国际事务中的核心作用。用好G20、APEC等多边平台，推动国际体系和全球治理改革，增加我国和广大发展中国家的代表性和话语权。以"一带一路"建设为统领推进新一轮对外开放，本着互利共赢原则与沿线国家和地区开展合作，建设和平之路、繁荣之路、开放之路、创新之路、文明之路，让"一带一路"建设成为各方合作共赢的新载体与新平台。

三、推动经济全球化健康发展

推动经济全球化朝着更有活力、更加包容、更可持续的方向健康发展，是我国在主要发达经济体保护主义抬头的形势下提出的明确主张，是互利共赢开放战略在新的历史时期的重点和具体体现。

把握经济全球化的根本大势。历史地看，经济全球化是社会生产力发展的客观要求和科技进步的必然结果，为世界经济增长提供了强劲动力，促进了商品和资本流动、科技和文明进步以及各国人民交往，既符合经济规律又符合各方利益，不会因暂时困难而根本逆转。习近平同志指出，"世界经济的大海，你要还是不要，都在那儿，是回避不了的。想人为切断各国经济的资金流、技术流、产品

流、产业流、人员流，让世界经济的大海退回到一个一个孤立的小湖泊、小河流，是不可能的，也是不符合历史潮流的"。

正视经济全球化面临的问题。经济全球化面临"五个缺失"的重大挑战，导致其陷入低潮期。世界经济增长乏力，经济全球化发展良好环境缺失；全球经济治理滞后，经济全球化发展有效机制缺失；全球发展失衡加剧，经济全球化发展普惠模式缺失；科技革命和产业变革新突破仍在孕育，经济全球化发展产业基础缺失；主要发达经济体保守主义成势，经济全球化发展既有动能缺失。习近平同志指出，"经济全球化是一把'双刃剑'。当世界经济处于下行期的时候，全球经济'蛋糕'不容易做大，甚至变小了，增长和分配、资本和劳动、效率和公平的矛盾就会更加突出，发达国家和发展中国家都会感受到压力和冲击。反全球化的呼声，反映了经济全球化进程的不足，值得我们重视和深思"。

国际社会要引导好经济全球化走向。着力解决全球增长动能不足、全球经济治理滞后和全球发展失衡等三大难题，坚持创新驱动，打造富有活力的增长模式；坚持协同联动，打造开放共赢的合作模式；坚持与时俱进，打造公正合理的治理模式；坚持公平包容，打造平衡普惠的发展模式。习近平同志指出，各国"要主动作为、适度管理，让经济全球化的正面效应更多释放出来，实现经济全球化进程再平衡；要顺应大势、结合国情，正确选择融入经济全球化的路径和节奏；要讲求效率、注重公平，让不同国家、不同阶层、不同人群共享经济全球化的好处"。

我国要更加深入参与经济全球化。我国过去是、现在是、将来还是经济全球化的参与者、受益者和贡献者，在新一轮经济全球化中要发挥更加重要的作用。习近平同志指出，"我们将继续深入参与经济全球化进程，支持多边贸易体制。我们将加大放宽外商投资准入，提高便利化程度，促进公平开放竞争，全力营造优良营商环境。加快同有关国家商签自由贸易协定和投资协定，推进国内高标准自由贸易试验区建设。在有序开展人民币汇率市场化改革、逐步开放国内资本市场的同时，继续推动人民币走出去，提高金融业国际化水平。"

四、积极参与全球经济治理

积极参与全球经济治理，推动全球经济治理体制朝着更加公正合理方向发展，既有利于为我国发展创造更加有利的条件，也符合世界各国的普遍需求，是实施互利共赢开放战略的重大举措。

全球经济治理存在的系统性弊端。全球经济治理体系明显滞后，已不能适应国际经济格局深刻变化，突出表现为代表性、有效性和安全性不足。过去数十年，国际经济力量对比深刻演变，而全球经济治理体系未能反映新格局，代表性和包容性很不够。全球产业布局不断调整，新的产业链、价值链、供应链日益形成，而贸易和投资规则未能跟上新形势，机制封闭化、规则碎片化十分突出。全球金融市场需要增强抗风险能力，而全球金融治理机制未能适应新需求，难以有效化解国际金融市场频繁动荡、资产泡沫积聚等问题。

全球经济治理改革的根本方向。全球经济治理应该以平等为基础，更好反映世界经济格局新现实，增加新兴市场国家和发展中国家代表性和发言权，确保各国在国际经济合作中权利平等、机会平等、规则平等。全球经济治理应该以开放为导向，坚持理念、政策、机制开放，适应形势变化，充分听取各界建议和诉求，鼓励各方积

极参与和融入，不搞排他性安排，防止治理机制封闭化和规则碎片化。全球经济治理应该以合作为动力，全球性挑战需要全球性应对，合作是必然选择，各国要加强沟通和协调，照顾彼此利益关切，共商规则、共建机制、共迎挑战。全球经济治理应该以共享为目标，提倡所有人参与、所有人受益，不搞一家独大或者赢者通吃，而是寻求利益共享，实现共赢目标。

国际社会推动全球经济治理改革的重点。当前形势下，国际社会推动全球经济治理改革，特别要抓住以下重点：共同构建公正高效的全球金融治理格局，维护世界经济稳定大局；共同构建开放透明的全球贸易和投资治理格局，巩固多边贸易体制，释放全球经贸投资合作潜力；共同构建绿色低碳的全球能源治理格局，推动全球绿色发展合作；共同构建包容联动的全球发展治理格局，以落实联合国2030年可持续发展议程为目标，共同增进全人类福祉。

我国积极参与全球经济治理的主要方向。习近平同志指出，"中国秉持共商共建共享的全球治理观，将继续发挥负责任大国作用，积极参与全球治理体系改革和建设，不断贡献中国智慧和力量"。推动全球经济治理体系改革完善，积极引导全球经济议程，促进国际经济秩序朝着平等公正、合作共赢的方向发展。加强宏观经济政策国际协调，促进全球经济平衡、金融安全、经济稳定增长。推动多边贸易谈判进程，促进多边贸易体制均衡、共赢、包容发展，形成公正、合理、透明的国际经贸规则体系。支持发展中国家平等参与全球经济治理，促进国际货币体系和国际金融监管改革。加快实施自由贸易区战略，形成立足周边、辐射"一带一路"、面向全球的高标准自由贸易区网络。积极参与网络、深海、极地、空天等新领域国际规则制定。

第四节　推进"一带一路"建设

党的十八大以来，以习近平同志为核心的党中央深刻把握全球化深入发展的大趋势和我国对外开放的新格局，提出了"一带一路"这一扩大对外开放的重大举措和经济外交的顶层设计。"一带一路"以共商、共建、共享为建设原则，以和平合作、开放包容、互学互鉴、互利共赢的丝路精神为指引，以打造命运共同体、责任共同体和利益共同体为合作目标，得到了世界各国的广泛认同，极大地丰富和发展了有中国特色的社会主义政治经济学理论。

一、推进"一带一路"建设的重大意义

"一带一路"是人类命运共同体理念的直接体现。金融危机以来，发达国家主导的传统全球化方式分配效应严重失衡、全球治理体系公平性缺失等弊端逐渐凸显，难以带动全球经济走向复苏。而"一带一路"建设强调在基础设施互联互通的基础上，通过深化各领域务实合作，在开放中融合，在融合中发展，推动各合作方上、中、下游全产业链深度合作，形成优势互补的产业网络和经济体系。"一带一路"是通过推动更大范围、更高水平、更深层次的大开放、大交流、大融合，走出一条互尊互信之路，一条合作共赢之路，一条文明互鉴之路，是中国道路在欧亚非和南太平洋地区范围内打造利益共同体、命运共同体和责任共同体的伟大实验。习近平同志指出，"'一带一路'是共赢的，各国共同参与，遵循共商共建共享原则，实现共同发展繁荣。这条路不是某一方的私家小路，而是大家携手

前进的阳光大道。"

　　"一带一路"是构建全方位对外开放新格局的主要引领。"一带一路"贯穿欧亚非大陆,东连亚太经济圈,西接欧洲经济圈,中间是发展潜力巨大的新兴经济体。加强与这些新兴经济体的务实合作,把两个发达经济圈有机连接起来,将为我国扩大开放和转型发展提供更大空间。从开放方向上看,实施"一带一路"建设,加强与中亚、西亚、南亚、东南亚、东北亚、北非、中东欧等地区合作,有利于我国在巩固"东向"开放的基础上,进一步扩大"向西"开放,拓展"向南"和"向北"开放,促进陆上运输和海上运输的互补,从而开辟更大的开放空间。从合作模式上看,"一带一路"建设把我国的技术和人才优势与沿线国家的市场和资源优势结合起来,构建以我国为主导和核心节点、与发达国家主导全球分工体系相平行的新体系,从而提升我国在全球价值链的位势,实现更有质量的发展。习近平同志指出,"'一带一路'建设是我国今后相当长时期对外开放和对外合作的管总规划,也是我国推动全球治理体系变革的主动作为。"

　　"一带一路"是建设公平合理的国际经贸规则体系的重要渠道。推动建立更加公平合理、更加于我国有利的国际经贸规则,保障我国产品、资金、劳务等顺利进入国际市场,已迫在眉睫。"一带一路"建设为我国另辟蹊径、积极作为,提升在国际规则制定中的话语权,维护和实现发展利益,提供了新的路径和载体。从务实合作看,沿线国家都面临着加快发展、改善民生的需求,实施"一带一路",有利于这些国家更加认同我国发展,更加支持我国在国际规则制定中有所作为。从合作机制看,我国在"一带一路"框架下与沿线国家形成多种机制性安排,在深化这些合作机制的基础上,以契合新兴经济体相互合作需求为基点,逐步进行整合提升,推动建立亚欧区域性经贸规则，进而上升为国际通行规则。从货币金融看，在"一带一路"框架下，通过有机结合对外投资和人民币国际化，逐步建立起在亚欧大陆普遍适用的金融稳定、货币交换、危机应对的规则体系，有利于提升我国在全球货币金融体系中的影响力和话语权。

二、深刻把握"一带一路"建设的精神内涵

"一带一路"是对古丝绸之路精神的传承和发扬。两千多年前开辟的古丝绸之路不但是"繁荣之路"，还是"亲善之路"、"有益之路"。习近平同志指出，"古丝绸之路绵亘万里，延续千年，积淀了以和平合作、开放包容、互学互鉴、互利共赢为核心的丝路精神。这是人类文明的宝贵遗产。"

和古丝绸之路相似，"一带一路"跨越西方文明、伊斯兰文明、印度文明和中华文明，跨越佛教、基督教、伊斯兰教信众的汇集地，秉持善意和友谊的交流理念，推动不同文明、宗教、种族求同存异、开放包容合作，架起东西方合作的纽带、和平的桥梁；将东方的优质商品和服务传到西方，将西方的先进科学技术和管理理念带到东方，实现了不同文明的知识交流和文化创新；推动资金、技术、人员等生产要素在这条大动脉上自由流动，商品、资源、成果等实现共享，创造亚欧非大陆乃至全世界的大发展大繁荣。

"一带一路"有着全新的精神内涵。习近平同志指出，"'一带一路'倡议就是要把我国发展同沿线国家发展结合起来，把中国梦同沿线各国人民的梦想结合起来，赋予古代丝绸之路以全新的时代内涵。"从合作理念看，"一带一路"既摒弃了西方文明过度坚持赢者通吃和灵活博弈的二元认识论和思维方式，弘扬中华文明传承至今的物我相与、阴阳平衡、众生平等、天下大同等先进理念，也借鉴

了西方文明强调的契约精神、遵守市场规则等思想，强调以义为先，义利并举，致力于维护全球自由贸易体系和开放型世界经济，推动沿线各国开展更大范围、更高水平、更深层次的区域合作，实现共同发展、共同繁荣。从合作模式看，"一带一路"坚持共商、共建、共享的原则，尊重各国发展模式和道路的选择，灵活采用双边、多边之间的多样化、多层次、多领域的合作模式，吸引沿线国家共同参与，平等协作，共建繁荣世界，分享发展成果，开创了南南合作、区域合作与洲际合作的新模式。从合作领域看，"一带一路"立足全球化的最新进展，强调通过政策、经济、基础设施建设、科技文化乃至民心的全方位互联互通，为新形势下各区域之间的全面合作奠定坚实的基础，既超越了古丝绸之路单纯以贸易为主的合作，也超越了"马歇尔计划"等西方发达国家推动区域合作计划。

三、深化以"五通"为重点的国际合作

以"五通"为重点的全方位对外合作，是"一带一路"倡议在对外合作实践上的重大创新，也是命运共同体理念的最直接体现。习近平同志指出，"'一带一路'和互联互通是相融相近、相辅相成的，如果将'一带一路'比喻为亚洲腾飞的两只翅膀，那么互联互通就是两只翅膀的血脉经络。""'一带一路'要以亚洲大陆为重点方向，以陆上经济合作走廊和海上经济合作走廊为依托，建立亚洲互联互通的基本框架。"

政策沟通是"一带一路"建设的重要保障。"一带一路"沿线各国发展战略、体制机制、政策框架均存在较大差异，甚至技术标准规范也各不相同，需要通过沟通达成政策共识，形成合作的最大公约数。应重点加强政府间合作，积极构建多层次政府间宏观政策沟

通交流机制，深化利益融合，促进政治互信，达成合作新共识；就经济发展战略和对策进行充分交流对接，共同制定推进区域合作的规划和措施，协商解决合作中的问题，共同为务实合作及大型项目实施提供政策支持。

道路联通是"一带一路"建设的优先领域。积极推进基础设施互联互通，逐步形成连接东亚、西亚、南亚、非洲、欧洲等地的综合交通运输网络，既有利于沿线国家扩大投资、稳定增长，又将为这些国家未来工业化、城镇化奠定基础，是"一带一路"建设的优先领域。为此，应重点打通陆路关键通道、关键节点，畅通瓶颈路段，提升道路通达水平；推进港口合作建设，增加海上航线和班次，加强海上物流信息化合作；拓展建立民航全面合作的平台和机制，加快提升航空基础设施水平；推进建立统一的全程运输协调机制，促进国际通关、换装、多式联运有机衔接，实现国际运输便利化；推进跨境电力与输电通道建设，积极开展区域电网升级改造、通信网络等方面合作。

贸易畅通是"一带一路"建设的重点内容。贸易投资合作是我国和沿线国家实现互利共赢的主要载体。近年来，中国与沿线国家之间的贸易投资规模大幅度增长，但由于各国发展水平较低等原因，贸易投资壁垒仍然偏高。为此，应努力促成沿线国家宜加强信息互换、监管互认、执法互助的海关合作，以及检验检疫、认证认可等方面的双多边合作，切实降低关税非关税壁垒，提高贸易自由化便利化水平；巩固和扩大传统贸易，大力发展现代服务贸易，积极发展跨境电子商务等新的贸易业态；加快投资便利化进程，消除投资壁垒，大力拓展相互投资领域；优化产业链分工布局，推动上下游产业链和关联产业协同发展，构建大家共同参与、平等分工的新型

经济合作网络。

资金融通是"一带一路"建设的重要支撑。"一带一路"沿线国家普遍发展水平较低，产业基础薄弱，基础设施状况较差，建设面临的资金缺口巨大。习近平同志指出，"要创新国际化的融资模式，深化金融领域合作，打造多层次金融平台，建立服务'一带一路'建设长期、稳定、可持续、风险可控的金融体系。"为此，应统筹安排财政性质资金、开发型金融资金、股权投资基金、商业金融机构资金等多种融资渠道，盘活存量，用好增量，实现资金需求和供给高效充分对接；扩大沿线国家双边本币互换、结算的范围和规模，支持沿线国家政府和信用等级较高的企业以及金融机构在中国境内发行人民币债券；充分发挥亚洲基础设施投资银行、金砖国家开发银行、丝路基金等新型融资平台的作用，引导商业性股权投资基金和社会资金共同参与"一带一路"重点项目建设；加强金融监管合作，推动签署双边监管合作谅解备忘录，逐步在区域内建立高效监管协调机制。

民心相通是"一带一路"建设的人文基础。习近平同志指出，"真正要建成'一带一路'，必须在沿线国家民众中形成一个相互欣赏、相互理解、相互尊重的人文格局"。只有在人文领域精耕细作，尊重各国人民文化历史、风俗习惯，加强同沿线国家人民的友好往来，才能为"一带一路"建设打下广泛社会基础。为此，应扩大相互间留学生规模，开展合作办学，积极开展互办文化年、艺术节、电影节、电视周和图书展等活动，共同开展世界遗产的联合保护工作；加强旅游合作，扩大旅游规模，联合打造具有丝绸之路特色的国际精品旅游线路和旅游产品；强化与周边国家在传染病疫情信息沟通、防治技术交流、专业人才培养等方面的合作，提高合作处理突发公共卫生事件的能力；加强科技合作，合作开展重大科技攻关，共同提升科技创新能力；充分发挥政党、议会交往的桥梁作用，加强沿线国家民间组织的交流合作，重点促进沿线贫困地区生产生活条件改善；讲好"一带一路"故事，传播好"一带一路"声音，为"一带一路"建设营造良好舆论环境。

四、完善"一带一路"建设的体制机制保障

金融危机以来，发达经济体主导的 WTO、IMF、世界银行及超大型自由贸易区等多边合作机制包容性和有效性不足的弊端日益凸显。而"一带一路"提出的以顶层设计和战略对接为引领，积极灵活推动一系列重大战略项目的新型合作机制在实践中得到了沿线国家的认同，进度和成果显著超出预期。秉持开放包容、互学互鉴、互利共赢、循序渐进的原则，从组织架构、融资机制、经贸规则等多个维度构建全方位的合作机制，对于提高"一带一路"建设的协同性和整体性、构建公正合理透明的"一带一路"治理秩序和按照共商共建共享原则打造命运共同体具有非常重要的意义。

逐步建立和完善"一带一路"常态化组织机制。设立类似 OECD、APEC 的常设性国际组织是密切成员国政治经济联系、实现共同远大目标的重要举措和必由之路。可考虑以刚刚举办的"一带一路"国际合作高峰论坛为基础，适时启动"一带一路"框架下的国际组织筹建工作。短期内，可与我国政治经济关系较为紧密的巴基斯坦、俄罗斯、哈萨克斯坦等"一带一路"沿线国家，共同推动形成由理事会、秘书处、国家领导人非正式会议、部长级会议等常设性机制构成的组织基本框架；针对贸易投资便利化、基础设施互联互通、结构性改革等充分体现组织宗旨的热点问题分别成立专门

委员会予以推进；在中长期内，邀请更多"一带一路"沿线国家和美国、英国、德国、日本等发达经济体参与该组织，逐步打造具有全球意义的经济合作大平台。

打造"一带一路"倡议规划协同机制。"一带一路"三年多的实践表明，通过战略规划对接和引导重大项目合作是成功的"中国特色"对外合作战略，是"三大共同体"理念的生动体现。可考虑立足现有我国与沿线国家以及国际组织之间签署的双边合作战略协议，与合作方分别成立若干常设性工作组，具体负责双方发展规划衔接，共同推动实施一批重大工程项目；在时机成熟时建立"一带一路"建设对接合作委员会、战略规划部高级官员非正式会议等常设机制，专门负责各成员国发展战略以及宏观经济政策的协调沟通，有效推动沿线国家经济发展深度融合。

构建"一带一路"框架下经贸投资规则机制。目前，"一带一路"沿线国家中已经成立了中国—东盟 FTA、欧亚经济联盟等多个 FTA，但相关机制标准存在很大差异。可考虑依托正在积极推进的中国—海合会 FTA、中国—欧亚经济联盟 FTA 等自贸区战略，逐步形成"一带一路"沿线国家和地区的 FTA 整体框架；在充分涵盖商品贸易、投资、服务贸易、技术壁垒等议题之外，充分吸纳知识产权保护、环境、基础设施建设、能力建设、产能合作等能够充分体现"三大共同体"理念的议题，体现"一带一路"经贸规则的广泛性；借鉴 APEC 的模式经验，设立一个类似亚太自贸区的涵盖"一带一路"沿线所有国家的大型 FTA 目标，并由我国、东盟等经济体牵头予以推动，并对其他成员国乃至域外成员国持开放程度，采取渐进推动的方式实现"一带一路"经贸投资规则的有效整合，为全球经济治理提供中国方案和中国经验。

健全"一带一路"融资安排机制。整合开发性金融机构、商业性金融机构以及援助资金等不同类型的融资平台，形成独特的"一带一路"融资规则体系，对于有效解决"一带一路"建设面临的巨大资金缺口意义重大。可考虑由亚投行牵头，联合欧亚发展银行等多边开发性金融机构、各国对外援助机构及国内开发性金融机构，就利率、项目担保等"一带一路"沿线国家融资的相关规则进行深入探讨，逐步形成符合"三大共同体"理念、契合沿线国家利益诉求的开发性融资规则体系；时机成熟时在"一带一路"国际组织框架下建立"一带一路"融资联盟，加强与世界银行、亚行等国际开发性金融体系合作，将相关规则上升为全球性融资规则。

打造"一带一路"安全保障机制。"一带一路"建设面临两大类风险：一是类似国际金融危机的严重冲击，对"一带一路"建设形成巨大的外部风险。二是沿线国家内部政治动荡、民族宗教区域冲突等因素产生的内部风险。可考虑短期内重点针对外部风险，成立常设性的"一带一路"风险预警和防范协调机制，对于外部风险予以及时跟踪和预警，并通过货币互换、经济援助等手段予以有效防控；在中长期内重点针对内部风险，逐步成立投资者仲裁机制、政策稳定性保障机制等一系列能够有效约束域内国家风险防控机制，为有序推进"一带一路"建设提供坚强有力的保障。

（执笔人：杨长湧、李大伟）

参考文献

1. 习近平:《习近平谈治国理政》(第二卷),外文出版社 2016 年版。

2. 习近平:《在十八届中央政治局第三十次集体学习时的讲话》,《人民日报》2016 年 1 月 31 日。

3. 习近平:《深入认识经济发展新常态 理解新发展理念》,《人民日报》2016 年 5 月 10 日。

4. 习近平:《阐释共享发展理念的四个内涵》,中国干部学习网,2016 年 6 月 15 日。

5. 1992 年,邓小平南方谈话。

6. 2004 年 9 月 19 日,中国共产党第十六届中央委员会第四次全体会议。

7. 2006 年,十届全国人大四次会议批准通过了我国"十一五"规划纲要。

8. 2006 年 10 月,党的十六届六中全会通过《中共中央关于构建社会主义和谐社会若干重大问题的决定》。

9. 2008 年,十一届全国人大一次会议举行第四次全体会议公告。

10. 2010 年 10 月 18 日,中国共产党第十七届中央委员会第五次全体会议通过《中共中央关于制定国民经济和社会发展第十二个五年规划的建议》。

11. 2013 年 11 月 12 日，中国共产党第十八届中央委员会第三次全体会议通过《中共中央关于全面深化改革若干重大问题的决定》。

12. 2014 年 10 月，党的十八届四中全会通过《中共中央关于全面推进依法治国若干重大问题的决定》。

13. 2015 年 10 月 29 日，中国共产党第十八届中央委员会第五次全体会议通过《中共中央关于制定国民经济和社会发展第十三个五年规划的建议》。

14. 胡锦涛：《高举中国特色社会主义伟大旗帜　为夺取全面建设小康社会新胜利而奋斗——在中国共产党第十七次全国代表大会上的报告》，《人民日报》2007 年 10 月。

15. 胡锦涛：《坚定不移沿着中国特色社会主义道路前进　为全面建成小康社会而奋斗——在中国共产党第十八次全国代表大会上的报告》，《人民日报》2012 年 11 月。

16.《党的十九大报告辅导读本》，人民出版社 2017 年版。

17.《中共中央关于全面深化改革若干重大问题的决定》，中央政府门户网，2013 年 11 月 15 日。

18.《马克思恩格斯全集》，人民出版社 1972 年版。

19. 马克思：《资本论》（第 1—3 卷），人民出版社 2004 年版。

20.《邓小平文选》（第 1—3 卷），人民出版社 1983、1989、1993 年版。

21.《毛泽东选集》（第 1—4 卷），人民出版社 1991 年版。

22.《陈云文选》（第 1—3 卷），人民出版社 1995 年版。

23. 中共中央文献研究室编：《习近平关于社会主义经济建设论

述摘编》，中央文献出版社 2017 年版。

24. 中共中央文献研究室编：《习近平总书记重要讲话文章选编》，中央文献出版社 2016 年版。

25. 薄一波著：《若干重大决策与事件的回顾》（上），中央党史出版社 1991 年版。

26. 曾培炎主编：《新中国经济 50 年（1949—1999）》，中国计划出版社 1999 年版。

27. 张高丽：《以经济体制改革为重点全面深化改革》，人民网，2013 年 11 月 20 日。

28. 栗战书：《遵循"四个坚持"的改革经验》，人民网，2013 年 11 月 26 日。

29. 郑必坚：《全面深化改革的重大意义》，人民网，2013 年 12 月 4 日。

30. 郑必坚等主编：《邓小平理论基本问题》，中共中央党校出版社 2001 年版。

31. 韩文秀：《买方市场条件下的宏观调控》，《管理世界》1998 年第 5 期。

32. 朱之鑫：《全面正确履行政府职能》，《求是》2013 年第 22 期。

33. 中共中央宣传部理论局：《世界社会主义五百年》，学习出版社、党建读物出版社 2014 年版。

34. 中共中央宣传部：《习近平新时代中国特色社会主义思想三十讲》，学习出版社 2018 年版。

35.《中共中央关于制定国民经济和社会发展第十三个五年规划的建议》，人民出版社 2015 年版。

36.《十八大以来重要文献选编》（中），中央文献出版社 2016

年版。

37. 中共中央党史研究室著:《中国共产党的九十年》,中国青年音像出版社 2016 年版。

38. 卫兴华:《关于中国特色社会主义政治经济学的一些新思考》,《经济研究》2017 年第 11 期。

39. 林兆木:《使市场在资源配置中起决定性作用》,人民网,2013 年 12 月 4 日。

40. 施芝鸿:《准确把握全面深化改革的总目标》,人民网,2013 年 12 月 5 日。

41. 唐洲雁:《以新的理念引领新的发展》,《光明日报》2015 年 12 月 15 日。

42. 王战:《引领中国助力世界——新发展理念对经济发展的指导意义》,《人民日报》2016 年 4 月 11 日。

43. 胡鞍钢、唐啸:《新发展理念是当今中国发展之道》,《人民日报》2017 年 2 月 8 日。

44. 刘昀献、陈广西:《习近平治国理政思想的时代意义暨对科学社会主义的新发展》,人民网 – 理论频道,2017 年 6 月 14 日。

45. 国家发改委:《以新发展理念引领经济新常态 推动中国经济发展迈向双中高》,求是网,2017 年 6 月 19 日。

46. 施芝鸿:《治国理政新理念新思想新战略的科学导向(治国理政·新理念新思想新战略)》,《人民日报》2017 年 7 月 12 日。

47. 郭万超:《习近平总书记对中国特色社会主义科学内涵的深化拓展》,光明网 – 理论频道,2017 年 7 月 20 日。

48. 魏达志:《国有企业改革三大模式的体制效应与缺陷——对承包制、租赁制、股份制改革的再评说》,2002 中国经济特区论坛:

现代化建设中的体制问题学术研讨会论文集。

49. 教育部重点研究基地、上海师范大学都市文化研究中心和上海华夏社会发展研究院联合研究编写：《全球城市公共文化服务发展报告 2014》。

50. 程恩富：《要坚持中国特色社会主义政治经济学的八个重大原则》，《中国经济规律研究报告（2016）》，2016 年。

51. 王刚：《生产力的发展是不同层次诸因素的综合作用》，《学习与思考》1984 年第 6 期。

52. 孙大德、张佐友、冯大愚：《生产力经济学基础》，山东人民出版社 1985 年版。

53. 刘伟、平新乔：《经济体制改革三论：产权论·均衡论·市场论》，北京大学出版社 1990 年版。

54. 樊纲、张曙光、王利民：《双轨过渡与"双轨调控"（上）——改革以来我国宏观经济波动特点研究》，《经济研究》1993 年第 10 期。

55. 李存山：《中国传统文化与现代经济发展》，《哲学研究》1994 年第 9 期。

56. 于金富：《生产力观点：邓小平经济理论的核心》，《经济学动态》1997 年第 9 期。

57. 樊纲著：《现代三大经济理论体系的比较与综合》，上海人民出版社、上海三联书店 1994 年版。

58. 樊纲：《公有制宏观经济理论大纲》，上海人民出版社、上海三联书店 1994 年版。

59. 金春明等：《毛泽东思想基本问题》，中共中央党校出版社 2001 年版。

60. 赵曜等主编：《马克思列宁主义基本问题》，中共中央党校出版社 2001 年版。

61. 陆大道：《关于"点－轴"空间结构系统的形成机理分析》，《地理科学》2002 年第 1 期。

62. 刘建新：《人的全面发展：先进生产力发展的必然要求》，《哲学研究》2002 年第 2 期。

63. 陈东琪、张亚斌：《中国宏观经济学的理论构架与创新发展》，《社会科学战线》2002 年第 4 期。

64. 王雾：《先进生产力与党的先进性》，《中共党史研究》2002 年第 5 期。

65. 郭大俊：《邓小平对马克思主义生产力理论的新贡献》，《湖北大学学报（哲学社会科学版）》2002 年第 6 期。

66. 侯景新：《论区域文化与经济发展的相关关系》，《生产力研究》2003 年第 1 期。

67. 龙观华：《论江泽民发展生产力思想的科学内涵》，《生产力研究》2003 年第 2 期。

68. 何志成、李天况：《现代企业制度建设中的产权改革亟待理论创新》，《中央财经大学学报》2003 年第 6 期。

69. 黄少安：《产权经济学导论》，经济科学出版社 2004 年版。

70. 刘树成：《我国五次宏观调控比较分析》，《经济日报》2004 年 6 月 29 日。

71. 李炳炎：《马克思产权理论创新与我国现代产权制度建设》，《南京理工大学学报（社会科学版）》2005 年第 1 期。

72. 冷兆松：《公有制实现形式理论的两次重大历史性创新》，《新疆财经学院学报》2005 年第 2 期。

73. 陈范华：《如何全面理解邓小平的生产力理论》，《毛泽东思想研究》2005 年第 2 期。

74. 于金富、安帅领：《马克思的社会所有制理论与我国现阶段公有制的基本形式》，《当代经济研究》2005 年第 4 期。

75. 青连斌：《社会主义和谐社会理论研究的进展》，《中共石家庄市委党校学报》2006 年第 2 期。

76. 黄亚玲：《关于生产力研究的几个基本问题》，《求是》2006 年第 8 期。

77. 顾准：《顾准文集》，中国市场出版社 2007 年版。

78. 兰格：《马克思经济学和现代经济理论》，载《经济学基础文献选读》，浙江大学出版社 2007 年版。

79. 刘国光等：《不宽松的现实和宽松的实现——双重体制下的宏观经济管理》，经济管理出版社 2007 年版。

80. 文洪朝：《社会主义公有制理论与实践发展过程的历史考察》，《广西社会科学》2007 年第 1 期。

81. 张国祚：《构建社会主义和谐社会理论的若干认识问题》，《求是》2007 年第 1 期。

82. 王伟光：《社会主义和谐社会理论是马克思主义中国化新的认识成果》，《求是》2007 年第 2 期。

83. 蔡普民：《科学发展观对生产力范畴的发展与创新》，《生产力研究》2007 年第 5 期。

84. 郭杰忠：《科学发展观的生产力意蕴》，《马克思主义研究》2007 年第 11 期。

85. 黄晓炎：《推动社会主义文化大发展大繁荣要把握"四个协调"》，《理论前沿》2007 年第 24 期。

86.《共建和谐社会 共享发展成果》,《人民日报》2007 年 5 月 1 日。

87. 蔡昉:《中国经济转型 30 年（1978—2008）》,社会科学文献出版社 2009 年版。

88. 中央党校教务部编:《十一届三中全会以来党和国家重要文献选编（一九七八年十二月—二○○七年十月）》,中共中央党校出版社 2008 年版。

89. 白永秀、徐波:《中国经济改革 30 年·资源环境卷》,重庆大学出版社 2008 年版。

90. 于光远:《于光远改革论集》,中国发展出版社 2008 年版。

91. 逄锦聚:《改革开放的伟大历程和基本经验——纪念我国改革开放 30 周年》,《南开学报（哲学社会科学版）》2008 年第 2 期。

92. 庞元正:《邓小平对生产力理论的创造性运用与发展》,《学术探索》2008 年第 4 期。

93. 魏杰:《产权制度改革与混合经济体制的形成——纪念改革开放 30 周年》,《西北大学学报》2008 年第 3 期。

94. 李忠杰:《改革开放的历史进程和启示》,《南京师范大学学报（社会科学版）》2008 年第 6 期。

95. 陈文通:《改革开放三十年之基本经验》,《中国特色社会主义研究》2008 年第 6 期。

96. 孙冶方:《社会主义经济论稿》,中国大百科全书出版社 2009 年版。

97. 薛暮桥:《中国社会主义经济问题研究》,人民出版社 2009 年版。

98. 张卓元主编:《中国经济学 60 年（1949—2009）》,中国社

会科学出版社 2009 年版。

99. 常修泽：《广义产权论》，中国经济出版社 2009 年版。

100. 魏炳义：《生产力经济学》，经济科学出版社 2009 年版。

101. 魏后凯等：《中国区域政策——评价与展望》，经济管理出版社 2011 年版。

102. 刘建华、刘学梅、单旭龙：《社会主义所有制理论的发展与中国现实——公有制与私有制关系的视角》，《当代经济研究》2010 年第 10 期。

103. 姚洋：《中国道路的世界意义》，北京大学出版社 2011 年版。

104. 王宏斌：《生态文明与社会主义》，中央编译出版社 2011 年版。

105. 林兆木：《论坚持发展、改革、稳定并正确处理三者关系》，载《林兆木自选集》，人民出版社 2011 年版。

106. 范恒山：《我国促进区域协调发展的理论与实践》，《经济社会体制比较》2011 年第 6 期。

107. 王维杰：《构建和谐社会的两个维度：经济发展与利益共享的辩证思考》，《学术交流》2011 年第 8 期。

108.《中国共产党第十八次全国代表大会文件汇编》，人民出版社 2012 年版。

109. 范恒山：《国家区域政策与区域经济发展》，《甘肃社会科学》2012 年第 5 期。

110. 刘国光：《社会主义市场经济理论问题》，中国社会科学出版社 2013 年版。

111. 陈燕楠主编：《中国特色社会主义研究》（上、下），人民出版社 2014 年版。

112. 黄亚玲：《改革开放以来中国共产党生产力思想研究》，中国社会科学出版社 2014 年版。

113. 贾若祥：《京津冀城市群发展的思路与对策》，《中国发展观察》2014 年第 7 期。

114. 穆虹：《全面深化改革必须全面推进依法治国》，《求是》2014 年第 22 期。

115. 徐焕：《当代资本主义生态理论与绿色发展战略》，中央编译出版社 2015 年版。

116. 祁述裕、曹伟：《构建现代公共文化服务体系应处理好的若干关系》，《国家行政学院学报》2015 年第 2 期。

117. 王前、吴理财：《公共文化服务可及性评价研究：经验借鉴与框架建构》，《上海行政学院学报》2015 年第 3 期。

118. 安虎森、肖欢：《我国区域经济理论形成与演进》，《南京社会科学》2015 年第 9 期。

119. 贾若祥：《"十三五"我国区域发展的新思路》，《理论参考》2015 年第 11 期。

120. 赵冰：《区域文化与经济互动发展的内涵、必要性和实现途径》，《商业经济研究》2015 年第 12 期。

121. 郑有贵主编：《中华人民共和国经济史（1949—2012）》，当代中国出版社 2016 年版。

122. 李旭章主编：《中国特色社会主义政治经济学研究》，人民出版社 2016 年版。

123. 张宇：《中国特色社会主义政治经济学》，中国人民大学出版社 2016 年版。

124. 张占斌、周跃辉：《中国特色社会主义政治经济学》，湖北教育出版社 2016 年版。

125. 刘会齐：《绿色发展的社会主义政治经济学》，复旦大学出版社 2016 年版。

126. 杜祥琬等：《低碳发展总论》，中国环境出版社 2016 年版。

127. 高尚全：《有效市场和有为政府》，中国金融出版社 2016 年版。

128. 刘瑞：《中国特色的宏观调控体系研究》，中国人民大学出版社 2016 年版。

129. 卢锋：《宏调的逻辑》，中信出版集团 2016 年版。

130. 耿达：《比较优势协同创新与区域文化产业取向》，《重庆社会科学》2016 年第 1 期。

131. 魏后凯：《新常态下中国城乡一体化格局及推进战略》，《中国农村经济》2016 年第 1 期。

132. 樊杰：《我国国土空间开发保护格局优化配置理论创新与"十三五"规划的应对策略》，《中国科学院院刊》2016 年第 1 期。

133. 刘武根、艾四林：《论共享发展理念》，《思想理论教育导刊》2016 年第 1 期。

134. 董朝霞：《论共享发展理念与中国特色社会主义》，《思想理论教育》2016 年第 8 期。

135. 张文魁：《现代企业制度的政策脉络、实施效果、发展方向》，《中国浦东干部学院学报》2016 年第 3 期。

136. 郑自立：《五大发展理念与文化产业发展战略重构》，《学术论坛》2016 年第 5 期。

137. 洪银兴：《中国特色社会主义政治经济学的创新发展》，《理论参考》2016 年第 6 期。

138. 简新华、余江：《发展和运用中国特色社会主义政治经济学的若干问题》，《中国高校社会科学》2016 年第 6 期。

139. 陈建兵：《论中国特色社会主义现代产权的微观建构》，《东北大学学报（社会科学版）》2016 年第 4 期。

140. 曹胜亮：《利益和谐：共享发展理念与和谐社会理论的共同指向》，《党政干部论坛》2016 年第 7 期。

141. 乔榛：《中国特色社会主义政治经济学的现实基础》，《经济学动态》2016 年第 11 期。

142. 贾若祥：《促进国家级新区健康发展的思路与对策》，《中国发展观察》2016 年第 17 期。

143. 吴申元：《现代企业制度概论》，首都经济贸易大学出版社 2016 年版。

144. 逄锦聚、景维民、何自力：《中国特色社会主义政治经济学通论》，经济科学出版社 2017 年版。

145. 高世楫、李佐军：《用制度创新促进绿色发展》，中国发展出版社 2017 年版。

146. 黄志坚：《提高国家文化软实力中的若干重要关系》，《学习时报》2017 年 1 月 20 日。

147. 刘敏、李健美：《我国区域文化协调发展的基本思路》，《全球化》2017 年第 3 期。

148. 郭克莎：《中国经济发展进入新常态的理论根据——中国特色社会主义政治经济学的分析视角》，《经济研究》2016 年第 9 期。

149. 王金南、苏洁琼、万军：《绿水青山就是金山银山——"绿水青山就是金山银山"的理论内涵及其实现机制创新》，《环境保护》

2017 年第 11 期。

150. 阮青：《践行社会主义核心价值体系》，《学习时报》2017
年 12 月 18 日。

151. 肖林、权衡等：《中国经济学大纲——中国特色社会主义政
治经济学分析》，格致出版社 2018 年版。

152. 余斌：《中国特色社会主义政治经济学》，人民日报出版社
2018 年版。

153. 张云飞：《唯物史观视野中的生态文明》，中国人民大学出
版社 2014 年版。

154. 解振华、潘家华：《中国的绿色发展之路》，外文出版社
2018 年版。

155. 周大地等：《迈向绿色低碳未来：中国能源战略的选择和实
践》，外文出版社 2018 年版。

156. 周宏春、刘文强、郭丰源：《绿色发展经济学概论》，浙江
教育出版社 2018 年版。

157. 俞可平：《改革开放研究丛书：中国的治理变迁
（1978~2018）》，社会科学文献出版社 2018 年版。

158. 沈壮海：《全面理解把握坚持社会主义核心价值体系基本方
略》，《中国高等教育》2018 年第 1 期。

159. 孟宪怡：《中国文化体制改革 40 年的历史回顾与未来展
望》，《哈尔滨市委党校学报》2018 年第 6 期。

160. 刘顺厚：《在新时代高扬中国特色社会主义文化自信》，《人
民日报》2018 年 6 月 4 日。